航海类专业学生职业发展与就业指导

全国航海类专业毕业生就业工作协作组 ◎ 编

大连海事大学出版社

图书在版编目(CIP)数据

航海类专业学生职业发展与就业指导 / 全国航海类专业毕业生就业工作协作组编. --大连 : 大连海事大学出版社, 2020.8(2023.1 重印)

ISBN 978-7-5632-4018-0

Ⅰ. ①航… Ⅱ. ①全… Ⅲ. ①航海学-大学生-职业选择 Ⅳ. ①U675②G647.38

中国版本图书馆 CIP 数据核字(2020)第 163769 号

大连海事大学出版社出版

地址:大连市黄浦路523号 邮编:116026 电话:0411-84729665(营销部) 84729480(总编室)

http://press.dlmu.edu.cn E-mail:dmupress@ dlmu.edu.cn

大连永盛印业有限公司印装　　大连海事大学出版社发行

2020 年 8 月第 1 版　　2023 年 1 月第 3 次印刷

幅面尺寸:170 mm×240 mm　　印张:19.75

字数:371 千　　印数:10001~15000 册

出版人:刘明凯

责任编辑:李继凯　　责任校对:刘长影

封面设计:解瑶瑶　　版式设计:解瑶瑶

ISBN 978-7-5632-4018-0 定价:49.00 元

航海类专业学生职业发展与就业指导

编委会

主　任: 郑少南

副主任: (按姓氏笔画排序)

王吉宣　王振亮　田乃清　刘威武　许民强
李　军　李立谦　李宏印　周明顺　赵　玮
赵　经　施　欣　闻新祥　姜少虎　洪文建
洪玉成

委　员: (按姓氏笔画排序)

王　路　王　溪　王跃峰　石丽红　付勤勇
刘如松　林晓红　黄小牛　崔　文　葛小庆

编写组

主　编: 刘益迎

副主编: (按姓氏笔画排序)

王宝阔　李兴峰　郑洪祥　夏心杰　顾明亮
廖汝祥

参编者: (按姓氏笔画排序)

于　洋　王　浩　王晓梅　孔令文　白兴明
刘玉立　刘海峰　李德静　陈恩玉　赵　雷
饶滚金　徐瑞雪　唐振东

序

党的十八大提出了发展海洋经济、建设海洋强国的发展战略。党的十九大报告中，习近平总书记首次明确提出建设“交通强国”的战略目标。建设交通强国，海运要先行。2019 年 1 月，习近平总书记在天津港码头考察时再次强调，经济要发展，国家要强大，交通特别是海运首先要强起来。船员是海运业持续健康发展的重要力量，在建设交通强国、海洋强国、航运强国中发挥着不可替代的重要作用，做好航海类专业学生培养与就业工作显得尤为重要。

在 2020 年 6 月 25 日“世界海员日”到来之际，交通运输部李小鹏部长致信慰问全国海员，强调指出：面对突如其来的新冠肺炎疫情，广大海员克服工作和生活困难，坚守海上阵地、恪守船上职责，为保障全球物流供应链稳定畅通做出了重要贡献。他希望广大海员坚定信心，开拓进取，以奋斗成就梦想，以实干赢得未来，在关键岗位发挥关键作用，为加快建设交通强国、促进国家航运事业和全球贸易繁荣做出更大贡献！

全国航海类专业毕业生就业工作协作组作为航海教育机构和航运企事业单位联合发起成立的自律性组织，多年来积极贯彻落实国家有关航运业发展与毕业生就业政策，充分发挥“参谋助手、信息服务、协调沟通、教育引导、合理配置”等“五大功能”，架起航海教育机构与用人单位之间沟通协作的桥梁，规范航海类专业毕业生就业工作组织形式和管理模式，努力实现航海类人才资源的优化配置，为促进我国航运事业科学发展做出了重要的贡献！

加强航海类专业学生职业发展与就业指导，是培养高素质航海人才、促进航运事业科学发展的关键环节之一。协作组于 2007 年组织编写了《航海类专业毕业生就业指导教程》，有针对性地加强航海类专业学生就业指导与职业生涯规划，并先后于 2011 年、2012 年、2015 年三次组织改版修订教材。时隔五年,协作组再次精心筹划,广泛开展调查,丰富教材内容,更新就业政策、数据等信息,使教材体系更加完善、结构更加合理,进一步贴近实际需要。

此次教材修订出版,必将进一步增强航海类专业学生职业发展与就业指导针对性和实效性,更好地引导航海类专业毕业生勇于投身交通强国发展!希望协作组坚持需求导向,紧跟时代步伐,立足实际,凝聚智慧,打造精品,力争成为国内最具代表性的航海类专业学生职业发展与就业指导示范教材。

全国航海类专业毕业生就业工作协作组组长

2020 年 7 月

前　言

中国是海洋大国、海运大国，也是船员大国。船员在建设海洋强国、推进“一带一路”、服务长江经济带、促进水上交通运输发展等方面发挥着重要作用，为我国国民经济和社会发展做出了突出贡献。中共中央、国务院近年来将船员队伍建设列入国家发展战略。中国船员发展规划（2016—2020 年）明确指出，要不断优化船员培养体系，完善船员发展环境，基本实现由船员大国向船员强国的转变。

全国航海类专业毕业生就业工作协作组于 2002 年在银川成立，是航海教育机构和航运企事业单位联合发起成立的自律性组织，在交通运输部人事教育司、交通运输部海事局、教育部高校学生司等指导单位指导下，充分发挥“参谋助手、信息服务、协调沟通、教育引导、合理配置”等“五大功能”，努力实现航海人才资源的合理配置，成为国内最大的就业行业协作体。

为充分发挥“教育引导”功能，加强航海类专业学生职业发展与就业指导，引导他们树立正确的就业、择业观念，积极投身海运业发展，协作组于 2007 年组织编写了《航海类专业毕业生就业指导教程》，后分别于 2011 年、2012 年、2015 年三次组织改版修订教材，提高教材适用性。2020 年，面对航运形势、政策法规和就业特点发生的新变化，在面向航海类专业学生就业指导课任课教师和学生代表开展问卷调查的基础上，广泛征求航运企业关于教材修订意见及建议，汇总梳理、深入分析，制定教材修订方案；组织部分航海院校教师参与修订，邀请行业专家审稿指导，着力提高教材编写水平和使用价值。

本教材着眼于更好地满足航海类专业学生职业发展与就业指导的需要，在原教材的“大学生涯识读”“航海职业认知”“职业素养”“职业生涯规划”等十个章节的基础上，科学调整章节框架结构，丰富编写内容。主要分为两大部分:第一部分是航海类专业学生职业发展篇,着重阐述"大学生涯识读""航海职业认知""学生自我认知""职业生涯管理"等四个章节内容,提升系统化分析水平,强化航海类专业特色;第二部分是航海类专业学生就业指导篇,着重阐述"就业政策与形势""求职准备与方法""就业权益与保障""职业准备与展望"等四个章节内容,完善航海类专业毕业生就业市场分析,更新航海类专业学生就业相关政策法规等文件,强化求职方法技巧指导,清晰职业准备与发展。

本教材由协作组副秘书长、大连海事大学学生就业指导中心主任刘益迎担任主编;协作组副秘书长、上海海事大学学生处副处长郑洪祥,武汉理工大学学生处副处长李兴峰,集美大学学生处副处长廖汝祥,青岛远洋船员职业学院学生处处长王宝阔,江苏海事职业技术学院招生就业处处长顾明亮,江苏航运职业技术学院招生就业处处长夏心杰担任副主编。教材修订工作主要分工如下:第一章由青岛远洋船员职业学院孔令文负责,第二章由上海海事大学赵雷、刘海峰负责,第三章由大连海事大学李德静、徐瑞雪负责,第四章由大连海事大学徐瑞雪、江苏航运职业技术学院王晓梅负责,第五章由大连海事大学于洋、王浩、唐振东负责,第六章由集美大学白兴明负责,第七章由武汉理工大学刘玉立负责,第八章由辽宁海事局船员考试中心饶滚金、江苏海事职业技术学院陈恩玉负责。

此次教材修订过程中,得到协作组常务工作组单位及诸多成员单位领导的积极参与和鼎力帮助,在此一并向他们表示衷心的感谢!教材修订过程中还借鉴和参考了一些专家教授的理论和观点,并引用了一些教材和文献及相关经验和案例,因篇幅所限不能一一注明,在此也向他们致以衷心的感谢!

由于时间和编者水平所限,教材内容和阐述等方面难免有遗漏和不妥之处,真诚欢迎广大读者提出宝贵意见和建议,以便更好地修订、完善教材。

编者

2020 年 7 月

目　录

第一章 大学生涯识读

◎ **本章要点：**

1. 大学和大学生活，以及航海类专业学生职业发展与就业指导课程学习要求。

2. 大学生涯的主要任务，做好大学生涯科学规划的相关方法。

◎ **学习目标：**

1. 了解大学学习、生活、实践等方面的内容；

2. 为个人职业发展做好准备，做好大学生涯的科学规划。

航海人是兢兢业业、任劳任怨、敢于劈波斩浪在“移动的国土”上工作的一群最可爱的人！国际海事组织原秘书长米乔普勒斯曾评价海员这一职业：“没有海员的贡献，世界上一半的人会受冻，另一半人会挨饿！”“我们今天生活在一个由全球经济支持的全球社会中，若没有船舶和海运，经济就无法运行。”海员们默默地奉献着青春，挥洒着汗水，迎着风浪，奋斗在海运强国发展战略的最前线，这是海员的责任和担当，也是时代赋予海员的勋章与荣耀。海员，是勇敢人的职业！如何成为优秀的航海人？让我们带你先走入丰富多彩的大学生活，从识读大学生涯开始。

第一节 大学

大学，是大学生步入社会的过渡阶段，是为人生打基础的关键时期，同时也是一生中学习知识、结交朋友、培养兴趣、拓宽视野的最美好的时光。

一、大学的发展

在欧洲中世纪大学创办前，高等教育存在了数千年。古埃及、古印度、古中国等都是高等教育的发源地；古希腊、古罗马、拜占庭及古阿拉伯国家都建立了较完善和发达的高等教育体制。一般而言，大学，专指12世纪末在西欧出现的一种高等教育机构。它形成了自己独有的特征，如组成了系和学院，开设了规定的课程，实施正式的考试，雇用了稳定的教学人员，颁发被认可的毕业文凭或学位等等。可以说，近现代大学起源于12、13世纪的欧洲中世纪大学。

“现代大学”，是指开始于19世纪初启蒙运动以后，经过理性主义改造，特别以德国洪堡创办的柏林大学为代表的新型大学。一般认为，1809年德国柏林大学的创立标志着现代意义上的大学的诞生。现代大学与传统（中世纪）大学的根本区别在于大学职能的转变。现代大学将科学研究作为自己的主要职能，将增扩人类的知识和培养科学工作者作为自己的主要任务，推崇“学术自由”和“教学与研究的统一”。

我国“现代大学”可追溯到1840年鸦片战争之后，洋务运动兴起而创办的新式学堂，如京师同文馆、上海广方言馆、马尾福建船政学堂、天津水师学堂、南京江南水师学堂等等。1895年中国在甲午海战中惨败日本后，变法之声顿起，天津中西学堂改办为北洋大学堂，中国近代第一所大学由此诞生。1898年戊戌变法，京师大学堂成立，这是中国近代第一所综合大学。中华人民共和国成立后，我国高等教育迎来了高速发展的历史机遇，教育部2019年公布的数据显示，目前全国高校共计2956所，其中普通高校2688所，成人高校268所。高等教育的发展为国家发展、民族复兴提供了重要的人才保障和智力支持。

二、我国航海教育历史与发展

1.我国航海教育历史

我国高等航海教育起源于上海高等实业学堂（南洋公学）的船政科。1909年7月船政科（大连海事大学和上海海事大学前身）正式创立，1911年航政科被分出另设专校，定名为邮传部高等商船学堂。中国航海教育登上了中国高等教育的历史舞台，中国航海教育正式走上了按科学教育方法培养自己高级航海人才的道路。

对于航海教育的发展，不同学者从不同角度提出了不同的看法。大连海事大学教授吴兆麟等主要从航海教育的定位角度将航海教育划分为三个阶段，这与按航海教育改革的区分基本是一致的；也有学者以中华人民共和国成立为界，从国家发展角度将航海教育分为两个阶段，如表1-1所示。

表 1-1 我国航海教育发展阶段的划分

<table>
<tr><th colspan="2">从航海教育的定位划分①</th><th colspan="2">从国家发展角度划分②</th></tr>
<tr><th>发展阶段</th><th>主要研究内容</th><th>发展阶段</th><th>航海教育发展</th></tr>
<tr><td>第一阶段(20 世纪 80 年代末 90 年代初)</td><td>围绕航海教育自身固有规律性特征,使航海教育从一般工科教育分离出来,为航海教育建立独立研究领域奠定了理论基础</td><td>第一阶段(1909 年—中华人民共和国成立)</td><td>主要照搬国外航海模式,国难深重,发展缓慢</td></tr>
<tr><td>第二阶段(20 世纪 90 年代末)</td><td>围绕本科航海教育是学位教育还是职业教育,没有泾渭分明的结果,已认识到航海教育是多层次、多种类的教育</td><td rowspan="2">第二阶段(中华人民共和国成立后)</td><td rowspan="2">国家重视,规范调整,进入 21 世纪,长足发展</td></tr>
<tr><td>第三阶段(21 世纪初)</td><td>围绕航海教育是学位教育还是职业教育,航海教育多层次、多类型的教育已获大多数专家学者的认同和实践的检验</td></tr>
</table>

资料来源:①吴兆麟,王跃辉,陈敬根.论中国航海教育的定位.航海教育研究,2008,4.
②高玉德.用世纪眼光、战略思维谋划中国航海教育.中国高等航海教育,2009,9.

虽然从不同角度看,航海教育的发展阶段不同,但整个过程是无法改变的。尽管航海教育经历了三次停办、三次复校的曲折发展,但早期航海教育中重视理论与实践能力、注重动手和礼仪学习、教师需有较深资历和航海经验等理念对今天航海教育的发展仍有积极作用。

2.我国航海教育发展

(1)教育规模不断扩大

几经变迁,历经一百多年的建设发展,我国航海教育规模不断扩大,已建立了由博士、硕士、本科、专科以及职业技术教育等组成的完备的教育体系。2020 年 6 月,中华人民共和国海事局发布的《2019 年中国船员发展报告》显示,截至 2019 年年底,全国 68 家海船船员教育培训机构航海类专业共招生 18864 人,其中驾驶专业 10536 人,轮机(含电子电气)专业 8328 人。全国各层次航海院校和培训机构招生情况为:本科招生 6064 人,大专(高职高专)招生 10911 人,中专(中职中专)招生 1769 人。这些学生毕业后大都从事海运类工作,为我国海运业的发展贡献力量。

(2)教育质量和水平不断提高

中华人民共和国成立以来,我国航海教育师资队伍整体水平有了显著提高,航海教育质量和水平不断提高。我国的海船船员适任考试培训依据STCW公约要求进行，教育质量和水平得到国际社会的广泛认可，使我国成为世界海员主要供给国家之一。

三、大学教育目标的基本内容和要求

关于为什么读书，读书有什么意义，从古至今，很多圣贤给出了自己的答案。

被朱熹、程颐列为“四书”之首的《大学》中提道：“大学之道，在明明德，在亲民，在止于至善。”意指大学的宗旨在于弘扬光明正大的品德，在于使人弃旧图新，在于使人达到最完善的境界。北宋大儒张载曾寄语读书人：“为天地立心，为生民立命，为往圣继绝学，为万世开太平。”读书的重要作用可见一斑。

习近平总书记在北京大学师生座谈会上的重要讲话中，对广大青年提出“要爱国，忠于祖国，忠于人民”“要励志，立鸿鹄志，做奋斗者”“要求真，求真学问，练真本领”“要力行，知行合一，做实干家”的要求，希望新时代的中国青年时刻将爱国和奋斗紧密结合起来，脚踏实地做意志坚定的爱国者和永不停歇的奋斗者。

我国海运业的发展与振兴，更是需要一代又一代热爱海洋、知识丰富、能力过硬的航海人前赴后继、艰苦卓绝的努力和奋斗。当前，国家正在建设“海洋强国”，推动共建“一带一路”，海运业蓄势待发，大有可为。航海类专业学生肩负着振兴祖国海运业的历史重任，在校期间，更应发奋读书，磨炼意志，练就本领，不辱使命。

1.锤炼人格

人格的形成是一个动态的变化发展的过程，从生到死都要经历不同的人格发展阶段。大学阶段正处于青春期，这是人格形成和确定的关键时期。对大学生来说，这一时期逐渐步入社会的特定轨迹，此后人格的发展都取决于这一时期的发展状况。

航海类专业学生毕业后要上船工作，环境特殊，使命光荣，更要具备健全的人格、坚强的品格和良好的思想政治素养。在校期间，要积极参加各项活动，用爱国主义陶冶自己的情操，用军政素质磨炼自己的品格，为成长为合格的航海类人才做好准备。

2.学会学习

大学学习不仅是完成课堂学习的任务，更重要的是如何发挥自学的能力。自学能力的培养，是适应大学学习自主性特点的一个重要方面，每个大学生都要养成自学的习惯。因此，培养和提高自学能力，是大学生必须完成的一项重要任务，也是进行终身学习的基本条件。

海运业作为一个古老的行业，充满了神秘与冒险，特别是在进入信息化时代以后，知识日新月异，环境不断变化，自动化程度逐渐提高，更需要航海类人才具备良好的学习能力，跟上时代步伐，适应社会发展，为在船工作打下良好基础。

3.培养兴趣爱好

当代大学生的业余时间越来越多，但这不意味着大学生就应该虚度光阴。如今的社会飞速发展，不论是找工作的阶段，还是工作后的阶段，大学生们无时无刻不在面临着竞争，小到和周围人的竞争，大到和国际上其他公司的人竞争，都非常激烈而残酷。掌握一项对自己有益的技能，拓展自己的兴趣爱好，提高自身的修养，对未来发展会起到良好的作用。

航海类专业学生今后主要在船上工作生活，良好的兴趣爱好既能丰富自己的业余生活，也能很好地调剂海员生活，为工作增添乐趣。在校期间，可以通过社团活动，不断发展自己的兴趣爱好，同时，在社团中也能找到同自己志同道合的朋友，结下深厚的友谊。

4.锻炼能力

能力培养是大学教育的根本目的之一。当代社会竞争压力的日益加大，就业形势的日趋严峻，都对大学生的素质特别是能力素质提出了越来越高的要求。因此，着重培养大学生各方面能力既是大学教育的应有之义，又是时代发展的迫切要求。

航海类专业学生应具备的能力主要包括：学习能力、表达能力、实操能力、人际交往能力、应变能力、创新能力、协调能力等。这些能力的养成需要平时的不断积累和锻炼。航海类专业学生在校期间，要充分认识自己的长处和能力短板，通过社会实践、实操锻炼、社团活动等方式，不断完善自己。

四、职业发展与就业指导课程学习要求

古人云："凡事预则立，不预则废。"将职业发展与就业指导贯穿大学教育的全过程，建立"全程职业发展与就业指导"的新理念是提高就业工作质量，提高人才培养质量，加强素质教育，推动航海院校进行学科、专业改革与调整行之有效的方法之一。职业发展与就业指导工作作为贯穿教育的一条主线，在大学各学期分阶段、有侧重地对学生进行教育、设计和自我塑造，其根本点在于充分利用在校期间培养学生的综合素质，进行人才的"资本积累"，最终厚积薄发，抓住机遇，成为就业市场乃至航运业的优胜者。

通过对"航海类专业学生职业发展与就业指导"的学习，引导航海类专业新生进一步了解大学学习、生活、实践等方面的内容，识读生涯和大学生涯，了解大学生涯的主要任务，做好大学生涯的科学规划；引导学生进行航海职业认知与探索，了

解海运业在国民经济中的重要地位和作用，熟悉主要船舶类型和船员职业特点，了解航海类专业学生在校期间所学专业的特点及内容，进而思考自己毕业后上船工作的努力方向和注意事项；引导学生进行自我认知与探索，掌握职业生涯规划的方法，了解应掌握哪些职业技能，具备哪些职业素质，如何科学制订职业生涯规划方案；使学生了解高校毕业生就业政策和航海类专业毕业生就业市场，明晰就业方向，了解行业重点用人单位信息；使学生做好就业前心理调适，掌握求职信息收集方法，撰写求职简历，了解面试与笔试，顺利应聘；了解就业协议和劳动合同的主要内容、区别、签订注意事项、解除等知识，掌握识别求职陷阱的方法，了解维权途径，了解船员权益保护相关知识，提高维权意识；了解船员证书报考及换取的政策和程序，了解公司实习报到与培训的流程，知晓上船实习期间的实习常识，学会职业各个期间的自我调节方法；了解船员职业发展趋势，了解船员职务晋升要求，了解船员晋升路径及职业发展的拓展路径。

总之，通过对“航海类专业学生职业发展与就业指导”的学习，能够使同学们增强职业认知，热爱航海专业，坚定航海信心，提高自身素质，增强学习的积极性和自我管理的主动性，成为满足交通强国建设需要的优秀海运人才。

第二节　大学生涯

一、生涯与大学生涯

◆（一）生涯

人生有涯，学海无涯。生涯本意是一段经历或历程。人们通过经历某种生涯而创造出一段有目的、延续一定时间的生活模式或历程。比如教师生涯、运动生涯、从医生涯、军旅生涯等。生活中我们往往将生涯理解为特定的人生历程，一般说生涯时往往就是指职业生涯。

职业规划与生涯教育专家舒伯(Donald E. Supper)认为，生涯是个人终其一生所扮演角色的整个过程，即统合了个人一生中各种职业与生活角色，是人自出生到退休后一连串有酬或无酬职位的综合，除了职位外，还包括与工作有关的角色，如家庭角色、公民角色等。由此可见，“生涯”是以“工作”为中心的人生发展历程。

生涯具有以下特点：

第一，方向性。它是生活里各种事态的连续演进方向。

第二，时间性。生涯的发展是一生当中连续不断的过程。

第三，空间性。生涯是以事业的角色为主轴，也包括了其他与工作有关的角色。

第四,独特性。每个人的生涯发展是独一无二的。

第五,现象性。只有在个人寻求它的时候,它才存在。

第六,主动性。人是生涯的主动塑造者。

◆(二)大学生涯

大学生涯我们常叫作“大学学业生涯”,可以理解成是对大学学习和生活的总称。大学生涯贯穿大学学习的始终,可以按照时间顺序进行规划,例如:

大一时:初步了解职业,提高人际沟通能力。主要内容有:努力学习专业课;通过参加社团,锻炼自己的各种能力;和学姐学长交流就业情况;参加学校活动,增加交流技巧。

大二时:提高基本素质。参加社会实践活动;提高自己的责任感、主动性和抗挫能力;增强英语口语能力、计算机应用能力。

大三时:提高求职技能,搜集求职信息。参加和专业有关的实习,多和同学交流求职工作、心得体会;掌握简历的写法及其技巧;了解并搜集工作信息的渠道,并积极尝试。

大四时:工作申请,争取就业。积极参加招聘活动,在实践中检验自己的积累和准备;预习或模拟面试、参加面试等;积极利用学校提供的条件,强化求职技巧、进行模拟面试等训练。

案例分析

进入航海院校后,小洋觉得没有束缚的大学生活实在比压力重重的高中生活轻松许多。于是他十分惬意地享受起了这样的生活。“反正四年挺长的,对于未来,现在还不需要想太多,先让自己解放一阵再说,到时肯定会有出路的。”小洋如是告诉自己。渐渐地,小洋越来越沉醉于自己的悠然自得里,完全忘记了当初“只放松一阵”的想法。他整天上网、旅游、谈恋爱,日子过得特别滋润,一切只由着自己的兴趣来,毫无目标可言。没有报名参加海船船员适任考试,对于专业学习、实习锻炼也是顺其自然,临时抱佛脚,能过得去就行。

转眼就进入了大四,小洋突然发现:保研,轮不到他,自己考吧,实力不够,考上的概率很小;找海上方向的工作,由于英语能力和综合能力差,一些好的岗位应聘不上；其他工作，投的简历一般都石沉大海，偶尔有面试却也只是面试了一两次就没回音了，直到快毕业离校还没找到工作。除了感叹自己运气不好，小洋充满无奈地感慨："如果我以前再用功点，能拿个奖学金什么的就好了；在英语或者其他方面有点特长，不再只做'哑巴'就好了；又或者简历上多些大公司的实习经历，能力再强一点，就不会像现在这样'无头苍蝇'般茫然了；如果可以让我重上一次大学……"

分析：文中的小洋虚度了大学的美好时光，临近毕业时悔之晚矣。一切都只是"如果"，错过的再也回不来了，没有规划的苦果只能由自己默默承受。在我们有机会可以选择，可以将"如果"变成现实的时候，请珍惜这样的机会，好好规划自己的未来，不要再后悔曾经虚度光阴。

二、大学生涯主要任务

大学阶段是我们职业生涯的关键期，在这个阶段不仅要学习专业知识，学习各种文化课，还要掌握各种职业技能，通过英语四、六级考试，培养各种能力等，总之，在大学期间有做不完的事情。在众多事情、任务中，不管个人所学的是什么专业，今后从事何种职业，在大学阶段都要培养职业精神，树立生涯规划意识、职业意识、自立意识，塑造良好的人格，提高职业素质和职业能力，培养开阔的视野，这几项任务将会影响我们一生，成功完成将使我们终身受益。

◆（一）培养职业精神

职业精神是人们在从事工作时所表现出来的一种态度或精神风貌。美国研究人员比奇通过调查发现，在失业者或无法获得晋升者中，共有58%的人并非因为缺乏职业知识或技能，而是因为不恰当的工作习惯和态度导致其失业或无法晋升。目前，我们虽然还没有进入职场，但是一个人在大学里养成的行为习惯，是非常容易带到今后的工作场所中去的。因此，我们"勿以善小而不为，勿以恶小而为之"，要从身边小事做起，在做小事的过程中，培养自己的责任意识、主动精神、诚实守信的职业精神。

1.责任意识

责任意识是一个人成才的重要支柱，也是衡量一个人成熟与否的重要标准。责任心是个人职业化素质的重要组成部分，只有一个具有强烈责任感的人才能踏实工作，把本职工作做好。如今用人单位在招聘人才时，非常强调敬业精神。其实，敬业精神的深层次来源是一个人对其工作的强烈责任心。一个缺乏责任心的人，在学习、工作、生活中的习惯行为就是寻找借口，告诉别人自己做不了某事或做不好某事的理由。很难想象，一个没有责任心的人会有敬业精神。

2.主动精神

从一出生直至上大学，在我们的生活和学习中，总是会有人不断地告诉我们应该做什么，不应该做什么。由此，造成了我们的被动性思维。当需要我们自己做决定的时候，总是寄希望于父母或老师告诉我们应该怎样做。激烈竞争的社会不需要被动做事的人。大学阶段是我们青年人社会化的重要时期，我们要由他人导向型转变为自我导向型。

3.诚实守信的职业精神

诚信对国家来说，是立国兴邦之基；对企业来说，是立世发达之魂；对个人来说，是立身处世之本。在工作中做到诚实守信就是要做到：

(1)在工作过程中，不要走过场，犯形式主义的毛病。

(2)在汇报工作结果时，要干成什么样就说成什么样，不要夸大也不能缩小，要就事论事。错误的决策往往来自错误的信息。决策者一旦基于失真的工作成果信息做出了错误的决定，就会给整个单位甚至社会造成重大的损失。

◆(二)养成三种意识

1.生涯规划意识

一个人如果有了明确的信念与原则，便可以始终如一，立场就会坚定；一个人如果有了明确的计划，在面对多变的外在环境时，就不会手忙脚乱；一个人事先如果做好预算，生活就不会落魄。在我们的一生中，有许许多多的事情需要我们去完成，并且每个人的时间又是如此的有限。面对多变的外在环境、有限的时间、无限多的事情，为了充分发挥人的潜力，实现人生价值，就必须能够未雨绸缪，事先做好规划。

2.树立职业意识

职业意识是指人们对自己所从事的职业所持有的认识和理解，是个人的世界观、人生观和价值观的有机构成要素。虽然学生身处校园，但提前培养职业意识很重要。譬如，利用网络收集一些目标职业的信息，通过分析来形成自己对职业的看法；参加学术活动，及时了解行业的发展变化，利于职业选择；通过参加各种职业训练活动，提前感受职场氛围。实际上，职业意识的培养过程本身也是一个自身成长的过程，通过此过程，不断提高自己分析和解决问题的能力，为将来在职场的发展打好基础。

3.培养自立意识

自立是指个体从自己过去依赖的事物那里独立出来，自己行动、自己做主、自己判断、对自己的承诺和行为负起责任的过程。自立贯穿于我们整个人生，可以分为身体自立、行动自立、心理自立、经济自立和社会自立。身体自立是指个体无须扶助而能直立行走；行动自立是指个体具备生活自理能力；心理自立是指个体能独立思考，独立判断，自己做决定；经济自立是指不依赖父母或他人的经济援助而能独立生存；社会自立是指能够按照社会所规定的行为规范、责任和义务行动。

学会自立是实现人格独立、开创事业的前提条件。因此，在大学阶段，应该树立自立意识，培养自立能力。不能自立的人，不仅会成为家庭的负担，而且还会成为社会的累赘。大学生作为成年人，不管家庭经济情况如何，从入校开始就要树立自立意识。一个人只有学会了自立，才有可能赢得职业生涯的发展与成功；只有具备了自立精神，也才有可能在将来开创自己的事业。

◆（三）塑造良好人格

1.学会做人——自身修为

著名教育家孙云晓在《教育的秘诀是真爱》一书中指出："教育的核心是学会做人。"做人是人们在人际交往中所表现出来的对人、对自己的原则和态度。职场成功定律告诉我们：做人比做事更重要。职场上，真正成功之士必是人品好的人。作为受教育者的大学生在大学学习的过程中首先应该学会做人。

"学会做人"是一个既现实又深奥的话题，学校里没有"如何做人"的教材，也没有开设"如何做人"的课程。如何学会做人，是我们应该长期用心思考的问题。在日常的学习和生活中，我们应该做有心人，从老师、同学、朋友的言行中去分析、去体会：在面对同一件事情时，别人为什么处理得比我好？从中我应该吸取什么？"学会做人"是逐渐积累的过程，它不仅是大学阶段的主要任务，也是整个职业生涯发展过程中的重要方面。

学会做人中有一个重要的内容是"学会与他人相处"，即有良好的人际关系。人是一种社会性动物，从呱呱坠地开始，便无法躲避世人而离群索居。因此如何才能在由人组成的社会中求得生存，并且生存得有意义、有价值，便成为生命中的一个重要的课题，其实就是人际关系问题。

人际关系，从狭隘的角度，可能有人把它仅仅界定为个人与朋友之间的关系，从而认为人际关系主要是探讨人需要朋友的原因以及如何赢得友谊等问题。但是，在生涯规划中人们认为人际关系包含着两层意思：

其一，讲求人际关系的全面性。生涯规划是注重生命整个历程的，因此从生涯规划的角度来谈人际关系，就是从生命整体历程的角度来探讨个体从出生就已经开始的、所有与人相处的社会性历程，是一种顾及全面的探讨方式。

其二，兼顾人际关系的理论性与实用性。生涯规划的前身是职业辅导，虽然目前对生涯规划的范围界定得十分宽泛，但是辅导精神依旧是其重心之一。在这种精神的指导下，从生涯规划的角度来看人际关系，就一定要兼顾理论性和实用性。

在曾仕强、刘君政所著的《和谐的人际关系》一书中谈道："一加一可能等于一，叫作'事倍功半'；一加一可能等于二，叫作'一分耕耘一分收获'；一加一也可能等于四，便是'事半功倍'。"在人际交往中，要能做到一加一等于四，取得事半功倍的绝好效果，是很不容易的。

那么，如何能做到"快乐和谐的人际交往"？如何取得"一加一等于四"的事半功倍的绝好效果？以下提出几点以供参考、借鉴。

（1）敏锐的心

在与人相处中，怀有一颗敏锐的心，就是愿意用心去了解别人，能看到别人的需要，并且付出行动去满足别人的需要，也就是"同理心"，即英文的"empathy"，把这个单词拆开更容易了解：em 即进入，pathy 是内心世界的感觉，empathy 即进入他人内心世界的感觉，从对方的角度考虑对方的需求。用中文解释就是"将心比心"，从对方的角度来了解事情的原委，尊重彼此的不同点，尽可能地创造对双方都有益的状况。

在此，很关键的一点是要做到"换位思考"，即站在对方的立场去考虑他的想法，了解他的感受，而不是站在自己的主观立场来武断评判。如果我们能对周遭的一切以同理心来了解，相信一定能减少许多纷争与纠葛。

（2）倾听的耳

在与人相处当中，若不是有些话非说不可，那么倾听永远比说话更重要。做个愿意倾听的人很难，做个耐心的听众更难，因为能耐心地静坐聆听他人意见的人，必定是富于思想和具备谦虚柔和性格的人，这种人总是受人尊敬的。要成为这样的人，首先要真诚，真诚的态度才更容易让人接受。

（3）智能的舌

适时、适当的沟通可以避免许多不必要的猜测和误会，增进彼此的了解与认同，是建立和谐人际关系不可或缺的方法。悟性强的人，说出话来很巧妙；智慧高超的人，说出话来很简明；品性贤德的人，说出话来很清楚。所以，说话要有智慧。

（4）关爱的眼

虽然社会如此进步，似乎每个人都是"强人"，但仔细看看四周，是不是会发现还有许多人需要帮助？关爱的眼，可以帮助我们发现周围的人内心对爱与被爱的渴望;关爱的眼,可以使我们的世界变得不一样。

(5)助人的手

现代人有时候太聪明了,凡事总要先算一算,连帮助他人也要计算需付出多少代价,再考虑是否伸出援手。我们忘记了有句古话叫作“失之东隅,收之桑榆”,有时吃亏就是占便宜,多为别人做一点,不计较太多,那么当你需要帮助的时候,朋友就在你的身边,帮人就是帮自己。

(6)踏实的脚

讲求速见效果是目前社会的特征之一,许多人一心追求名利,舍弃克勤克俭、踏实耕耘的优良作风。成功学的书籍之所以畅销全球,这与现代人的急于求成有关。追求效率并没有错,但有许多事并不能一蹴而就,特别是人际关系,只求速度的人际关系会流于表面、虚浮善变,这样的关系就像沙上筑堡,负荷不了真实的重量,也经不起潮水的冲击。所以在建立自己的人际网络时,要做到踏踏实实,舍弃虚假和功利。

(7)相互尊重

人之间的沟通是互动的,而且应该是真实的、互相尊重的,所以我们在相处的艺术中一定要秉承相互尊重的态度,也就是给予对方自由的空间,保留个别的差异,每个人都是独一无二的个体,各有存在的价值及潜能。有时尊重就是对一个人的鼓励,尊重是一种无形的助推力,促使着人勇往直前。

(8)双胜双赢

所谓双胜双赢,就是互蒙其利,以双方皆能获得最大利益为共同中心导向。它不是单向式,而是双向沟通、相互影响。

在社会中,人与人的交往密切而频繁,多有意见分歧之时,如何在互惠的原则下,尽可能保持原有理念,就需要采取双赢策略,先让他人获利,再谈自己。如此便可愉快相处,各得其利。

2.学会学习——重视知识积累

学会学习其实就是自学的能力,也就是举一反三或无师自通的能力。在信息化时代,学校不可能保证教给我们今后需要的所有知识。但是在大学里,我们可以学会独立思考并掌握学习的方法,它会让我们不论面对怎样的知识变更和激烈竞争,都能游刃有余,得心应手。大学不是“职业培训场”,而是一个让学生学会适应社会,适应不同工作岗位的平台。在大学期间,学习专业知识固然重要,但更重要的还是要学习独立思考、解决问题的方法,掌握自修之道。只有这样,大学毕业生才能跟上瞬息万变的未来世界。

3.学会做事——提高职业胜任能力

大学阶段,还有一个非常重要的任务就是要充分利用大学里的优质资源,培养自己的职业胜任能力。在大学阶段,完成以下几件事情,将会有助于培养我们做事的本领。

(1)培养专业能力

专业能力是从事专门工作必须要具备的能力。专业能力的获得主要靠专业学习,专业教育也是我国高等院校人才培养的主要方式。在培养专业能力的问题上,我们应该注意以下几个问题:

①"学什么"与"学成什么"

"学什么"指的是专业名称的问题,而"学成什么"指的是专业能力的问题。有的同学可能会错误地认为在一个就业前景好的专业里学习,将来肯定能找到一份出色的工作。心存这种想法的同学简单地将专业名称与专业能力等同起来,在一个专业里学习不会让我们自动拥有从事与该专业相关工作的能力。现实社会中,我们也常常听到非专业的毕业生"抢"走了专业毕业生的工作岗位。原因就在于,用人单位更注重的是专业名称背后的专业能力。

②基础知识要扎实

知识不等于能力,但知识是能力构成的重要因素,能力是以知识为基础的。在大学期间,一定要学好本专业要求的基础课程,把基础打牢。因为,在科技发展日新月异的今天,应用领域里很多看似高深的技术在几年后就会被新的技术或工具取代,只有对专业基础知识的学习可以受用终身。而且,如果没有打下好的基础,我们也很难真正理解高深的应用技术。

③培养专业能力的途径是多样的

有的同学可能因为没有机会进入自己感兴趣的专业学习,就怨天尤人、自怨自艾,甚至自暴自弃。其实,培养专业能力的途径是多样的。除了进入自己感兴趣的专业进行系统的学习之外,我们还有很多其他的选择。比如,辅修、有目的地选修感兴趣的专业课程、自学等。

(2)培养计算机能力

如今,随着计算机的普及,以计算机为核心的办公自动化在工作中被广泛使用。办公自动化可大大提高我们的工作效率。因此,无论是对于计算机专业的学生还是非计算机专业的学生来说,培养计算机能力都是必要的。

学会使用 Word 的排版技巧,有利于文字的编写、修改;使用 Excel 的数据透视功能,可以对数据进行统计分析,用图、表的形式展现;使用 PowerPoint 来进行讲课或演说,不仅可以让我们的受众有听觉刺激,而且还有视觉刺激,使讲课或演说更加生动、直观。

(3)学会收集信息

现代社会是一个信息社会,没有信息,我们就无法顺利地开展学习和工作。因此,懂得如何收集自己想要的信息对于任何学习和工作而言都是至关重要的。

处在信息社会的大学生,要懂得到正确的地方去获取正确的信息。在大学阶段,学会收集信息对于我们做出合理的学习或职业生涯决定,自主地开展学习活动,培养自学能力也是非常有帮助的。学会使用图书馆、电子数据库、互联网搜索、问卷调查以及信息采访等方式来收集信息,都会有助于提高我们信息收集的能力。

(4)培养写作能力

随着科技的进步和工作节奏的加快,书面沟通在当今社会中的作用已经越来越明显,任何行业都需要运用书面沟通来进行公务往来。对个人而言,随着职务级别的上升,书面沟通也变得越来越重要。因为,当你有一个想法时,如果你只能停留在口头上做出说明,那么你的影响范围仅限于说话的对象。但是,一页能够做出清晰说明的备忘录会在整个公司内被传阅,甚至会一代传一代。

要形成良好的书面沟通,沟通者必须具备良好的写作能力。为了培养和提高我们的写作能力,在大学期间,应该尽可能地选修一些要求学生写日志、计划书和评估报告等以论文形式完成的课程。认认真真地完成这些课程,会有助于提高自己的写作能力。

(5)提高英语会话水平

中国正在走向世界,在英语已经成为国际通用语言的情况下,能够用英语进行沟通就成为高素质国际化人才必须具备的一项本领。由于受到应试教育的影响,长久以来我们学习英语只是为了考试(即将英语当成知识来学习),造成我们懂得的英语知识可能比外国人还多,可是就是不能张口。提高英语会话水平的根本是要学以致用,不能只“学”不“用”。

4.学会生活——让自己的生活更出彩

生活是人生的重要组成部分,满意度高的生活状态会让你事半功倍。学会生活,包括学会独立生活,学会时间管理、情绪管理、沟通管理和健康管理等。

(1)学会独立生活

我国与西方国家相比,家长对孩子独立生活能力的培养缺乏主动意识,多数情况是在遇到问题时被动调整。考入大学之前,除学习之外的所有事情都由家长包办,考入大学之后,家长包办的条件不存在了。于是孩子不得不独自面对毫无准备的大学生活,独立生活能力的差异导致了同学之间生活状态的不同。看看身边的同学,有的学习、工作、生活安排得井井有条,而有的则一塌糊涂,甚至达到退学的地步。学会独立地营造精彩的大学生活具有非常重要的意义。学会独立,首先,要提高独立意识。依赖和懒惰是人的本性,要克服与生俱来的本性谈何容易?因此需要强烈的意念和坚定的信念。其次,要主动把握和创造独立生活的机会,让自己得到更多的锻炼。再次,提高自身解决问题的能力,这样在需要独自面对生活的时候会更加游刃有余。

(2)学会时间管理

时间不可缺少,也无法替代,时间不可存储,也无法增减,但时间却可以管理。如何管理呢?首先,制订一个合理的计划,时间只给有合理安排的人;其次,要分清主次,把更多时间花费在解决主要问题上;再次,确定正确的目标,并给目标设以时限,避免将大量的时间用于内耗上;最后,寻找解决事件的最佳途径,快速解决问题。

(3)学会情绪管理

情绪不但会影响到人们的生理健康,更可能影响到事业上的成败。一个好的心态不仅能够让你以健康的体魄投入自己的事业,还能够使自己以愉快、乐观的心情迎接发展道路上的一切坎坷。学会情绪管理,第一,要体察自己的情绪。情绪有很多种,常见的积极情绪有爱、希望、信心、同情、乐观、忠诚等。时刻提醒自己,我现在的情绪是什么。第二,要从积极的角度去思考问题。每个人都可能遇到不愉快的事,更多地考虑这件事的积极影响,会有利于对情绪的控制。第三,要学着适当表达情绪。把自己的感受用对方可以接受的方式表达出来,当然有一定的难度,需要用心体会和揣摩,只要你有这个意识,相信功夫不负有心人。第四,遇到影响情绪的事情,不要急于马上解决问题,给自己一个缓冲,时间是情绪管理的特效药。第五,坚定必胜的信念,相信办法总比困难多。第六,用适宜的方法来舒缓情绪,如通过听音乐、练习书法、静静地打坐、大声唱歌,找朋友聊天、深呼吸、散步、逛街、进行体育运动等舒缓情绪。舒缓情绪的目的是让自己好过一点、给自己一个理清事情缘由的机会,也让自己能够更加从容地面对未来。如果舒缓情绪的方式不能达到控制情绪、解决问题的目的,只是暂时逃避痛苦,而后需要承受更多的痛苦,如酗酒、摔东西等自我摧残与麻醉,这就不是“适宜”的缓解情绪的方式。

(4)学会沟通管理

马克思指出:“一个人的发展取决于和他直接或间接进行交往的其他一切人的发展。”其中,沟通能力是一个人生存与发展的必备能力,也是决定一个人成功的必要条件。

社会活动需要沟通能力。人们在生活中每时每刻都离不开实践活动,总不免要与他人沟通。但是,沟通本身也不是非常容易的事,可能要向他人表达一个意思,却始终说不清楚;可能要为他人办一件好事,却弄巧成拙;本来想与他人消除原有的隔阂,但可能弄得更僵。所以说实践活动需要有一定的沟通能力。

沟通也是个人身心健康的保证。与家人沟通,能使你享受天伦之乐;与恋人沟通,能使你品尝到爱情的甘甜;在孤独时,沟通会使你得到安慰;在忧愁时,沟通会使你变得更快乐。如果把快乐告诉朋友,你将获得两个快乐;如果把忧愁向朋友倾吐,你将被分担一半忧愁。所以,沟通能力的提高不仅对于我们的职业生涯非常重要,而且对我们整个人生都有意义。

为了达到有效沟通,我们需要掌握一些沟通技巧,比如:明确沟通目标;明确角色与换位思考;注意恰当地使用肢体语言;注意保持理性,避免情绪化行为;减少沟通的层级;双向沟通,及时反馈;选择最佳的信息沟通渠道;主动倾听;正确运用语言文字;恰当安排沟通时间;选择正确的沟通的方式等。在与别人沟通中灵活地运用这些沟通技巧,才会取得沟通的效果。

(5)学会健康管理

世界卫生组织将健康定义为身体上、精神上和社会适应上的完好状态,而不是没有疾病及虚弱现象。从定义上可以看出,健康包括身体健康、心理健康和社会适应上的完好状态。对于身体健康,需要养成良好的生活习惯,注意个人卫生,注重饮食营养,加强身体锻炼,定期体检,有病及时就医,科学用药和保持好的心情等。对于心理健康,需要做到悦纳自我,接受他人,热爱生活,接受现实,控制情绪,完备人格等。对于社会适应的完好状态,就要通过自我调节,保持个人与环境、社会及人际交往过程中的均衡协调。

世界卫生组织提出了衡量人体健康的10条标准:第一,精力充沛,能从容不迫地应付日常生活和工作,而不感到过分紧张;第二,处事乐观,态度积极,乐于承担责任,事无巨细不挑剔;第三,善于休息,睡眠良好(每天保证7~8小时睡眠);第四,应变能力强,能适应各种环境变化;第五,对一般感冒和传染病有一定的抵抗力;第六,体重适当,体型匀称,头臂位置协调;第七,眼睛明亮,反应敏捷,眼睑不发炎;第八,牙齿清洁,无缺损,无疼痛,齿龈颜色正常,无出血;第九,头发有光泽,无头屑;第十,肌肉、皮肤富有弹性,走路轻松。

世界卫生组织还提出了衡量人体心理健康的7条标准:第一,智力正常;第二,善于协调和控制情绪;第三,具有较强的意志和品质;第四,人际关系和谐;第五,能动地适应并改善现实环境;第六,保持人格的完整和健康;第七,心理行为符合年龄特征。

大学生在学校不仅要加强身体锻炼,保持一个健康的体魄,还必须要有一个良好的心理状态,通过积极地参加社会实践活动,能够融入社会和各种环境中,为以后的职业生涯创造良好的基础。

◆(四)主动实践,提高职业素质和职业能力

职业素质是劳动者对社会职业了解与适应能力的一种综合体现,其主要表现在职业兴趣、职业能力、职业个性等方面。

职业能力是指人们从事不同职业活动所必需的共有能力。特殊职业能力是指人们从事某一特定职业所必须具备的特殊的或较强的能力。

影响和制约职业素质和职业能力的因素很多,主要包括:受教育程度、实践经验、社会环境、工作经历等。一般说来,劳动者能否顺利就业并取得成就,在很大程度上取决于本人的职业素质和职业能力。

职业素质越高、职业能力越强的人,获得成功的可能就越大。目前,虽然大学新生不能依靠实际就业来提高这方面的能力,但努力学习文化专业知识、增强现代科技意识、加强专业技能训练,进行社会实践和锻炼,是提高职业素质和职业能力的有效途径,而且是优势所在。我们通过分析自身的职业素质,分析自己的一般能力和特殊能力状况,挖掘潜能、发挥优势,就能够不断提高职业素质和职业能力。

社会实践是一种很好的真正了解自己的方式。大学生应该通过不同的工作环境,不同的工作经历发展清晰的自我形象,同时注意自己的感受和反应;尽可能多地寻找和获得不同的生活经历,并把这些生活事件和经历结合起来,找到价值观、兴趣和技能之间的联系,用更复杂的方式思考自我。

社会实践的另一个作用是帮助大学生不断改造自我,更快地社会化。大学与高中的不同在于,大学是进入社会的过渡期,是进入社会的预演;学校与社会的不同在于衡量人才的参照系不同。学校教育以知识积累为主要目的,而职业领域更看重能力和素质。职业在满足现实的生存和发展需要之外,还有一个重要功能就是通过和别人一起共事来克服自我中心的意识,换一句话说,职业化的过程就是社会化的过程,而克服自我中心,为职业做准备是大学生这个年龄段的人重要的人生课题。

◆(五)具备开阔的视野

大学校园文化作为社会文化的一种形态,对于生活在其中的大学生具有潜移默化的文化熏陶和文化育人功能。可以说具有什么样的校园文化,就会培养出什么样的人才。因此,大学生作为校园文化活动的主体,理应在校园文化活动中体现出良好的视野。

要树立校园文化活动中的良好视野,就要求大学生在设计、组织和参加各种校园文化活动过程中,具有广阔、全面的国际眼界,能够从宏观上将国际发展形势尽揽眼底;要求大学生具有深刻的国际眼光,能够洞悉世界风云变幻的实质;要求大

学生具有正确的国际视角,能够清醒审视和质疑一些西方媒体的强势话语,提出自己的独立见解。为此,需要大学生做出以下几个方面的努力:

(1)具有自觉的开放意识。青年大学生朝气蓬勃,接受能力强,接受新鲜信息快,求知欲望强,要发挥自身的优势,自觉提高思想认识,积极主动地面向世界,让自身走向世界。

(2)具有开阔的国际眼界。思路决定出路,眼界决定世界。面对五彩缤纷的大千世界,大学生要努力学习,广泛涉猎,开阔和丰富自己的眼界,开创和成就自己的梦想。要放眼全球,批判地吸收当今世界各国的先进文化,尽可能通过广泛涉猎和熟悉世界各国历史、文化、艺术、风俗等来开阔自己的国际眼界。

(3)具有过硬的综合素质。首先,要掌握现代科学技术知识,做到既"专"又"博"。要在学好专业知识的同时努力扩大自己的知识面。其次,要具有良好的国民心态和涵养。要有胸怀天下的非凡气度和风范,要宽容、理性、务实、开放、文明、诚信,展现新时期大学生良好的文明素质。第三,要具有对各种信息的良好的分析和辨别能力。要善于从世界文明发展史中汲取智慧和经验,做到为我所用,以人为鉴,以史为鉴,在历史长河的滚滚洪流中找准自己的定位。要善于分析当前国际形势大调整大变革的错综复杂局势,树立全局观和国际化大视野,把握和平和发展的世界主题。

(4)具有坚定的政治立场。放眼全球,当前世界正处在一个思想大活跃、观念大碰撞、文化大交融的时代,先进文化、有益文化和落后文化、腐朽文化并存,正确思想和错误思想、主流意识形态和非主流意识形态相互交织。国际视野下,我们尤其要保持清醒头脑,认清形势,以社会主义核心价值体系构筑自己的精神支柱,坚决抵制各种西化、分化思想的侵扰,坚定地跟党走,坚持走中国特色社会主义道路,做坚定的青年马克思主义者。

三、大学生涯科学规划

大学四年,看似漫长,实则短暂。在这四年,大学生如何能够在平淡的人生中,撑起属于自己的那片蓝天呢?有的学生在回忆大学四年的学习生活时,常后悔没有对这四年进行整体规划,致使光阴虚度。那么,大学生应该如何做好规划和尽快适应大学生活呢?

◆(一)确定人生目标

考入大学,随着角色和环境变化,心情突然放松,加之大学较高中而言相对宽松的环境,易引起目标不明的大学新生的迷茫、彷徨、失落感、空虚感,导致了大学生活的适应障碍。因此,从入学的第一天起,新生就应该认真深入地思考,多问自己这样的问题,“我到底要把自己培养成什么样的人?”“整个大学期间,我要使自己具备哪些能力?”“我要为未来做哪些准备?”认真思考之后,要确定符合自身发展的规划,先明确自己的人生大目标,并将之逐级分解成不同发展阶段的目标,然后将阶段目标清晰化,制订详细的计划。这样才能保证人生大的目标不沦为空想,而是在一天天的推进中逐步落实。

(1)建立长期目标、终极目标,即人生的最终定位。目标要立足现实,从自身实际出发。目标太高,则会使自己失去信心和斗志;目标过低,则会使自己失去前进的动力。

(2)建立短期目标,明确大学四年要达到的目标和应具备的能力。比如,要达到考取研究生的目标;培养自己七种能力:逻辑性及数理性能力、语言能力、空间能力、自我内省能力、洞察人性能力、体育能力、音乐能力,这也正是哈佛大学心理学家霍华德·加纳研究发现的成功人士一般具备的能力。再如,培养自己团队协作、主动学习、诚信正直、具备理想和激情等特质。又如,进行七项学习:学习自修之道、基础知识、实践贯通、兴趣培养、积极主动、掌控时间、为人处事。

(3)建立年度或学期目标。将短期目标加以分解,具体到每一学年、每一学期。比如,本学年要完成什么?这个学期末的成绩要达到什么标准?一年读多少课外书?参加什么社会实践与社团活动?人际关系处理得如何?身体素质怎样?

(4)建立日常目标,即对年度或学期目标加以细化。比如,每天应该做什么,如何安排好一天的学习生活。日常目标要具有可操作性、可控性,并讲究人性化,力求容易实现。比如,坚持晚上跑步,锻炼身体,增强体质,为顺利完成四年的大学生活创造条件。

案例分析

青岛远洋船员职业学院孔令文老师曾对某学院的两个毕业班进行了一项跟踪调查。结果表明:其中38%的人有清晰而长远的目标,43%的人有清晰但比较短期的目标,11%的人目标模糊,8%的人没有目标。毕业20年后,拥有清晰而长远目标的毕业生,成为各个领域中的成功人士或专业人士,基本处于社会的中上层;有清晰的短期目标的毕业生,他们安稳地工作与生活,但没有什么特别突出的成绩,基本处于社会的中层;目标模糊的毕业生,他们生活没激情,工作一般或不如意,基本处于社会的中下层;没有目标的毕业生,他们生活没有追求,基本处于社会的底层。

分析:这个案例说明了成功与否的区别在于成功者对于自己的职业生涯在大学期间进行了规划,选择了正确的人生目标、职业目标,并按照这个目标不懈努力;而非成功者则相反。因此,我们生活中常常会看到一些天赋相差无几的人,由于选择了不同的人生方向,人生迥异。

◆(二)保持积极向上的心态

做好大学规划与适应大学生活,“态度”至关重要。一般来讲,影响大学生成才的不良心理品质可归纳为:易受暗示(即从众)、顽固、冲动、优柔寡断、惰性、缺乏恒心、胆怯软弱等方面。针对这些“症状”,我们可以“对症下药”:

(1)正确地认识自我。如果大学生能对自我有一个较为全面深刻的认识、客观准确的评价,就能够扬长避短、发展自己、完善自己。可以通过自己和那些与自身条件相类似的人做比较、别人对自己的态度、自己活动成果的社会效应了解自己,认识自我;评价自我,一方面,要自己与自己比,即现实的自我要与理想的自我做比较,看到差距,同时也要与过去的我做对照,看到进步;另一方面,与超过自己、与自己相似、比自己稍差的人比较。要将各个方面获得的信息加以综合分析,既不妄自菲薄,也不妄自尊大。

(2)积极的自我暗示。自我暗示是运用内部语言或书面语言隐含的方式来调节和控制情绪的方法。比如,当在公众场合发言心理紧张时,使用内部语言“勇敢点,放松,不要紧张” 控制情绪。此外,“你能行!”“不能恼火!”等自我激励或自我约束的话语,都是与某些不良情绪相对应的内部语言。要悦纳自己,平静而理智地对待自己的优缺点、成败得失,在此基础上,培养自信、自立、自强、自主的心理品质,以发展的眼光看待自己,不断激励自己、完善自己、超越自己。事实上,人在积极的自我暗示下,潜力是超强的。想法决定我们的生活,有什么样的想法,就有什么样的未来。同时,利用积极的自我暗示,会对情绪起到控制和调节作用,使自己拥有一个“阳光心态”。

(3)选择目标时,要有“无怨无悔”的气概。“勇者无畏”,除具备一定的智商、情商以外,还要具备“胆商”,即要有胆识、勇气与魄力。人不管走哪条路,都会有风险和收获。不敢选择道路、不敢承担责任的人,是不会成功的。勇于挑战不仅是一种素质,更是一种荣誉,在不断的挑战中,发现自己的潜能,人生价值才能得以实现,人生经验也会变得非常丰富。需要强调的是,要把握好自信度,不要把自信变成自负。有时,经过一段时间的实践,若发现既定目标是无法实现的或不是所希望的结果时,就要学会及时回头,敢于回头,不要一路错下去。

(4)有效地控制自我。从大学刚入学,就可以用一些具体的目标来抑制自己的性情,养成良好习惯。比如,每天坚持逼迫自己做一件事情,如坚持每天早起晨读。要有意识地去控制自己的欲望,尤其是那些对自己健康成长没有助力的欲望,若想成功就必须有所舍弃。要培养健全的意志,增强挫折承受能力,提高行动的自觉性和顽强性,增强自制力和约束力。

◆(三)敢于梦想、勇于实践

世界因实现梦想而伟大。要敢于梦想,勇于实践,对自己决定的事情,要付诸行动并全力以赴。

(1)大学期间,要分步骤地、脚踏实地、扎扎实实地完成自己确立的每一个目标。

一年级为试探期,要初步了解职业,特别是自己想未来从事的职业或自己所学专业对口的职业,提高人际沟通能力。在大一可以多和师哥、师姐交流,询问大四毕业生的就业情况,为自己以后的择业有一个思想上的准备。大一学习任务不重,在校期间应多参加学校活动,增加交流技巧,学习计算机知识,争取可以通过网络辅助自己的学习。

二年级为定向期,应考虑清楚未来是否深造或就业,了解相关的活动,并以提高自身的基本素质为主,通过参加学生会或社团等组织,锻炼自己的各种能力,同时检验自己的知识技能;可以开始尝试兼职、社会实践活动,要具有坚持性,最好能在课余时间后长期从事与自己未来职业或本专业有关的工作,提高自己的责任感、主动性和受挫能力,增强英语口语能力,增强计算机应用能力,通过英语和计算机的相关证书考试,开始有选择地选修其他专业的知识充实自己。希望出国留学的学生,可多接触留学顾问,参与留学相关活动,准备 TOEFL、GRE,注意留学考试资讯,向相关部门索取简章参考。

三年级为冲刺期,因为临近毕业,所以目标应锁定在提高技能、搜集公司信息、确定自己是否考研。在撰写专业学术文章时,可大胆提出自己的见解,锻炼自己独立解决问题的能力和创造力;参加和专业有关的暑期工作,和同学交流求职、工作的心得体会,学习写简历、求职信,了解搜集工作信息的方法和渠道,并积极尝试加入校友网络,和已经毕业的校友了解往年的求职情况。

四年级为分化期,找工作的找工作、考研的考研、出国的出国,不能再犹豫不决,大部分学生的目标应该锁定在工作申请及成功就业上。这时,可先对前三年的准备做一个总结:首先,检验自己已确立的职业目标是否明确,前三年的准备是否充分,前三年所要达到的目标是否完成;然后,积极申请工作,积极参加招聘活动,在实践中检验自己的学习、积累和准备情况;最后,积极利用学校提供的条件,了解就业指导中心提供的用人单位的资料信息,强化求职技巧,进行模拟面试等训练,尽可能地在做出较为充分准备的情况下进行训练。

(2)要主动适应新的学习、生活、人际交往方式,提高自理和自立能力,不断发展和完善自我。

其一,适应新的环境。大学生应面对现实,增强独立意识,提升自主能力,培养自立精神,尽快掌握新生活技能,提高生活自理能力,包括日常生活、休闲娱乐、社会交往等。在参加社团活动方面,应根据自己的性格特点和条件,有选择地培养和发展一些业余爱好,同时,还应注意照顾好自己,增强体质,以健康的身体为大学四年的学习与生活做保证。

其二,适应新的人际关系。对大学生来讲,建立新的人际关系不仅是环境的要求,也是个体逐渐走向成熟和向成人转化的必要条件。大学生要处理好同班、同年级同学关系,尤其要处理好寝室中的同学关系,适应以寝室为单位的集体生活。在新组成的群体里,面对差异,要学会承认、理解和尊重差异。同时,应学会沟通,打破对人际交往的恐惧,用积极的态度代替消极回避的方式;应逐渐摆脱以自我为中心的思维方式,学会换位思考,把自己历练成心智成熟、心胸豁达的人。值得一提的是,在相互适应的过程中,除体谅别人之外,还要适当表达自己的意见和感受,甚至是相反的意见和感受,这不只是一个针锋相对的过程,也是一个互相沟通与理解的过程。这不仅需要掌握人际沟通的技巧,更需要有展现自己的观点的勇气。

此外,需要强调的是,人际交往中的层次是客观存在的。在交往中,应把握好交往的度,保持社交距离,注意交往方式,根据心理距离的变化,及时调整和改变。一个人要想和所有人都成为亲密的朋友,那是不实际、不可能的。但是,如果大家尽量学会与各种不同性格的人打交道,就能与更多的人相处得融洽,自身的人际交往、协调沟通的能力也随之得到提高。

其三,适应新的学习方式。大学的学习方式主要由大学生的知识结构和老师的教学方式决定。大学期间,学习专业知识固然重要,但更重要的是学习独立思考的方法。“三人行必有我师”,大学生应当充分利用学校的人才资源,从各种渠道吸收知识和方法。只要用心,就会发现自己周围到处是良师益友。大学生可以主动向资深的教授、老师请教,或者请他们推荐一些课外参考读物;与师兄、师姐乃至同班同学多交流与切磋,他们都是自己最好的知识来源和学习伙伴。只要珍惜这些机会,大胆发问,互帮互学,就能学到最有用的知识和方法,实现共同进步。

好的开端是成功的一半。从迈进大学校门的那一刻,大学新生就应该了解自己所处的这个时代、这个社会为自己提供了怎样的空间,思考自己在这个立体的大坐标系里应该处于哪一个位置,并调整步伐,不断前进。不管自己的家庭和自身能力如何,不管来到大学的感觉如何,每位大学新生都应正视现实,端正态度,认真做好大学规划,尽快适应大学生活。

第二章 航海职业认知

◎ **本章要点：**

1. 海运业的重要地位和作用。
2. 现代船舶的主要分类及船员职业特点。
3. 航海类专业学习内容要求和主要特点。

◎ **学习目标：**

1. 通过学习了解海运业在国民经济中的重要地位和作用。
2. 熟悉主要船舶类型和船员职业特点。对工作环境有初步的了解。
3. 了解航海类专业学生在校期间所学专业的特点及内容，进而思考自己毕业后上船工作的努力方向和注意事项。

海洋，约占地球面积的 71%，是连接各大陆的纽带。海运业是一个国家对外联系的纽带，是国家重要的经济命脉。中国，一个海洋大国，拥有 18000 多千米的海岸线和 300 多万平方千米的海洋国土，正是依托海洋这一纽带走向世界，正是依靠着海运业逐渐繁荣昌盛。

年轻的航海类专业学生朋友们，你们怀揣着梦想走进航海院校，肩负着推动祖国海运事业发展的重任，承担着促进国家经济与文明发展的使命，请坚定扬帆远航、德济四海的信念，从了解海运知识开始，迈出人生新的步伐！

第一节 海运业的重要地位和作用

2018 年 11 月习近平总书记在上海考察时指出，经济强国必定是海洋强国、航运强国。2019 年 1 月习近平总书记视察天津港时强调指出，经济要发展，国家要强大，交通特别是海运首先要强起来。

2020 年 2 月交通运输部联合国家发展改革委、工业和信息化部、财政部、商务部、海关总署和税务总局联合印发了《关于大力推进海运业高质量发展的指导意见》(交水发〔2020〕18 号)(以下简称《指导意见》)。

《指导意见》要求以习近平新时代中国特色社会主义思想为指导，深入贯彻党的十九大和十九届二中、三中、四中全会精神，认真践行新发展理念，加快建设交通强国。要求以供给侧结构性改革为主线，着力补短板、优服务、转动能、强保障，加快形成海运业高质量发展体系，谱写交通强国建设海运篇章，为建设社会主义现代化强国提供坚实支撑。

《指导意见》对 2025 年、2035 年和 2050 年提出了分阶段目标。明确到 2025 年，基本建成海运业高质量发展体系，服务品质和安全绿色智能发展水平明显提高，综合竞争力、创新能力显著增强，参与国际海运治理能力明显提升。到 2035 年，全面建成海运业高质量发展体系，绿色智能水平和综合竞争力居世界前列，安全发展水平和服务保障能力达到世界先进水平，基本实现海运治理体系和治理能力现代化，在交通强国建设中当好先行。到 2050 年，海运业发展水平位居世界前列，全面实现海运治理体系和治理能力现代化，全面服务社会主义现代化强国建设和人民美好生活需要。

《指导意见》按照“全球视野、服务大局，改革创新、融合发展，政府引导、企业主体”的原则，聚焦关键领域和薄弱环节，共提出了 6 方面 18 项具体任务。

一是装备先进适用、运输便捷高效。针对我国海运船队规模结构不够优化，海运服务网络有待完善，海运客货运服务品质有待提升等问题，《指导意见》提出了建设现代化海运船队、完善全球海运服务网络、提升客货运服务品质等重点任务。

二是市场充满活力、服务功能完备。针对我国海运企业综合竞争力不强，运输服务保障能力有待提升，现代航运服务业发展滞后等问题，《指导意见》提出了深化海运企业改革、支持企业协同发展、加快补齐航运服务业短板等重点任务。

三是绿色低碳发展、智慧创新引领。针对船舶用能结构不优、污染防治水平有待提升，创新驱动能力不强等问题，《指导意见》提出了优化用能结构、加强船舶污染防治、增强创新驱动能力等重点任务。

四是安全保障可靠、应急迅速有效。针对海运业安全基础仍不牢固，安全风险防控和应急响应能力有待提升等问题，《指导意见》提出了着力强化船舶安全管理、健全安全生产体系、提升应急处置能力等重点任务。

五是开放创新发展、合作互利共赢。针对服务“21 世纪海上丝绸之路”建设、海运业政策制度创新和参与国际海运治理不够等问题，《指导意见》提出了推进“21 世纪海上丝绸之路”建设、深化政策和制度创新、积极参与国际海运事务等重点任务。

六是治理体系更加完善，治理能力显著提升。针对海运业治理体系有待完善，人才队伍建设和中国特色海运文化传承有待加强等问题，《指导意见》提出了完善海运业制度体系、加强人才队伍建设、传承创新中国特色海运文化等重点任务。

一、海运业的发展历程

海运业是一个国家综合国力的反映。我国海运历史悠久，早在秦汉时代即利用季风开展航海活动，600 多年前郑和七下西洋较欧洲大航海时代早半个世纪；明代实行军民结合造船，成为当时世界上航海力量最强的国家，后来因“海禁”渐渐退出世界海运大国行列。

中华人民共和国成立以来，我国的海运业经历了从无到有、从小到大的发展历程，经历了两大历史时期：1949—1978 年的计划经济体制时期；1978—2008 年的改革开放后 30 年。

在计划经济体制时期，我国海运业的开创和发展经历了以开展国际合作和租赁外轮、建设国有远洋船队为主的发展历程。为建立国有远洋运输企业和远洋运输船队，于 1958 年成立交通部运输局，并在此基础上，于 1961 年 4 月 27 日正式成立了中国远洋运输总公司和广州分公司，组建了第一支自营的远洋船队，共有 5 艘船舶、34000 载重吨。从此，揭开了我国国际海运发展史上崭新的篇章。

与我国其他行业一样，在计划经济体制时期，国家对海运企业实行计划管理体系：在财务上实行“统收统支”的政策，企业的利润全部上缴国家，亏损全部由国家弥补；在经营上实行“统一货源，统一调度，统一运价”的三统政策。在这个时期，国家在造船贷款方面实行扶持政策，使我国的海运业得到了较大的发展。1975 年，我国远洋船队总吨位已突破 500 万载重吨。到 1976 年，我国远洋船队的承运量已占外贸运输中我方派船运输量的 70%，基本上结束了长期以来依赖租用外轮的历史，为改革开放后全面振兴国际海运事业打下了坚实的基础。

党的十一届三中全会以来，中国的经济体制发生了重大而深刻的变革，给中国的经济建设和社会发展带来了无限的生机和活力，使我国的国民经济和对外贸易取得了持续、快速的发展。中国的水运以建设统一开放、竞争有序的水运市场为目标，不断深化体制改革，积极对外开放，使我国的海运业得以迅速发展。

自从 1984 年以来，我国的海运市场逐步对外开放，进程如下：

1984 年，批准第一家外国海运公司班轮挂靠中国港口；

1985 年，批准第一家中外合资国际海运企业；

1986 年，批准第一家外国海运公司设立代表处；

1994 年，批准第一家外国海运公司设立独资船务公司；

1996 年，批准第一家外国海运公司设立独资集运公司。

2006 年，经批准的外国海运企业已在华设立 18 家独资公司和 54 家分公司，并在我国设立海运代表处 320 多家，经营国内沿海和内河运输的中外合资企业 64 家，经营国际运输的中外合资企业 62 家，67 家外资班轮公司的船舶挂靠我国港口，在从我国港口开出的 2200 多个航班中，外资班轮公司经营的有 914 个，占航班总数的 41%。中国海运市场的全方位开放格局在我国已基本形成。

2008 年"次贷危机"席卷全球，由此带来的金融危机对每个行业都造成了沉重性打击，海运业是国际化程度很高的领域，也受到了很大冲击。航线运价大幅下跌，零运价和负运价比比皆是，干散货市场和船舶买卖市场及新船舶市场都受到了强大的冲击。失去了海运贸易量支撑的海运业步入了前所未有的"寒冬"。我国海运业作为世界海运的重要组成，也遭受了巨大损失。就在海运业在"寒冬"中苦苦挣扎的时候，我国政府及时调整宏观调控策略，在全国打响了一场声势浩大的"扩大内需、促进增长"的保卫战，为海运业渡过难关提供了保障。经过金融危机的洗礼，各海运企业在复苏的过程中，不断调整结构，优化配置，也使得我国的海运市场更为规范，配置更为合理。

2012 年，党的十八大报告在第八部分"大力推进生态文明建设"中明确提出，我国应"提高海洋资源开发能力，发展海洋经济，保护生态环境，坚决维护国家海洋权益，建设海洋强国"。2013 年 7 月 30 日，中共中央政治局就建设海洋强国研究进行第八次集体学习。习近平总书记在主持学习时指出，建设海洋强国对于推动经济持续健康发展，维护国家主权、安全、发展利益等，具有重大的意义。同时，特别强调了"建设海洋强国"的基本内涵，即"四个转变"。其内容为：要提高资源开发能力，着力推动海洋经济向质量效益型转变；要保护海洋生态环境，着力推动海洋开发方式向循环利用型转变；要发展海洋科学技术，着力推动海洋科技向创新引领型转变；要维护国家海洋权益，着力推动海洋权益向统筹兼顾型转变。"海洋强国"战略的提出标志着我国海运业的发展进入了一个新的阶段。

2013 年 9 月和 10 月，中国国家主席习近平在出访中亚和东南亚国家期间，先后提出共建"丝绸之路经济带"和"21 世纪海上丝绸之路"（简称"一带一路"）的重大倡议，得到国际社会高度关注。国务院总理李克强参加 2013 年中国-东盟博览会时强调，铺就面向东盟的海上丝绸之路，打造带动腹地发展的战略支点。加快"一带一路"建设，有利于促进沿线各国经济繁荣与区域经济合作，加强不同文明交流互鉴，促进世界和平发展，是一项造福世界各国人民的伟大事业。"21 世纪海上丝绸之路"将给海运企业布局带来很大变化。"海上丝绸之路"主要由中国经南亚然后到欧洲，从原料到成品，其中分工或涉及多个国家，也就意味着区域间货物运输将增加。海运企业除了要占领传统航线的成本高地，也需要将部分中型船舶撤回亚洲市场。事实上，目前许多海运企业已经开始布局亚洲。“一带一路”倡议的提出无疑给海运业注入了新的发展活力。

2014 年 9 月，国务院出台《国务院关于促进海运业健康发展的若干意见》，确立了海运业在经济社会发展中重要的基础产业地位，明确提出到 2020 年基本建成安全、便捷、高效、绿色、具有国际竞争力的现代海运体系的发展目标。提出优化海运船队结构、完善全球海运网络、推动海运企业转型升级、大力发展现代海运服务业、深化海运业改革开放、提升海运业国际竞争力、推进安全绿色发展等七大重点任务，并配套一系列保障措施，充分表达国家重点发展海运业的强烈愿望和具体要求。《国务院关于促进海运业健康发展的若干意见》的提出，标志着我国海运业的发展进入一个新的阶段。

2016 年 2 月 18 日，中远与中海整合重组成为全球最大海运公司。中国航运产业的发展历程，就是改革开放的缩影，也是客户、市场、业务、竞争等要素融入国际市场的过程。在与国际强者的同台竞争中，我们熟悉了国际规则、深化了全球思维、学到了先进管理，经过数十年的努力，中国航运业顽强地发展壮大了。

2017 年，继续推进海洋经济示范区建设，加快建设海洋强国，坚决维护国家海洋权益。推进“一带一路”建设，加快陆上经济走廊和海上合作支点建设，构建沿线大通关合作机制。积极扩大对外开放，与沿线国家加强战略对接、务实合作。

2018 年 11 月 6 日，中国船舶工业集团有限公司与美国嘉年华集团、意大利芬坎蒂尼集团在首届中国国际进口博览会上正式签订 2+4 艘 13.5 万总吨 Vista 级大型邮轮建造合同。这是我国首次签订的真正意义上的大型邮轮建造合同。

2018 年 12 月 3 日，国家主席习近平在巴拿马城同巴拿马总统巴雷拉共同参观巴拿马运河新船闸。习近平同“玫瑰”轮船长通话，询问船上工作和生活条件，慰问全体船员。习近平说，很高兴在巴拿马运河同“玫瑰”轮的船长和船员们通话。希望国际海员善用巴拿马运河，不断优化物流运输，为促进国家航运事业和全球贸易繁荣做出更大贡献。

2019 年 9 月 14 日，中共中央国务院印发了《交通强国建设纲要》，为新时代海运业高质量发展指明了方向。纲要中指出，要强化大中型邮轮、大型液化天然气船、极地航行船舶、智能船舶、新能源船舶等自主设计建造能力。同时加强研发水下机器人、深潜水装备、大型溢油回收船、大型深远海多功能救助船等新型装备。强化船舶等装备动力传动系统研发，突破高效率、大推力/大功率发动机装备设备关键技术。加强基于船岸协同的内河航运安全管控与应急搜救技术等的研发。

2020 年 2 月 3 日交通运输部、发展改革委、工业和信息化部、财政部、商务部、海关总署、税务总局联合发布《关于大力推进海运业高质量发展的指导意见》指出，建设现代化海运船队，进一步优化海运船队规模结构，提升船舶装备技术水平，建设规模适应、结构合理、技术先进、绿色智能的海运船队。积极发展液化天然气船、邮轮船队，进一步提高集装箱、原油、干散货、特种运输船队国际竞争力。突破大型邮轮设计建造技术，全面提升液化天然气船等高技术船舶设计建造国际竞争力，掌握重点配套设备智能化、集成化设计制造核心技术。深化海运企业改革。稳妥推进海运企业股权多元化和混合所有制改革，鼓励骨干海运企业做强做优做大，中小海运企业做专做精做特。鼓励海运企业兼并重组，促进规模化、集约化、多元化经营，增强抗风险能力和国际竞争力。形成一批具备较强国际竞争力的骨干海运企业和专、精、特发展的海运企业，形成若干全球综合物流运营商。

小贴士

根据《2019年中国交通运输行业发展统计公报》调查显示，2019年，我国运输船舶规模平稳过渡，运力结构不断优化。截至2019年年底，全国拥有水上运输船舶13.16万艘，净载重量25684.97万吨，平均净载重量1951.75吨/艘，载客量88.58万客位，集装箱箱位223.85万TEU，船舶功率7059.85万千瓦。

随着我国海运业的蓬勃发展，我国在海运方面采取了一系列的改革措施，以便使我国海运更加规范，加快与国际市场接轨。这些改革措施主要包括以下三方面。

(1)基本取消了货载保留

自1988年起，我国取消了国货国运政策，政府不再为国轮船队保留货运份额。现在我国只与扎伊尔、阿尔及利亚、阿根廷、孟加拉国、泰国、巴西和美国等7个国家签订的双边海运协定中还保留有货载分配条款(已列入免除承担最惠国待遇清单中)，与其他国家签订的双边海运协定已不再有货载份额的条款。

(2)海运运价已基本开放

20世纪80年代后期，我国海运业的另一项重要的改革措施是我国的国际海运运价基本放开，政府不再干预海运费率的制定，由承运人和托运人双方根据市场的供求关系，按照商业惯例自由定价，定价随行就市。

(3)对外开放海运市场，允许外国船公司在中国从事营业活动

从1985年起，我国陆续颁布一系列的法令法规，允许国外船公司以合

资、独资的形式在我国从事正常的业务活动,国外船公司纷纷涌入我国海运市场。2020年海南自贸区(港)为国际海运业率先在全国实现全面对外开放,对标世界最高开放形态,加快实施国际船舶登记制度,推动构建更加开放的海运政策体系。打造“中国洋浦港”船籍品牌,为海南自由贸易港海运业高质量发展提供重要支撑。

我国不仅对外国船公司开放了国际海运业务,还允许它们通过合营形式从事货物装卸、仓储、集装箱堆场、海运代理和货运代理等五项海运辅助业务。

实现国际海运自由化是一个渐进的过程,中国将积极参与这一过程并将分享海运自由化所带来的利益,同时,海运市场的开放化和自由化,将为国际海运的发展带来生机。

2015年,我国规模以上港口完成集装箱吞吐量2.10亿TEU,同比增长4.1%,增速比货物吞吐量快2.5个百分点。虽然集装箱吞吐量增速有所放缓,但是绝对增量达到近1000万TEU。2016年,我国港口货物吞吐量、外贸货物吞吐量增速比2015年有所加快,但集装箱吞吐量增速比2015年有所放缓。2016年,我国规模以上港口完成货物吞吐量118.3亿吨,同比增长3.2%,增速比2015年加快1.6个百分点,其中完成外贸货物吞吐量37.6亿吨,同比增长4.1%,增速比2015年加快3个百分点。2016年,我国规模以上港口完成集装箱吞吐量21798万TEU,同比增长3.6%,增速比2015年放慢0.5个百分点。2017年中国规模以上港口预计完成货物吞吐量126.44亿吨,同比增长6.4%。其中,沿海港口和内河港口同比增速基本持平,分别为6.4%和6.3%,完成货物吞吐量分别为86.25亿吨和40.19亿吨;完成外贸货物吞吐量40.02亿吨,同比增长5.7%;集装箱吞吐量同比增长8.3%至2.27亿TEU,且增速明显快于货物吞吐量6.4%的水平。以上相关数据与2016年同期增速相比,明显加快。2018年全国港口完成集装箱吞吐量2.51亿TEU,比上年增长5.3%。其中,沿海港口完成2.22亿TEU,增长5.2%;内河港口完成2909万TEU,增长6.2%。全国规模以上港口完成集装箱铁水联运量450万TEU,增长29.4%,占规模以上港口集装箱吞吐量1.80%。全国规模以上港口完成货物吞吐量133.45亿吨，比上年增长2.9%。其中，完成煤炭及制品吞吐量24.50亿吨，增长3.4%；石油、天然气及制品吞吐量10.66亿吨，增长3.8%；金属矿石吞吐量21.22亿吨，增长3.1%。2019年全球百大集装箱港口最新榜单，中国大陆共21家港口上榜，排名前十中共有6家中国大陆港口上榜。2019年，我国内地集装箱吞吐量超过1000万TEU的港口为7个：上海港（4330万TEU）、宁波－舟山港（2753万TEU）、深圳港（2577万TEU）、广州港（2283万TEU）、青岛港（2101万TEU）、天津港（1730万TEU）、厦门港（1112万TEU）。截至2019年年底，我国港口集装箱吞吐量已经连续16年保持世界第一。我国港口的集装箱码头的软硬件设施已经进入世界一流水平，基本形成了华南以深圳为中心、华东以上海和宁波为组合中心以及青岛、天津、大连港口群为中心的国际集装箱中转型枢纽港的雏形。根据《2018年海运行业分析报告》显示：2018年全球港口排名中，中国十大港口入围全球排名TOP 20，上海港以4201万TEU的集装箱吞吐量稳居全球第一，此次是上海港连续第九年稳居全球第一。

二、海运业的地位和作用

国务院印发的《国务院关于促进海运业健康发展的若干意见》，明确了海运业是经济社会发展重要的基础产业，内涵很丰富，同时也是维护国家安全和海外权益的重要保障。2018年11月，习近平总书记在上海考察时指出，“经济强国必定是海洋强国、航运强国”，深刻阐明了海运与经济、海运与国家战略的关系，为我国未来海运业的发展指明了方向。

1.海运业关系国家经济运行安全

我国90%以上原油、铁矿石、粮食、集装箱等进出口货物都通过海运完成，年海运量约占世界的1/3，我国石油、铁矿石等关系国民经济命脉的物资对外依存度很高，在复杂多变的国际环境下，海运船队保障力直接关系国民经济的安全运行。

2.海运业是拉动经济稳增长的重要力量

海运产业链长、关联度高，与造船工业发展关系密切，现代化的海运业能有效带动船舶工业研发能力和技术水平提升，带动造船工业转型升级，推动金融、保险等现代航运服务业加快发展,扩大就业,促进经济稳增长。如邮轮产业的资金、技术、人才高度密集,高档邮轮造价一般为30亿~50亿人民币。据测算,10年后如能形成产业链,我国邮轮市场每年的直接经济贡献在3000亿人民币以上。

3.海运业是维护国家安全和海外权益的重要保障

海运服务网络遍布全球,是应对海外突发事件、保障军事运输和维护我国海洋权益的重要力量。我国海运圆满完成了1961年印尼、2000年所罗门、2011年利比亚、2014年越南等撤侨任务和亚丁湾护航后勤保障任务,有力地保障了国家安全和海外权益。

海上运输是交通运输的重要组成部分。为提高其国际竞争能力,海运业将由单一性海运经营转向以海运为主的多元化经营,努力发展陆上产业,更新船舶和优化船队结构,向船舶的大型化和现代化方向发展,以占领国际海运市场。海运业与铁路、公路、航空、管道运输组成综合运输体系。大力发展海运业对促进交通运输的进步、加快经济和社会发展具有重要的现实意义。现代海运业在交通运输中的具体特点如下:

(1)单位运输工具的装载量大

在海洋运输中,大型原油运输船舶吨位已经达到56万载重吨,铁矿石运输船舶吨位已经达到38万载重吨,新一代集装箱船舶载箱量约20000 TEU,而重载火车单列载重量约1万载重吨,双层单元集装箱列车载箱量约550 TEU,船舶相当于火车的20~90倍。

(2)运输成本较低

由于运输距离较远,运输船舶吨位较大,运输成本与运价一般比铁路低,在大宗散货运输中具有明显优势。

(3)能源等资源消耗少

在各种运输方式中,船舶发动机功率、热效率是最高的。在我国水路运输中,柴油发动机功率占发动机功率的95%,其中低速柴油发动机约占88%。低速柴油机热效率较高,一般可达40%~50%,而铁路内燃机热效率约为30%,所以船舶运输的单位能耗低于铁路,更低于公路。

(4)环境影响小

与公路、铁路运输相比,水运对环境的影响最小。

小贴士

根据美国环境保护机构对各种运输方式造成污染的研究分析，公路运输的汽车是造成污染的罪魁祸首，在 PM10 的污染方面占 71%，有机化合物污染方面占 81%，氮氧化物污染方面占 83%，一氧化碳污染方面占 94%。飞机造成的铅污染最严重，约占 96%。美国船舶运输除了在 PM10 的污染方面所占比例为 10% 左右外，其他方面如铅污染、有机化合物污染、氮氧化物污染、一氧化碳污染等都很小，可以忽略不计。

(5)土地占用少

从世界各国实际看，公路、铁路建设都需占用大量土地(甚至耕地)，1 千米高速公路(双向四车道)占地约 60 亩，1 千米复线铁路占地约 30 亩，而水运主要依靠天然河流和岸线，占用土地主要体现在码头建设上，与公路、铁路相比，占用土地少，基本不占用耕地。有些航道的疏浚和码头建设，还可以利用疏浚的泥沙回填，增加沿岸的可利用土地面积；港口建设回填增加陆域。在苏南运河的整治工程中，开挖岸边的土方 50%得到有效利用，填整废土地 9700 亩，复耕土地 3900 亩。

三、航海类人才培养在海运业发展中的重要作用

随着全球经济一体化进程的不断加快，我国海运业得到了长足的发展，成为国民经济的支柱产业之一。人才资源是第一资源。发展以人为本，海运业所拥有的人力资源越来越成为航运企业生存、行业发展的决定性因素。但我国海运业人力资源从总体上还不能很好地满足我国海运业快速发展的客观需要。

究其原因，一方面，随着知识经济的到来，知识更新的速度大为加快，原有人力资源总体水平不高，难以满足海运业快速发展的需要；另一方面，近年来航海类人才流失十分严重，更加重了海运业对航海类人才的需求。因此，航海类人才的培养在海运业发展中起着尤为重要的作用，建立一支适应海运业发展的人力资源队伍刻不容缓。

改革开放以来，为海运业提供专门人才的我国航海教育机构得到了长足的发展，为我国的海运业培养了大量人才，做出了积极贡献。在航海类人才培养方面，中国航海类人才的培养数量世界第一，质量也基本达到世界先进水平。同时通过国际交流、合作，我国高等航海教育在国际上实现了教育输出，彰显了地位和实力。图 2.1、图 2.2 所示为交换生在校学习情况。

图 2.1 交换生参与升旗仪式

图 2.2 交换生的课堂学习

然而,我国航海教育的现状与国际经济竞争的需求和国内外海运业发展的迫切需要相比,已经相对滞后。国际海运中心及国际海运人才市场的东移对我国航海教育的发展提出了很大的挑战。同时,2017 年 1 月 1 日,STCW 公约马尼拉修正案全面实施,对海洋人才就业提出了新的要求。这些变化不仅对我国航海教育提出了更高的要求,也给我国航海教育的快速发展提供了良好的机遇。为适应国际海运新形势的发展变化,我国更需要尽快加强航海类人才的培养。

首先,海运强国建设需要大量高素质的航海类人才。我国是一个发展中国家,也是一个海运大国。海运作为我国交通运输业的重要组成部分,在国民经济的发展中占有重要地位。我国需要一个结构合理、人才充足、配置完善的具有国际竞争力的海运业,支撑国家经济发展。

其次,船员劳务输出需要在国际上具有竞争力的航海类人才。我国不仅是海运大国,同时也是世界船员劳务主要输出国;不仅庞大的船队需要在国际上具有竞争力,而且航海技术人才资源也需要在国际上具有竞争力。随着国际航海类人才需求的变化,我们国内的海运市场和人才市场也将发生巨大变化。因此,改进航海教育体制,提高航海教育质量和加强航海类人才的培养已迫在眉睫。

综上所述,随着世界经济格局的变化,STCW 公约马尼拉修正案的实施促使现代海运业对航海类高级人才的素质提出了新的要求。抓住发展我国航海教育机遇的关键是提高人才质量。未来我国高级船员将由低航海技术型人才向高新航海技术型人才转变,由航海技能型人才向"航海 + 信息"新工科人才转变,由数量需求增长向质量提高方向转变,由单一专业型人才向多功能复合型人才转变,由封闭型人才向参与国际海运竞争的开放型人才转变。为此,我国今后的航海教育必须根据航海技术发展需要,积极改革航海教育模式、教育内涵及考试发证管理体系,努力发展现代化的航海教育。这不仅为我国发展航海高等教育和国际海员输出提供了良好的机遇,同时也提出了新的挑战。面对当前我国"一带一路"和全球经济一体化的新形势,抓住契机,全面与国际公约接轨,将大大促进我国海运业的发展。

第二节　现代船舶类型与船员分类

随着科学技术的迅猛发展,代表人类智慧结晶的新技术、新观念不断被应用到造船领域,船舶种类较以往有了很大的变化。

以下按船舶的用途进行分类。

一、现代船舶类型

◆(一)运输船舶(transport ship)

1.客船(passenger ship)

客船是运送旅客及其所携带行李和邮件的船舶(图 2.3 所示为豪华客船)。兼运货物的客船也称客货船(cargo passenger ship);兼运汽车及其所载货物的客船称为滚装客船(ro-ro passenger ship)(如图 2.4 所示);具有全通甲板结构,适用于短途、定班期车辆和乘客摆渡,往返于海峡两岸的客船称为渡船(ferry)。根据《国际海上人命安全公约》(SOLAS 公约)的规定,凡载客超过 12 人的船舶应视为客船。

客船的主要特点:

图 2.3　豪华客船

(1)一般航速较高(速度在 20 kn 以上)。

(2)上层建筑高大,用于布置旅客住舱。

(3)救生、消防设备数量多,生活设施齐全。

图 2.4　滚装客船

(4)通常采用双车双舵,具有良好的航行性能,舒适平稳,易操纵。

在沿海或内河的一些短途客运航线上,出现了水翼艇(hydrofoil craft)、双体船(catamaran ship)和气垫船等。水翼艇航行时依靠水下机翼板的升力将船体托离水面,大大降低了水阻力,从而使航速达到 40 kn 以上。双体船具有并立的两个船体,其上部通过上层建筑连接在一起,从而获得较大的甲板面积,便于布置旅客舱室;每一个船体各有一只螺旋桨和舵,操纵性、快速性和横稳性均良好,如图 2.5 所示。

图 2.5　双体客船

2.杂货船(general cargo ship)

运送成包、成箱、成捆、成扎和桶装等件杂货物的船舶称为杂货船。为避免货物堆码过高而压损及便于分隔货物,杂货船的甲板通常是多层结构(2~3层),舱口尺寸较大,便于装卸,并配有吊杆或起重机,如图2.6所示。

图2.6 杂货船

3.集装箱船(container ship)

由于件杂货种类繁多,形状、大小、重量差异很大,装卸效率低,并且极易产生货差货损,20世纪60年代后期,集装箱船迅速发展起来。它以专门的集装箱作为货物运送单元,通常以载运集装箱TEU(twenty-foot equivalent unit)的数目表示其装载能力。目前国际上广泛应用的标准箱有1A、1AA、1C、1CC四种。国际运输中多采用ISO系列的1AA和1CC两种类型,即长度为40 ft和20 ft两种规格。从1960年第一艘真正意义上的集装箱船"SUPANYA"(箱位:610 TEU)出现至今,集装箱船发展迅猛。图2.7所示为集装箱船。

图2.7 集装箱船

集装箱船的特点：

(1)货舱和甲板均能装载集装箱，货舱盖强度大。

(2)大多为单层甲板，舱口宽且长，舱口总宽度可达船宽的70%~80%，舱口总长度为船长的75%~80%。

(3)为保证船体强度和提高抗扭强度，船体设计为双层船壳。

(4)为固定货箱、防止货箱移动，货舱内设格栅式货架(箱隔导轨系统，cellguide system)。

(5)甲板上设有固定集装箱用的专用设施。

(6)主机功率大、航速高，远洋高速集装箱船的方形系数小于0.6。

(7)通常不设起货设备，而利用码头上的专用设备装卸；半集装箱船因货源不稳定而在部分货舱装运集装箱，其他货舱装运杂货或散货，船上通常设有起货设备。

4.滚装船(roll on roll off ship, ro-ro ship)

滚装船是多层甲板、双层底，能装载车辆或使用车辆装卸集装箱或托盘货的船舶，如图2.8所示。滚装运输采用水平方式装卸(也有称"带轮"方式装卸)，将传统的垂直上下装卸作业变成水平方向的滚动作业，是装卸作业的一个重大改革。滚装船的装卸效率比集装箱船更高，是普通货船的10倍，主要用来运送车辆或装载固放在车辆上的集装箱或托盘货物，一般在船侧或船的首、尾有开口斜坡连接码头，汽车或者拖车通过跳板可直接开进或开出船舱。滚装船的货舱装货情况如图2.9所示。

图2.8 滚装船

图 2.9　滚装船的货舱装货情况

滚装船的特点：

(1)结构较特殊，上层建筑高大，上甲板平整，无舷弧和梁拱，露天甲板上无起货设备。

(2)甲板层数多(一般 2~4 层)，货舱内支柱极少，一般为纵通甲板，主甲板以下设有双层船壳，两层船壳之间可作为压载水舱。

(3)为了便于拖车开进开出，货舱区域内不设横舱壁，采用强横梁和强肋骨保证横强度。

(4)在各层甲板上设有升降平台或内跳板供车辆行驶。

(5)滚装船多数在尾部开口，即尾门。尾门跳板靠机械或电动液压机构进行开闭，并保证水密；尾门跳板分尾直跳板和尾斜跳板，为保证装卸作业的安全，尾直跳板的工作坡度应小于 8°(跳板与水平面的夹角)，通常为 4°~5°，尾斜跳板可向船的一个舷侧方向偏斜 30°~40°(跳板与水平面的夹角)；另外还有尾旋转跳板、舷侧跳板和首门跳板，其结构不同，工况也有差异；装卸作业时，因为跳板与码头的坡度不能太大，所以要求船舶吃水在装卸过程中变化不能太大，因此，必须用压载水来调节吃水、纵横倾和稳性等。

(6)滚装船大多数装有首侧推装置，以改善靠离码头的操纵性。

(7)滚装船的方形系数不大于 0.6。

(8)滚装船空船重量大、压载量大、舱容利用率低、造价高。

5.散货船(bulk carrier)

散货船是指专门用来载运谷物、煤炭、矿砂等粉状、粒状、块状大宗散装货物的运输船舶。

散货船的特点：

(1)货物不怕挤压,通常只设单甲板。

(2)船体结构强,适应集中荷载要求。

(3)为适应舱内作业和提高装卸效率,采用大舱口。

(4)通常为尾机型。

(5)散装船常常是单程运输,因此设有较大容积的压载水舱,以保证稳性。

(6)船上一般不设起重设备。

散货船通常分为如下几个级别:

(1)载重量在 15 万吨左右的好望角型船(Capesize bulk carrier),目前世界最大吨位散货船——挪威籍“博格斯坦”,如图 2.10 所示。

(2)载重量在 6 万~7.5 万吨之间的巴拿马型船(Panamax bulk carrier)。

(3)载重量在 2 万~5 万吨的灵便型散货船(Handysize bulk carrier),其中超过 4 万吨的船舶又被称为大灵便型散货船(Handymax bulk carrier)。

(4)经由圣劳伦斯水道航行于美国、加拿大交界处五大湖区的大湖型散货船,载重量在 3 万吨左右,大多配有起卸货设备。

图 2.10　好望角型大吨位散货船“博格斯坦”

谷物、煤和矿砂等的积载因数(每吨货物所占的体积)相差很大,所要求的货舱容积的大小、船体的结构、布置和设备等许多方面都有所不同。为适应各种大批量散货的运输要求,已发展了各种专用散装船,如通用型散货船、矿砂船、自卸式散货船等。

(1)通用型散货船是指装运谷物、煤炭等普通散货的船舶。这类船时常为单程运输,因而需要较多的压载舱,有时还需要选定某一货舱在空载时兼作压载舱。

其特点是:通常要装设止移板,舱口围板高大;货舱横剖面设置成菱形,从而减少了平舱与清舱工作,又可防止航行中由于船舶横摇而造成散货流动危及船舶稳性;货舱四角的三角形舱柜作为压载舱柜,可以用于调节吃水和船舶的稳性高度,如图 2.11(a)所示。

(2)矿砂船(ore carrier)是专运矿砂的散货船。矿砂的密度大,所需的舱容小,为了提高船舶重心以减小横摇频率,双层底设置得较高(一般可达型深的 1/5),而且货舱两侧的压载舱也比通用型散货船压载舱大得多,如图 2.11(b)所示。另外,矿砂船普遍采用高强度钢制造。

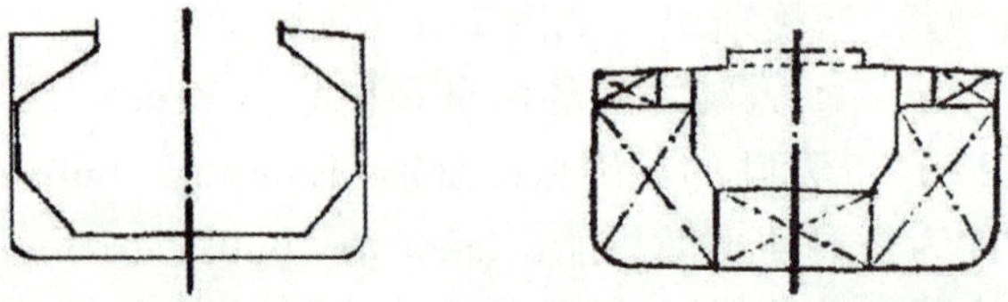

(a) 通用型散货船　　(b) 矿砂船

图 2.11　散货船货舱的典型特征

(3)自卸式散货船是一种装备自卸系统的散货船。其货舱底部呈 V 形或 W 形,下面尖顶部位有开口,可将货物漏到下面的纵向传动皮带上,再经垂直提升机和悬臂运输皮带输送到码头上,如图 2.12 所示。这种船不仅显著地缩减了停港时间,而且对码头要求不高,对需要中转的航线,也可避免码头再装卸。图 2.13 所示为自卸式散货船。

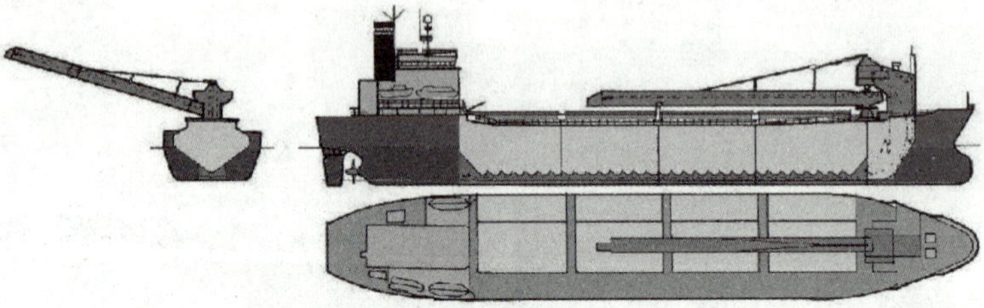

图 2.12　自卸式散货船示意图

图 2.13　自卸式散货船

6. 木材船(lumber carrier)

木材船是专门运输原木和木材、备有系固设备的船舶。其船型与散货船相近。图 2.14 所示为木材船。

木材船的特点：

(1)为方便装卸和堆放,货舱要求长而大,且舱内无支柱。

(2)为防止甲板木材滚落舷外,木材船的两舷均设有支柱,并且舷墙也较高。

(3)船舷两侧排水口大且多。

(4)为不影响货物堆放和人员操作,起货机均安装在桅楼平台上。

(5)甲板强度要求高。

图 2.14 木材船

7. 冷藏船(refrigerated ship)

冷藏船是专门运输肉类、水果、蛋品之类的易腐鲜货的船。船上设有制冷系统和良好的隔热设备,货舱口较小,吨位不大,航速较快。为防止运输货物被压坏,冷藏船常常设置多层甲板,一般有 3~4 层。冷藏集装箱的发展,部分地代替了冷藏船的运输功能。

8. 活鱼运输船(live fish carrier)

活鱼运输船是运输活鱼的专用船舶。其运送的活鱼有两种类型:一是供食用的商品鱼;二是养殖用的鱼苗。这种船也可以运送活虾等其他鲜活海产品。图 2.15所示为活鱼运输船。

按照活鱼舱内水循环方式划分,活鱼运输船有开式循环和闭式循环两种类型。采用开式循环系统的活鱼运输船中部设有 1~2 个活鱼舱,舱壁设有进水口和出水

图 2.15　活鱼运输船

口,以令舱内水与外部海水交换、循环。其优点是建造与运输成本较低。缺点是受季节、海水温度影响非常大,只适合短途运输。采用闭式循环系统的活鱼运输船,舱内水体不与外部海水交换,而只在本舱内循环、过滤、增氧,冬天可以加温,夏天则可以降温;同时,货舱采用隔热保温结构,这样就使活鱼运输不受季节、区域、水质等外界条件影响。因此,这种类型船最适合于长途运输。

9.牲畜运输船(livestock carrier)

牲畜运输船是指专门运输羊、牛等牲畜的船舶。船上设有多层甲板(有开敞式和封闭式两种),每层甲板上又设有许多围栏,用于安置牲畜。目前这种船主要运营于澳大利亚、新西兰等国至欧洲、北美以及中东地区的航线上。图 2.16 所示为牲畜运输船。

图 2.16　牲畜运输船

牲畜运输船的主要特点：

(1)上层建筑高大，设有多层甲板以安置数量巨大的牲畜。

(2)通风能力强劲，为牲畜提供良好的生存环境。

(3)设有大容量淡水舱和饲料舱，并设有海水淡化装置。

(4)现代化船上供水、供饲料均为自动操作。

(5)航速一般在 18 kn 左右。

10. 载驳船(barge carrier)

载驳船即运输载货驳船的专用船舶，又称子母船。通俗地讲，先将货物装到驳船上，再将驳船装到大船(母船)上一起运输，这个母船即为载驳船。每艘载驳船可同时运载数十艘以上的驳船，每只驳船一般可以装载数百吨货物。载驳船通常有三种类型：

(1)驳船靠母船尾部的龙门吊进行装卸的 LASH (lighter aboard ship)中型载驳船。

(2)驳船由母船尾部的升降平台从水中托起，再由输送机运到舱内的 Sea-bee 型载驳船。

(3)驳船靠拖船直接浮进浮出，以浮船坞原理进行装卸的 Baco 型载驳船。

三种类型载驳船的共同特点是：

(1)装卸效率高，不需要码头，非常适合海、河联运。

(2)桥楼、驾驶台位于船首。

(3)船型瘦长，航速 15~20 kn。

(4)造价高，货驳集、散组织复杂，因此载驳船的发展受到了限制。

图 2.17 所示为 Sea-bee 型载驳船。

图 2.17 Sea-bee 型载驳船

11.渡船(ferry)

渡船分为旅客渡船(passenger ferry)、汽车渡船(car ferry)和火车渡船(train ferry)。

(1)旅客渡船是专门用于旅客横渡海峡和江海的船舶,一般也归类于客船。通常适用于短途航行,客舱只设座位,乘客分布在多层甲板上。

(2)汽车渡船的特点是:甲板平直,首尾对称,两端均设有推进器、吊架和跳板;两端均可靠岸,航行时船舶不用掉头,汽车上下不必开倒车;驾驶台设于船的一舷。有的汽车渡船也同时搭载少量旅客。

(3)火车渡船,以船载火车的联运方式进行运作,大大缩短了铁路运输的距离。烟大轮渡采用上下两层纵通甲板,下层为封闭式火车甲板,上层为遮蔽式汽车甲板。滚装汽车通过汽车栈桥在尾部右舷采用侧进侧出方式进入上甲板,旅客通过全封闭人行栈桥在船中部上下船,火车采用尾进尾出的方式上下船,做到了火车、汽车、旅客的安全隔离。2006年11月开始试营运的烟大轮渡的开通将东北、黄渤海与长江三角洲连在一起,为这三大经济板块注入新的发展动力。图2.18和图2.19所示为烟大火车轮渡和火车轮渡码头。

图2.18 烟大火车轮渡

图2.19 烟大火车轮渡码头

12.液货船(liquid cargo ship)

液货船是指运输散装易燃液体(inflammable liquid)货物的船舶,包括油船(oil tanker)、液体化学品船(liquid chemical tanker)和液化气船(liquefied gas carrier)。

油船是载运散装原油和成品油的专用船,液化气船是载运液化天然气和液化石油气的专用船,液体化学品船则是运输各种液体化学品如醚、苯、醇、酸等的专用船。

(1)油船

油船是运输原油或石油产品的船舶。石油是重要的能源之一,属于战略性物资,为各工业大国争夺与控制的对象,有时也是地区冲突的内在起因。目前,在世界上各种类型船舶中,油船船队的载重吨数是最大的。油船类型按所载货油成分可分为原油船和成品油船两大类型。按船舶规模与航线划分,载重吨为 1 万~3.5 万吨的为 Handysize(灵便型);载重吨为 3.5 万~6 万吨的为 Handymax(大灵便型);可以通过巴拿马运河、船宽不超过 32.2 m,载重吨为 6 万~8 万吨的为 Panamax(巴拿马型);载重吨为 8 万~12 万的为 Aframax(阿芙拉型);载重吨为 12 万~20 万吨的为 Suezmax(苏伊士型);载重吨为 20 万吨以上的为 Capesize(好望角型),包括 VLCC 和 ULCC。VLCC(very large crude carrier)是指载重吨为 20 万~32 万吨的油船(还有一种划分方法是指 20 万~30 万吨的油船)。ULCC(ultra-large crude carrier)是指载重吨为 32 万吨(按另一种划分方法是 30 万吨)以上的油船。目前世界上吨位最大的油船达到 56 万吨。图 2.20 为原油船,图 2.21 为成品油船。

图 2.20　原油船

图 2.21 成品油船

油船的特点：

①一般采用纵骨架式船体结构以减轻船体重量，单甲板、尾机型船。

②双船壳结构，即货油舱为双层底、双层舷侧结构（旧船中有的仍为单底、单舷侧结构）。

③为降低货油自由面对船舶稳性的影响，货舱内设纵向水密舱壁，把油舱划分为并列的两列或三列油舱（对 $L>90$ m 的油船，要求在其货油舱区域内设置两道纵向连续的水密舱壁）。

④货油舱在甲板上无大的开口，只有小的开口，称为膨胀井，井口上有盖板，货油舱的内部结构如图 2.22 所示。

⑤上甲板上布设很多油管和阀门，货油装卸通过管路、阀门完成，由设在泵舱内的货油泵来驱动，上甲板设置的起重机作吊放输油软管之用。

⑥油船的船长、宽度比较小，而船宽吃水比和方形系数较大，因此，油船的船型较肥大。

⑦防火、防爆设施完备，防火、防爆要求高，在货油舱区域的前后两端设隔离舱，与机炉舱、居住舱室等隔开，以防止油类的渗漏和防火、防爆。

⑧专用压载舱。为防止排放压载水时含有油分造成海洋污染，《国际防止船舶造成污染公约》（MARPOL 73/78）规定新造油船必须设置专用压载舱。

⑨航速在 15 kn 左右。

图 2.22 货油舱的内部结构

(2)液体化学品船

外形与内部结构同油船相似,其装运的液体化学品多为有毒、易燃和强腐蚀性物质。为了便于装载和防止泄漏,液舱分得较小,且均设置双层底。有的船部分或全部的液舱采用不锈钢材料,以增强抗腐蚀能力。图 2.23 所示为化学品船。

图 2.23 化学品船

(3)液化气船

液化气船有液化石油气船(liquefied petroleum gas carrier,LPG carrier)和液化天然气船(liquefied natural gas, LNG carrier)两大类型。

①液化石油气船

液化石油气船是运输液态石油气的专用船，最早出现于20世纪30年代。依液化石油气船液化方式及液货舱结构之不同，液化石油气船可以分为全压式、半冷半压式和全冷式三种类型。

全压式（又称常温压力型）液化石油气船，是将加压液化石油气充于压力容器中，在常温下运输。

压力容器通常是球形的或圆柱形的，放置在船舱内。

全压式液化石油气船的特点是：

a.船体结构比较简单，压力容器舱与其他类型LPG货舱相比，更容易建造。

b.由于压力容器舱是球形或圆柱形的，在船舱角部造成较大空隙，故舱容利用率较低。

c.压力容器因为耐压强度要求必须达到足够的壁厚，所以重量大。

图2.24所示为国产3000 m^3全压式液化石油气船。

图2.24 国产3000 m^3全压式液化石油气船

半冷半压式（又称为低温加压型）液化石油气船是将液化石油气装在低温压力罐中运输。

低温压力罐大多为球形的或圆柱形的。罐内设计压力为0.5~0.8 MPa，半冷半压式液化石油气船基本特点是：

a.罐体与船舱结构之间设有隔热保护层。

b.运输过程中会有少量液体汽化，故船上设再液化装置。

c.舱容利用率较低。

d.船型比全压式的大一些。

图2.25所示为半冷半压式液化石油气船。

全冷式（又称为低温常压型）液化石油气船是将冷冻液化石油气装在低温液货舱内运输。货舱内温度在液化石油气沸点之下，压力为常压。

全冷式液化石油气船的特点是：

a.液货舱横剖面呈棱柱形，与船舱横剖面形状基本吻合，故舱容利用率高。

图 2.25 半冷半压式液化石油气船

b.设有再液化装置。

c.液舱规模基本不受限制,适合于建造大型 LPG 船。

图 2.26 所示为全冷式液化石油气船,图 2.27 所示为乙烯液化气船。

图 2.26 全冷式液化石油气船

②液化天然气船

液化天然气船是运输液态天然气的专用船舶。天然气的主要成分是甲烷,如果在常温下加压,无论施加多大压力都不能使甲烷液化,必须把温度降到-82.6 ℃以下再加压方可。因为甲烷液化难度很大,所以液化天然气船的出现要晚于液化石油气船。

目前液化天然气船均为全冷式,液货舱温度控制在-162 ℃以下。在这样的低

图 2.27　乙烯液化气船

温下，普通的船用钢材会变脆，因此液化天然气船的液货舱均采用含镍不锈钢或铝合金材质，并且建造难度非常大。货舱类型有薄膜型、球型和棱柱型三种。

图 2.28 所示为球型货舱液化天然气船，图 2.29 为薄膜型货舱液化天然气船。

图 2.28　球型货舱液化天然气船

13. 多用途船(multi-purpose ship)

多用途船是指为了争取往返货载以减少空放，提高船舶营运率，而设计的能够满足多种用途的船型。常见的种类有矿/油两用船、矿/散/油三用船、集装箱/杂货船、杂货/散货船、杂货/重大件货船等。

图 2.29 薄膜型货舱液化天然气船

(1)矿/油两用船(ore/oil ship)

矿/油两用船用于运输矿砂和原油。简称为 O.O.船,这种船的中间货舱比较窄,占整个船舶货舱舱容的 40%~50%。运输矿砂时装在中间货舱内,而运输原油时,装在两侧边舱和中间舱内。

(2)矿/散/油三用船(ore/bulk/oil ship)

用于运输矿砂、较轻的散货和原油,简称为 O.B.O.船。这种船货舱的形状和散装船的货舱类似,设有上、下边舱,并设有双层船壳,形成中间货舱和两侧边舱,且中间舱比较宽大,占整个船舶货舱容积的 70%~75%。中间货舱用来装运散货和矿砂,由于舱容较大,为了提高船舶重心,要隔舱装货。装载原油时,装在中间货舱和两侧边舱及上边舱。

◆(二)工程船(engineering ship)、工作船舶(working ship)

通常将从事航道保证、救助打捞、海上施工、水利建设、港口作业和船舶修理的船舶称为工程船舶,包括挖泥船(dredger)、起重船(floating crane)、敷缆船(cable ship)、航标船(navigation mark ship)等。工程船舶常配备成套的相关的专用设备,专业性强、技术先进。为船舶航行安全提供服务或从事与航行直接相关的专业工作的船舶称为工作船舶,包括拖船(tug)、供应船(supply boat)、海难救助船(rescue ship)、破冰船(icebreaker)、消防船(fireboat)等。

1.破冰船

破冰船是用于在冰封水域开辟航道和救助被冰封的船舶。其船首前倾并予以特别加强,首尾的左右两舷均设有大容积压载水舱。其横向和纵向可调节水的总量约占船舶总排水量的 15%。破冰时使船首先冲上冰层,靠重力或船身左右晃动将冰压碎。图 2.30 所示为破冰船。

图 2.30　破冰船

2.敷缆船

敷缆船主要用于敷设海底电缆或从事电缆修理工作。通常为尾机型,中部为大型电缆舱,并设大容积压载水舱,在电缆敷设后用海水压载。船首两侧前端突出处设数个大直径导缆滑轮,其侧面有吊架和操作指挥台,在首部甲板处设有滚轮敷缆机。敷缆船的操纵性和定位精度要求较高。海底布缆耗资巨大,有逐渐被卫星通信取代的趋势。图 2.31 所示为敷缆船。

图 2.31　敷缆船

3.挖泥船

挖泥船是专门用来挖掘水底泥、沙、石块,清理水底污杂物,以疏浚航道及锚地,或开掘运河的工程船,按施工特点可分为耙吸式、铰吸式、链斗式、抓斗式和铲斗式等。图 2.32 所示为"天鲸号"绞吸式挖泥船,装机功率、疏浚能力均居亚洲第一、世界第三。图 2.33 所示为挖泥船舱内情况。

图 2.32　铰吸式挖泥船

图 2.33　挖泥船舱内情况

4.消防船

消防船是专门用于扑灭营运中的船舶、油井、水上或临水建筑发生的火灾的船舶。它分为专用消防船和多用途消防船两种类型。其主要消防设备有:设在机舱内的大排量高压离心泵1~2台,设置在桅顶部的水枪1~2个,设置在驾驶台顶部的水枪2~4个,设置在舱面上的用于在进行营救灭火时起安全防护作用的喷淋水枪6~8个。对于油井、油船及化学品船的灭火工作,船上还需配备1个泡沫灭火舱,用喷枪喷射灭火剂。多用途消防船常兼作拖带、浮油回收和清除港口垃圾之用。

5.拖船

拖船按用途分为运输拖船、港作拖船和救助拖船;按航区分为海洋拖船和内河拖船;海洋拖船又可分为远洋拖船和沿海拖船。大型海洋拖船的发动机功率可达1.47万千瓦(2万马力)以上,排水量超过5000 t,可用于海上救助、拖带巨型船舶及其他大型水上构筑物,如海上平台和浮船坞等。大型海洋拖船尾部装有大功率拖缆机,在风浪中能随着拖缆张力的变化而自动收放拖缆。内河拖船多为双机,发动机功率为数十马力至数千马力不等。拖船吃水尽可能接近航道水深,安装螺旋桨的船底凹部常是隧道形,使螺旋桨直径大于船舶吃水。螺旋桨工作时水充满凹部,使螺旋桨全浸在水中,以充分发挥主机功率,提高推进效率。航道水深如果不足0.6 m,宜采用串列螺旋桨或改用喷水推进。拖曳设备一般是拖钩。图2.34所示为拖船。

◆(三)海洋开发用船舶(ocean exploit ship)

海洋开发用船舶包括海洋调查船(hydrographic vessel)、海洋资源开采船(marine-resources-exploit ship)及海洋防污保护船(ocean pollution prevention ship)。

1.海洋调查船

海洋调查船用于考察研究海洋表面状态、水流结构、水文气象、地球重力场和磁场、海底地理状况、海水中声传播规律和海洋生物等,是活动的海洋研究基地。海洋调查船一般都配备先进的各类专用调查测量设备,具有良好的稳性、耐波性、操纵性和准确的定位能力。新型的海洋调查船还配备直升机、深潜器和可拖带或布放的测量平台及遥测浮标。

2.钻井平台

钻井平台是在海上开采海底资源的作业平台,它具有生产和生活多种功能。海上钻探比陆地钻探难度更大。目前常见的钻井平台有地接式和浮动式两大类。图2.35所示为钻井平台。

图 2.34 拖船

3.浮油回收船

浮油回收船专门从事港口和海上油田等发生溢油、造成浮油大面积污染时的浮油回收和消除污染工作。船上的回收系统中设有不同形式的伸出装置。伸出装置可根据风力、浮油油膜厚度、回收船的运行速度等因素进行调解,使其能在较宽的范围内(30~250 m)截住浮油并收集到舷侧接收口,提高清污效率。图 2.36 所示为浮油回收船。

◆(四)高速船(high speed ship)

高速一直是大部分船舶追求的目标,但当速度达到一定程度后,水面上的兴波阻力急剧增加,主机的功率已经无法承受,只有通过大幅度提高主机功率才能满足船舶高速的要求,这对船舶的经济性的影响及船舶建造的复杂程度都是难以令人接受的。因此,经过造船界不断的探索和努力,新型的超出常规设计观念的高速船舶已被陆续开发出来。常见的高速船有滑行艇、水翼船(hydrofoil craft)、气垫船(air-cushion vehicle)、地效翼船(ground-effect wing ship)及高速双体船(twin-hull craft)等。这些高速船都是应用流体力学理论,使船舶在高速航行时全部或部分脱离水面,以减少水的阻力,尤其是兴波阻力,同时大幅度地减轻由波浪造成的船体的摇摆,有效提高船舶的航速和耐波性。这些船舶在高速航行时,支撑船舶重量的基本不是水的浮力。

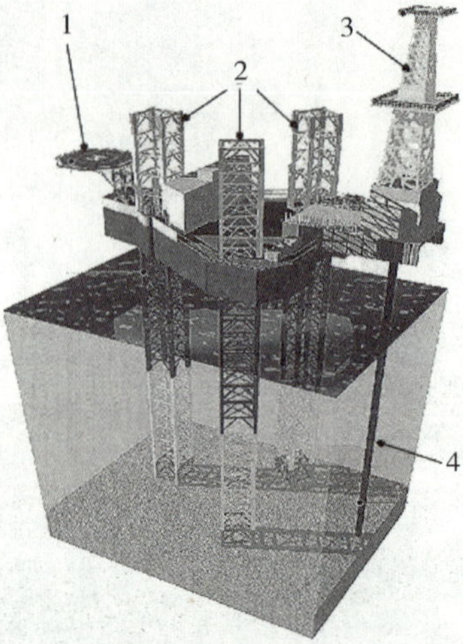

图 2.35　钻井平台

1—停机坪(helicopter platform);2—支架(legs);3—钻塔(derrick);4—钻机(drill)

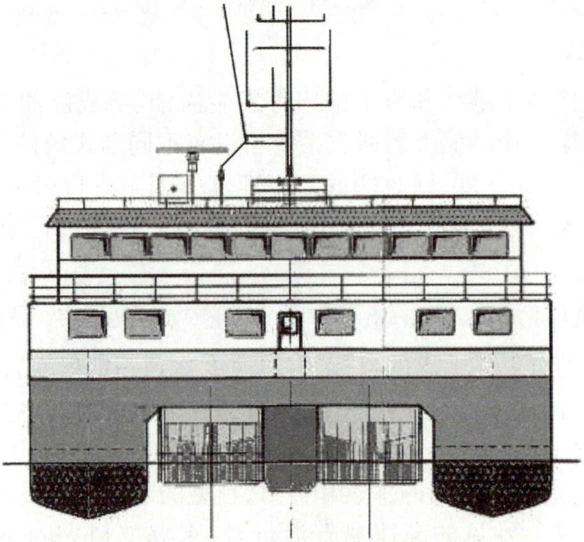

图 2.36　浮油回收船

1.水翼船

水翼船底部装有前后各一对水翼,船在高速航行时,水翼产生的升力将船体托出水面,因而能减少水对船的阻力,并能减少波浪对船的作用。水翼船有浮航和翼航两种航行状态,在速度很低时,水翼船处于浮航状态,达到一定速度后,转为翼航状态。水翼船具有速度快、航行平稳的优点。水翼的制造工艺复杂,且控制系统也很复杂,一般不适合在浅水航道航行。图 2.37 所示为水翼船。

图 2.37 水翼船

2.气垫船

气垫船是利用船上的大功率风机产生高于大气压的空气,把空气压入船底并与水面或地面之间形成气垫,将船体全部或大部分托离水面而高速航行的船只。气垫船按航行状态分为全垫升气垫船和侧壁式气垫船两种。图 2.38 所示为气垫船。

图 2.38 气垫船

3.地效翼船

地效翼船是一种在水面低空飞行的交通运输工具。它贴水飞行,使升阻比高于飞机,产生除了普通意义上的升力之外的“地(水)面效应力”。

地效翼船显著的优越性包括以下方面。

(1)安全性:地效飞行器在距离水面1~6 m的高度低空飞行,一旦出现紧急情况,可随时在水面降落。

(2)经济性:建设费用均比飞机低,售价一般为同级飞机的50%~60%。地效飞行器在水面起降,不占用土地资源,运营成本明显低于飞机。

(3)高速性:地效飞行器的速度为120~550 km/h。

(4)舒适性:地效飞行器在水面以上飞行,不直接受海浪冲击,所以颠簸程度比船舶小得多,也没有高空强气流造成的颠簸。

(5)适航性:地效飞行器不受空中管制的限制,出航方便,可以到达一般船舶和飞机难以到达的岛屿和水域。除了水面之外,地效飞行器还可以在平坦的冰雪原、草原、滩涂、沼泽上飞行。

可以说,地效飞行器是人类的新发明,是继车辆、船舶、飞机之后的第四大交通运输工具。图2.39所示为地效翼船。

图2.39 地效翼船

二、船员分类

船员的概念和分类一般是根据《中华人民共和国船员条例》(以下简称《船员条例》)来确定的。《船员条例》第四条规定,船员是指依照本条例的规定取得船员适任证书的人员,包括船长、高级船员、普通船员。根据 2020 年 7 月 2 日经第 21 次交通运输部部务会议通过,2020 年 7 月 6 日公布,自 2020 年 11 月 1 日起施行的《中华人民共和国海船船员适任考试和发证规则》(中华人民共和国交通运输部令 2020 年第 11 号)有关规定,海员适任的航区分为无限航区和沿海航区,但无线电操作人员适任的航区分为 A1、A2、A3 和 A4 海区。

◆(一)海员职务

(1)参加航行和轮机值班的船员:

①船长。

②甲板部船员:大副、二副、三副、高级值班水手、值班水手,其中大副、二副、三副统称为驾驶员。

③轮机部船员:轮机长、大管轮、二管轮、三管轮、电子电气员、高级值班机工、值班机工、电子技工,其中大管轮、二管轮、三管轮统称为轮机员。

④无线电操作人员:一级无线电电子员、二级无线电电子员、通用操作员、限用操作员。

(2)不参加航行和轮机值班的船员。

◆(二)船长、驾驶员、轮机长、轮机员适任证书

(1)船长、大副、轮机长、大管轮无限航区适任证书分为两个等级:

①一等适任证书:适用于 3000 总吨及以上或者主推进动力装置 3000 千瓦及以上的船舶。

②二等适任证书:适用于 500 总吨及以上至 3000 总吨或者主推进动力装置 750 千瓦及以上至 3000 千瓦的船舶。

(2)二副、三副、二管轮、三管轮无限航区适任证书适用于 500 总吨及以上或者主推进动力装置 750 千瓦及以上的船舶。

(3)船长、大副、轮机长、大管轮沿海航区适任证书分为三个等级:

①一等适任证书:适用于 3000 总吨及以上或者主推进动力装置 3000 千瓦及以上的船舶。

②二等适任证书:适用于 500 总吨及以上至 3000 总吨或者主推进动力装置 750 千瓦及以上至 3000 千瓦的船舶。

③三等适任证书:适用于未满 500 总吨或者主推进动力装置未满 750 千瓦的

船舶。

(4)二副、三副、二管轮、三管轮沿海航区适任证书分为两个等级:

①一等适任证书:适用于500总吨及以上或者主推进动力装置750千瓦及以上的船舶。

②二等适任证书:适用于未满500总吨或者主推进动力装置未满750千瓦的船舶。

◆(三)值班水手、值班机工适任证书等级

(1)无限航区适任证书适用于500总吨及以上或者主推进动力装置750千瓦及以上的船舶。

(2)沿海航区适任证书分为两个等级:

①一等适任证书:适用于500总吨及以上或者主推进动力装置750千瓦及以上的船舶;

②二等适任证书:适用于未满500总吨或者主推进动力装置未满750千瓦的船舶。

高级值班水手、高级值班机工适任证书适用于500总吨及以上或者主推进动力装置750千瓦及以上的船舶。

电子电气员和电子技工适任证书适用于主推进动力装置750千瓦及以上的船舶。

在拖船上任职的船长和甲板部船员所持适任证书等级与该拖船的主推进动力装置功率的等级相对应。

不参加航行和轮机值班的船员适任证书不分等级。船员组织形式分为货船船员组织形式和客船船员组织形式,分别如图2.42和2.43所示。

第三节　船员职业特点

船员,是指包括船长在内的船上的一切任职人员。船长、驾驶员、轮机长、轮机员,必须由持有相应适任证书的人担任。另外,部分船舶上设有电子电气员。现代船舶上基本取消了专职报务员职务,由驾驶员兼任。一些我国国有航运企业的船舶上还设有政委。

一、船上生活环境的特点

在船员的整体性生活环境得到极大改善的前提下,远洋船员的生活环境相对内河船员的生活环境要优越一些。

一方面是由于远洋航行的船舶要符合各种国际公约的要求,经常受到各个所

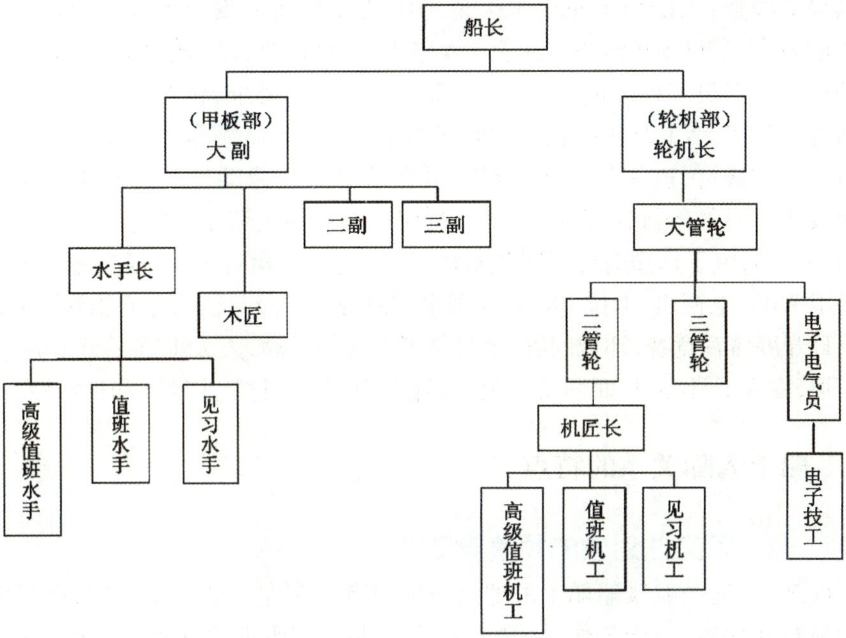

图 2.42　货船船员组织结构图

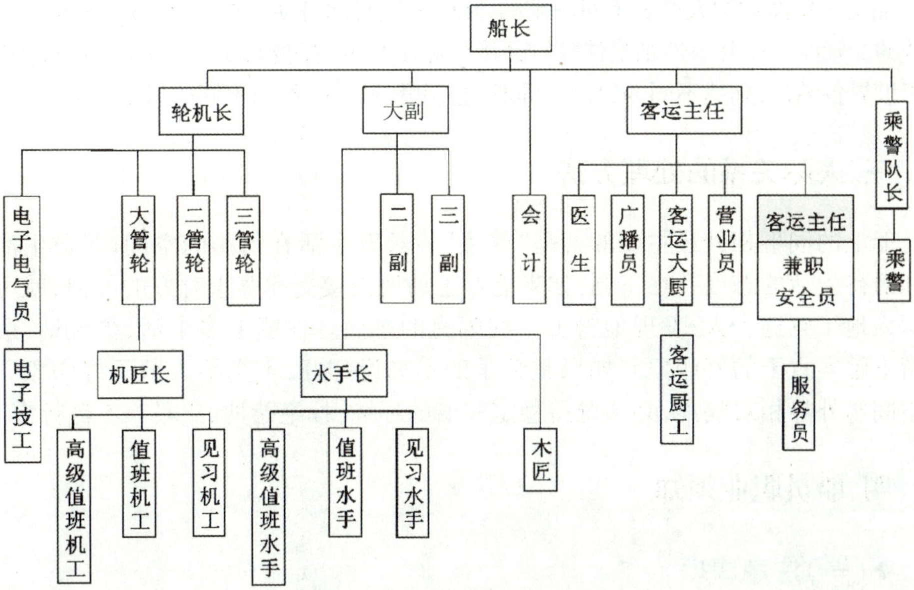

图 2.43　客船船员组织结构图

到国当局的检查,无论船舶的整体状况,还是船上的各种安全管理方面都要符合国际公约的要求,《2006 年海事劳工公约》(MLC 2006)全方位地对船舶、船员做出了相应的规定。船员工作时间、工作环境都要符合公约要求,包括生活环境、加班、工资待遇等。2017 年 1 月 18 日,《2006 年海事劳工公约》颁布后的第一次修订版正式施行。此次修订,进一步增强了对海员在从事海上劳动作业时发生相关生产事故或突发事件时的经济保障,提高了海员应享有的相关劳动权益。

另一方面,由于远洋航行时间相对较长、船员生活相对单调,很多海运公司为船舶配备了 WiFi、电视机、卡拉 OK、乒乓球桌、健身器材等,并组织各船舶利用业余时间和节假日开展体育竞赛、知识问答、节日聚餐等文娱活动,大大丰富了员工的生活,增添了乐趣,愉悦了身心,从而调动了全体船员的工作积极性、主动性和稳定性。

二、船上人际关系的特点

◆(一)人际交往对象的频繁流动性

一般来说,远洋航线船舶上的船员可能只有一年左右的同船时间,而近海或沿海船舶航行几次后,由于公休、探亲或人员调动等原因,都会更换一定数量的船员。

◆(二)人际交往对象相对封闭而又开放

船上工作面对的人群是绝对固定的,几十人风雨同舟朝夕相处,形成了不同于其他职业的交际圈。而开放性则是伴随着经济全球化产生的,船舶成为一个运动的载体,航行于世界各港口,到达不同的民族、不同社会制度的国家,经历不同的风土人情。

三、人际关系的处理方法

船上的同事相处最主要的就是"尊重"。长期生活在封闭的空间,船员生活习惯和对待生活的态度存在不同,如果能够主动地去接受和尊重对方的习惯,就可以去深入地了解这个人,发现他身上一些闪光的东西。在船上多干活,少说话,给他人留下踏实肯干的好印象。如果整天干的不如说的好,不会给人留下好印象。船上空间与外界相对隔离,必须维持稳定和谐的环境,杜绝赌博、斗殴等不良行为。

四、船员职业须知

◆(一)注意事项

1.实习注意事项

(1)依据海事局规定,航海类专业毕业生毕业实习期为 12 个月海龄,可以一次性完成,也可以分两次或多次见习完成。如果一次没有完成要求的海龄,公司要安排再次实习,直到完成海事局规定的实习计划,完成船上培训记录簿中所规定的船上培训项目和内容,并且达到海船船员体检标准的要求,才可以申领海船船员适任证书。

(2)为了换取无限航区一等适任证书,航海类专业毕业生要在500总吨或者750千瓦及以上船舶上,在船长或者合格的高级船员的指导下履行不少于6个月的驾驶台或者机舱值班职责。实习结束后,立即回公司述职,按各个公司规定时间报到并把证书交回公司管理,进行实习的考核、考试和实习报告评估,取得实习成绩。实习成绩是航海类专业毕业生未来任职安排方向的主要根据。如果实习成绩不合格,将被重新安排实习(重新实习期间无任何待遇)。述职时,航海类专业毕业生应该注意核实毕业证有无到位、有无填报换证申请表、有无提交给公司适任考试成绩单等。

(3)在船实习接近12个月时,要尽早与公司联系离船事宜,得到公司明确指示后方可提出离船休假申请。

(4)如需返校答辩才能取得毕业证书,应该提前向公司申报,便于在合适的时间离船返校。

(5)航海类专业毕业生上船后应按学校的要求,按时保质递交实习报告,以便尽早取得毕业证书。无毕业证书将无法换取适任证书,无法上岗任职三副/三管轮。毕业证书能否按期到位对航海类专业毕业生个人的前途有很大影响。

2.自我保护意识与安全生产措施

根据国际海事组织调查,绝大多数的海损事故与人为因素有关。国内主要海运企业的调查也显示:任何事故,归结到人为因素,都是与安全、与人为行动息息相关的。排除不安全因素,实现安全生产是企业和海员的一致目标,自我保护是安全工作的重中之重。

(1)自我保护意识

从安全角度说,自我保护意识就是主动的安全意识,这就是通常所说的"不是要我安全,而是我要安全"的意识。在目前情况下,除关键性作业和较大规模作业外,常常需要海员单人作业,在没有他人监督的情况下,严格遵守安全操作规程,因此掌握安全作业方法是航海类专业毕业生在作业中做好自我保护的重要保证。

在从事某项作业时,应根据工作环境和工作性质来确定选用的个人防护用品。在易燃易爆场所作业,须穿着防静电衣服和鞋或棉布工作服。在有可透性粉尘的场所作业,除穿着棉布工作服外,还应戴防毒口罩。低温作业中,应穿着防寒服、防滑鞋,戴防寒帽和手套。进入封闭舱室或缺氧、存在有毒气体的舱室作业,在进入舱室前，必须进行充分的自然或人工通风，通过仪器测试，确认不存在有害气体或缺氧气团；进入封闭舱室采样检测的人员必须使用隔离式呼吸器，禁止使用过滤式防毒面具。在高空、舷外作业人员须戴安全帽、安全带，穿救生衣和防滑鞋。在噪声超过100分贝以上的场所作业，应使用听力保护装置、耳塞、耳罩或防噪声帽。在有碎屑飞溅的场所作业，须戴防异物伤害护目镜、防护面罩。涉水作业人员，应穿着防水服、防水靴。进入火场探索火源或救助火场中人员，须穿着阻燃防护服、防热辐射面罩，使用空气呼吸器等。

了解和掌握个人防护装备的使用、保管、贮存、检验方法和使用期限以及报废原则是自我保护的保障。我们在使用个人防护装备前，应认真仔细检查装备是否完好无损，有无重大缺陷，尤其对易耗损、重磨蚀作业中用过的装备，同时掌握它们的安全使用期限，如安全帽、安全带等，符合要求方可使用，并按规定正确使用，每一动作到位，每一步骤不可缺少。掌握个人防护装备保管贮存方法，注意防挤压、防高温、防潮湿、防霉变，不另做他用。在使用或保管贮存期内遭到损坏或超过有效使用期，经检查未达到规定的有效防护功能最低指标的应报废，禁止再次使用。

(2)安全生产的有效措施

①航行值班时，应该认真瞭望、正确判断、谨慎驾驶、合理避让、坚守岗位、按时巡查等。

②对甲板安全机械进行定期维护保养，通告剪贴、卡片登记、图书改正等都要及时改正到最新。

③应按避碰规则驾船，不能麻痹大意，不能强行追越、横越。临近时操作得当，听从VTS指挥，防止走错航道。

④长时间锚泊时经常启动主机，活动锚机，使所有设备时刻处于能动状态，随时准备在大风浪来袭时起锚动车抗风。主机吊缸前应请示船长，防止在天气恶劣的情况下束手待毙。

⑤装重大件、易动件、危险品时，要能够熟悉货物特性，了解积载要求，严格监装，装后重视绑扎加固。防止风浪来袭时发生货移船倾的情况。

⑥船舶的应急设备，如救生艇、筏、圈、应急消防泵、固定灭火系统等，应经常检查、维修、保养，按规定进行演练。

◆(二)自我调节

1.海上工作的心理健康

(1)心理问题的表现形式

①情绪不稳，甚至失控，会因某一小事发展到剧烈冲突。

②心神不宁，无法静心做事，并经常出现失眠现象。

③出现有规律或无规律的失常反应，如自言自语，旁若无人地吼叫。

④靠烟酒来麻醉自己。

⑤对他人充满戒备或忌妒心理。

⑥受到一点委屈，就想伺机报复。

⑦经常处在焦虑的状态中，过早产生健忘现象。

⑧容易抬杠，认死理，不易变通。

⑨喜欢发牢骚，易用一些激烈的话点评社会现实。

(2)心理问题的自我调节

①正确评估自己，对自身的价值观要有正确定位，不攀不比，心态要放平，要有意识地锻炼提高自己的承受力，正确对待自己的得与失。

②学会和自己的同事交朋友，敢于将自己的困难或隐私向朋友吐露，赢得朋友的理解和帮助。

③多花些时间和同事在一起娱乐，少独自待着想心事；独自一人时，可听听音乐，也可看书，尽可能找自己喜爱的事情做。

④当遇到棘手的问题或困难时，不妨找一个自己最信任的领导，向他倾诉原委，请他帮助分析一下或出出点子。

⑤经常进行放松训练，如两腿交叉盘坐，两眼轻轻合拢，两手掌相叠，手心向上，位于小腹下，全身放松，深呼吸。

⑥从上船时开始，自选一项特殊爱好，若能坚持十多年，自然就有成就感，这样可以丰富自己的业余生活。

⑦通过阅读公司的《新上岗船员问答》，尽快熟悉船舶运行体系。

2.船上保健

(1)预防传染病

应认真学习预防传染病知识。所到国家港口如有传染病疫情，要事先提出切实可行的防范措施。应进行预防接种。如发现同事感染传染病，应立即采取紧急医疗预防措施，并进行严格的消毒、隔离，防止扩散与流行。

(2)积极预防与救治外伤

在作业中，有时会发生意外损伤。应认真学习船医或主管人员的示范预防，积极参加救治演练，学会避害的防范措施和在无船医情况下的外伤包扎、固定与人员搬运，一旦发生外伤，及时救治。

(3)强化自身健康保护意识

应在船医的指导下经常进行航海保健学、环境医学、航海心理学等保健知识的学习，增强对晕浪、严寒酷暑、噪声振动等的防护和自身健康保护意识。在特定的作业与生活中，懂得一般增强体质的卫生保健方法，养成良好的卫生习惯。

（4）对毒性物品注意医学防护

船舶所载化学物品及含毒的油料、涂料、农药、燃料、原料等货物，在装卸、运输时应严格执行安全操作规定。一旦发生伤害事故，应针对毒物伤害的救治原则和方法，进行紧急的医学处置。应掌握必要的避毒、防毒、除毒、解毒或染毒后的救护知识与方法。

（5）对水下生物伤害的防护

凡具有捕鱼、打捞、采集、勘探、侦察等水面或水下作业任务的船员，要懂得能对人体造成伤害的水下生物的种类、可能形成的伤情以及危险性和后果。注意主动地规避和防范，并掌握遇到伤害时的急救治疗原则和方法。

（6）营养防护

合理的营养对维护船员的健康、防止疾病、保证作业安全、提高作业耐力都具有积极意义。膳食中热量和各种营养素的摄入量，不仅要满足一定劳动条件下作业的生理需要，而且还要保持各营养素之间的平衡。平衡膳食的基本原则是：控制热量摄取，减少动物性脂肪、糖、胆固醇、盐和酒精的摄入量，增加矿物质、维生素和膳食纤维素、蛋白质等。这对防治肥胖、心血管疾病，预防癌症，防止某些微量元素缺乏，提高机体免疫功能均有良好效果。

（7）体能维护

缺乏体育锻炼，是造成身心健康水平较低的一个重要因素。应掌握科学锻炼身体的知识、方法，养成自觉锻炼身体的习惯，积极运动，保持合适体重。

（8）戒烟少酒

戒烟少酒是船员身体保健的重要措施。据统计，30 岁以上的船员，吸烟率达 88.9%，酗酒率达 92.2%。吸烟喝酒对船员身体造成极大损害。

（9）保证充足的睡眠

睡眠不足属于睡眠障碍，常表现为烦躁、激动或精神萎靡、注意力分散、记忆力减退等症状。剥夺睡眠对大脑神经系统功能有严重伤害，最初是倦怠想睡、注意力不集中、记忆困难、情绪不稳定、工作效率低；继续则兴趣低落、反应迟钝、思维活动难以进行，强烈地渴望睡眠；严重的甚至会影响船上的工作。一般来说，充足睡眠时间应在每天 6~8 小时。

小贴士

船员国际航行常识

一、出国须知

(一)时区差异

世界各地区的时间是不一致的。世界各国都以英国格林尼治天文台所报的时间为基准时间,根据自己所处位置按行政区域规定本国的标准时间,如格林尼治时间、莫斯科时间、东京时间、纽约时间、开罗时间等。

(二)安全

在国外港口或城市逗留期间,一般来讲,要注意以下几点:

(1)防止丢失护照、海员证、机票、钱物等;

(2)防止发生交通事故;

(3)防止被盗、被抢和迷失方向。

(三)礼品

在国外可能要向外国朋友赠送一些小礼品,以表示祝贺、慰问和谢意,因此在国内出发前要考虑购买一些礼品。购买礼品时要考虑以下几点:

(1)要考虑礼品的纪念性和观赏价值;

(2)要具有我国的民族特色;

(3)要考虑到客人的爱好和禁忌;

(4)要注意礼品的外包装。

如富有我国民族特色的景泰蓝艺术品、脸谱、泥人及一些针织品、丝绸、剪纸等手工艺纪念品等,再如小指甲刀、清凉油等很受外国朋友欢迎。西方人一般都有当面打开礼品包装的习惯,这时可即兴介绍礼品的用途及纪念价值等,以示友好。

(四)礼节

在涉外场合,相互间的介绍是必不可少的礼节,介绍主要分为自我介绍和为他人介绍两种。自我介绍主要向对方讲清自己的姓名、身份和单位(国家),介绍时要自然大方,声音温和适中。为他人介绍时要以手示意,并和对方目光相接。介绍的顺序一般是:

(1)先把男士介绍给女士;

(2)先把主人介绍给客人;

(3)先把年轻的介绍给年长的;

(4)先把身份低的介绍给身份高的;

(5)先把未婚女子介绍给已婚妇女;

(6)先把年轻的身份低的妇女介绍给年长的身份高的男士;

(7)先把儿童介绍给成人。

(五)健康

由于气候和时差影响,再加上饮食和生活习惯的变化,出国后有时会感到身体不适或生病。为了防止生病,一定要事先有充足的准备,要对前往国的气候有所了解,以携带适合的衣服,还要准备一些常用药物。

二、风俗文化差异与禁忌

航海事业具有涉外性,船员足迹遍及世界各地。船员,代表着国家和民族形象,理应懂得基本的中外历史、地理、民族、哲学、宗教、文学、音乐、舞蹈、建筑、绘画、雕塑等文化艺术知识,这样才能在对外交往中充分展示本民族的优秀文化传统、博大的胸怀和良好的礼仪修养。船员,应该对不同国家和民族有所了解,避免一些让他人和自己尴尬的事情发生。下面简要介绍一下不同地区和国家的风俗文化。

(一)欧美

在欧美多数国家,个人行动去向、年龄、身体、婚姻状况和工资收入都属隐私,这类话题都是很忌讳的,因此,一般不要随便问对方的姓名、住址、年龄、结婚与否、有多少孩子、太太在哪里等等,尤其不要问妇女的年龄,不要说“你胖了”“你很胖”之类的话,否则将被认为是很没教养和失礼的。有关身体的部位,也以不说为好。欧美国家比较忌讳涉及脚、腹、腿、厕所等一些词语,即使生病或者有必要时,也是小声或没旁人时才说。比如肚子不好,一般含糊地说:“I haven’t been well lately.”(我近来不大舒服)或“I have not been feeling well.”(我不大舒服)。在公共场合,不要说不吉利的话,不要随便碰别人的衣服或身体,不要探看别人在干什么,不可擅自进入主人卧室和厨房,进屋时先要敲门。欧美一些国家非常忌讳13这个数字,认为它是不吉利的象征,应当尽量避开它,宴会不能13个人同坐一桌,也不能有13道菜,门牌、楼层以及各种编号也不用13这个数字,甚至对每个月13日这一天也感到惴惴不安。西方人认为星期五也是不吉利的,要是这一天既是13日又是星期五的话,许多迷信者就会借口生病全天不起床、不用餐、不工作、不实施新计划。甚至许多舰船也不出航,以免发生不吉利的事情。有的西方人还忌讳3这个数字,认为它是不祥之数。在与西方人士的接触和交谈中，你若在大庭广众中无意说出一句不吉利的话，在座的人会本能地用手轻轻敲敲桌子，或者伸出手，把中指背在食指上，以表示“驱邪祛灾”。有些西方人还把打破镜子看作是自己运气就要变，偷偷把自己放在兜里的硬币翻一个转，据说这样可以“逢凶化吉”。不要宴请法国人吃狗肉，因为在法国，狗被当作好友和英雄看待。

（二）日本

日本人非常重视礼节和礼貌。在平常相互问候时，忌用“您吃饭了吗?”“吃了。”“还没吃吧?”一类语句，日本人认为这样的问候是极不礼貌的。当客人光临时，主人必须将客人请进室内，严忌在室外或走廊拉住客人交谈。而在客人进入主人房间时，严忌继续穿着大衣或其他外衣；严忌不经礼让而自行入座；严忌不征得主人同意而自行吸烟，随便脱衣；严忌衣着不整或赤脚露腿、袒胸路背，即便室内较热，也不能随便脱衣或卷袖，否则将被视为失礼。

日本人在穿着打扮方面很注意整洁大方，严忌失礼。在正式场合，男子总要穿礼服，忌讳只穿便服、衬衣或短衫。

日本人喜欢赠送见面礼，但严忌赠送数字“9”的礼品，因为日本人认为数字“9”与强盗有关，若赠送“9”数的礼物，对方会产生误解。日本人还忌讳绿色，认为绿色是不祥的。

（三）泰国

初到泰国，当见泰国人合掌施礼时，应照样还礼，否则将被视为不礼貌。双掌合起来应在额至胸之间，头要微微低下，掌要向外倾斜。在泰国，地位较低或年纪较轻者应首先向对方致合掌礼，晚辈要向尊长行礼时，必须躬身而双手合十。尊长或年纪较高者还礼时，手部不应高过前胸。双掌举得越高，表示尊敬程度越深。

泰国人非常重视头部，认为头是神圣不可侵犯的。如果触摸别人的头部或拿着东西越过别人的头顶，则被认为是一种极大的侮辱。理发时，理发师总要先致歉说：“对不起。”若打小孩的头则被认为必生病。又如长辈在座，晚辈必须在地下或蹲跪，以免高于长辈头部，否则就是对长辈极大不尊敬。在房门、屋顶等处，禁止悬挂衣物，特别是裤衩和袜子一类，否则，认为将有灾祸临头。

泰国人认为脚是最低下的部位，因此严忌将脚伸到别人面前，严忌用脚为别人指点东西或将东西踢给别人，若用脚踢门，必会受到斥责。若非用脚不可时，必须先致歉说："请您原谅。"另外，在别人面前盘腿而坐或以脚底对着人都是不礼貌的。在特殊情况下，男子可以盘坐，但女子一概不准盘坐，只能跪坐或蹲一足而坐。

泰国人认为左手不洁，所以用右手吃饭，左手拿不洁之物。忌用左手给别人送东西，若非用左手不可时，必须先说一声："左手，请谅解。"

泰国人睡觉时，忌讳头朝西，认为西方是日落的方向，它象征着死亡。只有人死后，其头部才被朝西停放。

泰国人忌用红笔签名，只有当人死后，才用红笔把死者的姓氏写在棺木上。

在泰国，进庙时先得把鞋脱下，否则就是玷污"圣堂"。穿背心裤衩或穿鞋进入庙内，都被视为亵渎神灵，更是严格禁止的。

（四）印度

印度人多信奉印度教，他们奉牛为神，严禁吃牛肉，同时也严忌众人在同一食盘内取食。一般而言，富贵人家忌讳多吃荤食。少数印度人信奉伊斯兰教。极少数印度人信奉锡克教，他们严忌饮酒。

在印度，当进入庙宇或进入主人房间时，必须在门外脱去鞋子，严忌穿鞋入内。亲朋相见时，要行合十问候礼，不宜握手拥抱，尤其是男女之间，忌讳握手拥抱，只在极特殊的情况下，当女子主动伸出手时，男人则可作极简短的迎握，严忌用力握或久握，更严忌去拥抱人家。

印度人还忌讳吹口哨。尤其在饭店、商店等服务行业中，用吹口哨的方式招呼侍者被视为是冒犯他人人格的失礼行为。许多印度人讨厌白色，并视之为不受欢迎的颜色。

（五）新加坡

新加坡人严忌说"恭喜发财"。他们素将发财理解为不义之财。说恭喜发财，将被认为是对别人的侮辱和嘲骂。

当代的新加坡人，对留胡须蓄长发的鬼怪式男人极为厌恶。家长和学校，严禁男青年蓄长发，并把男子蓄长发视为禁忌。许多公共场所的标语牌上明文写着："长发男子，不受欢迎！"

（六）伊斯兰国家

信奉伊斯兰教的国家和地区，妇女都严忌抛头露面，穆斯林在饮食方面有相应的禁忌。许多穆斯林还严忌以外形丑陋与不洁之物为食，如甲鱼、螃蟹及死动物，均属忌吃之物。在进餐时，人们席地而坐，严忌用左手取食、传递或接受食品。

进清真寺时，任何人都必须脱鞋，无论是国家元首还是平民百姓。穆斯林认为祷告是检验每个穆民虔诚与否的一把尺子。

送阿拉伯人礼品时，不要带有星星的图案。送给他们带有星星图案的花布时，他们很不高兴。

五、船员的职业特点

船舶是“流动的国土”，船员大部分工作时间都在船上，除了具有一般交通运输业从业人员所共有的“点多、面广、流动、分散”的职业特点外，还具有如下的突出特点：

◆（一）国际性

船员，尤其是远洋船员，足迹所遍布全球，担负着全世界船舶运输的重任，其所持有的证书得到了国际认证，船员的工作内容以及待遇等方面也得到国际公约的保障；从其工作性质上来看，船员参与国际物流，各方面接受国际公约和惯例的制约。因此，船员本身具有国际性。我国远洋船舶航行于世界 150 多个国家和地区的 1100 多个港口。现代的中国海员在从事跨国商贸活动中，承担着民间外交和和平友好使者的使命，素有“民间外交家”的美称。

◆（二）国防性

船员的职业特点使其具备了充当海军后备役的天然优势，战争时期，在绝大部分国家，船员需要担负保卫祖国的重要任务，积极维护国家主权和领土完整。作为“第二海军”，船员在一定程度上具有国防性。

◆（三）独立性

船员工作时，远离亲朋，远离大陆，甚至远离祖国。在工作和生活中要接触各种各样的人，可能会遇到复杂的问题，需要自主决策与适时应变，这就要求每位船员有较强的处理问题的能力；同时，船舶上所有船员岗位明确、职责到位，所以船员必须具有高度的独立性。

◆（四）挑战性

虽然现代船舶自动化程度越来越高，船员的工作和生活环境也大有改观，但无论怎样也改变不了船员的颠簸之苦。船上工作往往需要面对复杂的自然环境和艰苦的工作环境以及与家人的离别之苦和业余生活的寂寞单调之苦，所以船员生活是比较特殊和艰苦的，这对船员来说是极富挑战性的。

◆（五）流动性

船员职业具有流动性特点。一方面，船舶具有流动性。由于船舶运输的不确定性，船舶靠港的地点不是一成不变的，船舶的流动性造成船员工作地点具有明显的流动性。另一方面，船员所服务的船舶是不固定的，每过一段时间大多会在不同的船上任职，这是船员流动性的另一种表现形式。

◆（六）丰富性

船员职业虽然艰苦，但船员们可以在不同的航线上充分领略异国风光和世界各地的风土人情，极大地开阔了视野，丰富人生阅历，一定程度上能给他们带来成就感、自豪感，船员工作经历成为众多船员人生中难得的宝贵财富。

现代远洋海运业不断发展，各大船公司在积极强化安全管理教育的同时，不断改善船上的工作条件，丰富船员的业余生活。

如今，船员的工作、学习和生活环境已经今非昔比，船员在船上也拥有了宽敞的工作室、舒适的休息室、藏书丰富的阅览室等。现代微电子技术和计算机技术在船舶上的广泛应用，使船舶实现了智能化、信息化和数字化，这都使得船员能及时迅速地了解到最新的世界信息，并能与亲人和朋友时刻保持紧密的联系。

船员的这些职业特点决定了作为一名船员需要具备较高的综合素质。

第四节　船员工作实例

近年来，船员工作环境不断改善，船舶具有良好的安全设施保障、有利身心健康的工作和生活环境。船员个人起居舱室、厨房餐厅等生活区公共场所清洁无虫害，室内流动空气的质量高，还有舒适的温度和湿度。同时，船员食品和饮用水安全卫生，生活冷热水 24 小时供应且通畅排放，卫生设施完好，垃圾处理规范。

另一方面船员在船工作的大部分时间都在船上度过，因此他们的工作和生活的全部内容都被压缩在船舶这一狭小的空间里。因长期在船上生产和生活，他们要面临与陆地工作完全不同的环境、压力、风险，尤其面对大风大浪、抢险救援等任务时，特殊的作业环境使得船员面临更大的工作压力和风险挑战。长时间在海上漂泊，可交流的人员有限，在狭小的空间内生活工作，这些因素会让船员更易脾气暴躁，容易因为小事产生摩擦。机舱内的高温、高噪声的环境，也给船员身心带来伤害。船舶公司为了应对这些问题，为每名船员配备了防护耳机等劳动防护用品，并在机舱监控室安装了空调,尽可能改善船员的工作环境,以减轻对船员的身体伤害,使其能有一个相对舒适的工作和生活环境。

现代船舶设备先进、信息化程度高、避碰抗风能力强,国际海运船舶的事故发生率为0.1%。

远洋船舶一般十几米至几十米宽、几百米长。高级船员每人有卧室、卫生间、洗澡间、办公桌、衣柜、沙发。普通船员每人有卧室、卫生洗澡间、桌子、衣柜、沙发等。公共娱乐场所有录像间、乒乓球室、健身房、卡拉OK室等。船员在船上的衣、食、住均免费。船上还免费发放被单、香皂、毛巾、洗衣粉、卫生纸等生活用品。

航行当中,船上人员每天按三班轮流,每班4个小时;高级船员在驾驶台、机舱值班;普通船员(机工、水手)干些杂活;下班之后是自由时间。在码头期间,三副、二副要每天值班12小时,普通海员除值班的以外,可以登陆旅游、购物等。

船员一般工作8至10个月安排一次休假,假期2至4个月;下船公休,公司负责报销往返路费。船员也可以根据自己的需要选择工作时间和休假时间。

航海类专业学生在校学习中,除完成本专业培养计划中规定的相关课程,取得相应的毕业证书和学位证书外,还要完成国际海事组织、国家海事局规定的航海类专业学生从事航海职业必需的培训并获得相关的证书。这种专业实操能力不但要通过陆地上的理论学习、实验教学去培养,还需要通过模拟器训练和海上的实习实践和训练。在STCW公约马尼拉修正案实施后,我国海事局加强了对航海类专业学生适任能力的要求。将航海理论知识转变为航海技能,是航海类专业学生胜任将来海运业发展的必然要求。

一、学习专业理论知识

航海教育本身具有鲜明的职业针对性和行业特色,海运业的全球化决定了航海教育必须国际化,具体体现为航海教育培养目标和模式国际化、毕业生就业国际化。国际化的航海教育要求教育观念国际化,把国际的、跨文化的观念融合到航海教育之中。传统航海教育培养单一航海技能型人才,国际化的航海教育培养航海技能型和经营型复合人才。航海类专业学生应着眼于高素质航海类人才的培养需要,根据航海院校的专业教学情况,积极、全面、深入地学习各种专业理论知识,尤其是航海英语和专业技能应用。

二、提高实操能力

新时期海运业快速发展要求航海类专业学生专业技能要不断提高。首先,要提升运用信息技术的实操能力。随着现代航海科学技术的发展,航海自动化程度越来越高,因而要求航海类专业学生信息收集和处理的能力也越来越高。其次,航海类专业教育特色鲜明,是一门需要丰富实操经验的学科。因此,航海类专业学生,既要完善自己的知识体系,扎实学好专业课程,又要勤于思考,乐于动手,培养自己的实操能力。再次,STCW 公约强调海员适任性评估,要求把航海教育的重点真正从传授知识转到培养能力上来。航海类专业学生要努力培养创新能力、实践能力和创业精神,提高自身的人文素质和科学素质;不仅要成为会开船的航海人才,更要成为综合素质好、国际竞争能力强的高级航海人才,切实适应竞争日趋激烈的国际国内海运市场发展的需要。

对于航海类专业学生来说,海上实习是航海类专业学生实践教学的一个重要方面,包括认识实习和毕业实习两个方面。它是体现航海类专业学生专业素质、动手能力和适应岗位能力的一个非常重要的环节。认识实习不仅为学生专业学习打下了基础,加强了实践动手能力培养,而且对于学生专业思想的建立起到良好的作用;毕业实习是学生走上工作岗位前的实践过程,也是检验大学学习效果的一个侧面。积极参与海上实习是航海类专业学生实践环节的重中之重。因此,航海类专业学生应充分借助学校提供的海上实习平台,将在学校学习的专业理论知识在实习中加强理解和应用,充分抓住实习机会进一步深化对理论知识的学习,努力实现理论知识与实践有机结合。

接下来让我们了解一下海上作业实践的重要载体——船舶的几种类型。

◆(一)集装箱船舶

集装箱船,广义是指可用于装载国际标准集装箱的船舶,狭义是指全部舱室及甲板专用于装载集装箱的全集装箱船舶。集装箱船装卸速度高,停港时间短,大多数航速高(通常为每小时 20~23 n mile)。近年来为了节能,一般采用经济航速,18 n mile左右。在沿海短途航行的集装箱船,航速每小时仅 10 n mile 左右。它没有内部甲板,机舱设在船尾,船体其实就是一座庞大的仓库,可达 300 m 长,再用垂直导轨分为小舱。当集装箱下舱时,这些集装箱装置起着定位作用。船在海上遇到恶劣天气时,它们又可以牢牢地固定住集装箱。集装箱都是金属制成的,而且是密封的,里面的货物不会受雨水或海水的侵蚀。

集装箱船一般停靠专用的货运码头,用码头上专门的大型吊车装卸,其效率可达 1000~2400 t/h,比普通杂货船高 30~70 倍。现代大型集装箱配员一般为 14~

20人。集装箱船上要求整洁，驾驶台和机舱都要一尘不染，这就要求每位船员做完工作及时打扫卫生。

甲板部成员组成按照级别分为：船长、大副、二副、三副、水手长、木匠、值班水手（一水、二水）。

甲板部各成员的职责为：

船长：船长为船舶的最高领导，主要责任人之一，船舶所有事务的负责人、监督人。

大副：全船甲板工作的主要负责人并负责货物配载；大副将工作安排、要点传达给水手长，水手长再根据工作需求分配给各位水手；除此之外，大副还有驾驶台值班的职责。

二副：二副负责船舶通信工作，负责通信、导航、航行设备的使用与维护，负责航海图书资料的管理和海图航线制作；除此之外，二副还有驾驶台值班职责。

三副：三副负责船舶消防设备，保证消防设备有效并符合国际公约要求；除此之外，三副还有驾驶台值班职责。

水手长：水手长负责甲板所有工作，保证甲板设备安全、清洁；在大副的领导下安排、指导水手日常工作；靠泊装载货物时，带领水手进行甲板吊卸补给品、舱盖板安全管理等工作。

木匠：负责抛锚、清洁锚链、压载水控制等工作。

一水：根据大副或水手长安排，航行中轮班配合驾驶员驾驶台值班，靠港时负责梯口值班等。

二水：跟随水手长，完成甲板的日常清洁保养等工作。

除船员基本的工作外，水手要完成集装箱的绑扎工作。

船舶大小不同，机舱与生活区位置也有差异。小型船舶生活区、驾驶台、机舱全部位于船尾，最高层是驾驶台，中层是生活区，底层是机舱。大型船舶生活区、驾驶台位于船首，机舱位于船尾。

轮机部职务分为：轮机长、大管轮、二管轮、三管轮、电子电气员（电机员）、机工。

轮机部各成员的职责为：

轮机长：船舶领导人之一，轮机部主要负责人。负责轮机部所有工作监督与指导。

大管轮：负责轮机部日常工作安排，合理分配机工、轮机员工作。本身负责设备有主机、空调、制冷机、燃油分油机等。每天早会安排好各机工工作任务后，完成自己负责设备的维修保养工作。

二管轮：负责的设备有发电机、空压机、滑油分油机等。每天按照计划完成自己负责设备的维修保养工作,对于不能独立完成的工作,需要向大管轮报告,大管轮根据情况合理分配人员予以配合。

三管轮:负责的设备有压载设备、油水分离器等。每天按照计划完成自己负责设备的维修保养工作,对于不能独立完成的工作,需要向大管轮报告,大管轮根据情况合理分配人员予以配合。

电子电气员:负责全船所有的电气设备,包括电动机、控制系统、信号采集设备等。每天按照计划完成自己负责设备的维修保养工作,对于不能独立完成的工作,需要向大管轮报告,大管轮根据情况合理分配人员予以配合。除船舶自身设备外,电子电气员还负责运载的冷藏箱的正常运行工作。

机工:每天按照大管轮的工作分配进行工作并负责各自承包区的清洁工作。

以上各轮机员,在日常工作中要维护好各自负责设备,使之能够正常运行并达到 PSC 等检查的标准;在检查官检查时要陪同并随时准备回答检察官提出的各种疑问。

海运工作是一项专业性非常强的工作,具备精深的航海专业知识是胜任海运工作的必备条件。全面掌握航海专业基础理论知识和专业技术知识,才可以更好地理解新的航海应用技术。对于航海类专业学生来说,除了专业知识外,还需要重点掌握的基本知识和技能主要包括:英语知识、计算机知识、人文知识、适应自然环境的变化能力等。

◆(二)散货船

散货船是指装运输谷物、煤、矿砂、盐、化肥、水泥等大宗干散货物的船舶,习惯上也称干散货船或散装货船。因为散货船的货种单一,货物不怕挤压,不需要包装成捆、成包、成箱的装载运输,为便于装卸,散货船都采用单甲板结构。散货船的特点是:单层甲板;尾机型;船体肥胖;航速较低;因常有专用码头装卸,船上一般不设装卸货设备。

散货船一般为单层甲板双层底,驾驶室和机舱都在尾部,货舱口比杂货船的宽,设有顶边舱和底边舱,便于货物向货舱中央集中,有较多的压载水舱用于压载航行。

散装货物装载时,货物顶部呈圆锥形,货舱上部两侧很难得到利用,因此散装货船货舱上部,即舱口、甲板、舷侧之间没有纵通全船的顶边舱。顶边舱有利于货物的装卸,能防止货物在船体大幅度摇摆时产生过度的横移。为了使散货能堆集于货舱中央,避免散货向两旁倾斜,散装货船的船底舭部内底边板向上倾斜,形成底边舱。顶边舱和底边舱在空载返航时可作为压载水舱,以改善船舶空载时的适航性。在装载重货时,顶边舱内压水,可防止船舶重心太低。

甲板部成员组成按照级别分为:船长、大副、二副、三副、水手长、木匠、值班水手(一水、二水)。

甲板部各成员的职责为:

船长:船长为船舶的最高领导,主要责任人之一,船舶所有事务的负责人、监督人。

大副:全船甲板工作的主要负责人并负责货物配载分配;大副将工作安排、要点传达给水手长,水手长再根据工作需求分配给各位水手,除此之外,大副还有驾驶台值班的职责。

二副:二副负责船舶通信工作,负责通信、导航、航行设备的使用与维护,负责航海图书资料的管理和海图航线制作;除此之外,二副还有驾驶台值班职责。

三副:三副负责船舶消防设备,保证消防设备有效并符合国际公约要求;除此之外,三副还有驾驶台值班职责。

水手长:水手长负责甲板所有工作,保证甲板设备安全、清洁;在大副的领导下安排、指导水手日常工作;靠泊装载货物时,带领水手进行甲板吊卸补给品、舱盖板管理、洗舱等工作。

木匠:负责抛锚、清洁锚链、压载水控制等工作。

一水:根据大副或水手长安排,航行中轮班配合驾驶员驾驶台值班,靠港时负责梯口值班等。

二水:跟随水手长,完成甲板的日常清洁保养、洗舱等工作。

船舶大小不同,机舱与生活区位置也有差异。小型船舶生活区、驾驶台、机舱全部位于船尾,最高层是驾驶台,中层是生活区,底层是机舱。大型船舶生活区,驾驶台位于船首,机舱位于船尾。

轮机部职务分为:轮机长、大管轮、二管轮、三管轮、电子电气员(电机员)、机工。

轮机部各成员的职责为:

轮机长:船舶领导人之一,轮机部主要负责人。负责轮机部所有工作监督与指导工作。

大管轮:负责轮机部日常工作安排,合理分配机工、轮机员工作。本身负责设备有主机、空调、制冷机、燃油分油机等。每天早会安排好各机工工作任务后,完成自己负责设备的维修保养工作。

二管轮:负责的设备有发电机、空压机、滑油分油机等。每天按照计划完成自己负责设备的维修保养工作,对于不能独立完成的工作,需要向大管轮报告,大管轮根据情况合理分配人员予以配合。

三管轮:负责的设备有压载设备、油水分离器等等。每天按照计划完成自己负责设备的维修保养工作,对于不能独立完成的工作,需要向大管轮报告,大管轮根据情况合理分配人员予以配合。

电子电气员：负责全船所有的电气设备，包括电动机、控制系统、信号采集设备等，每天按照计划完成自己负责设备的维修保养工作，对于不能独立完成的工作，需要向大管轮报告，大管轮根据情况合理分配人员予以配合。除船舶自身设备外，电子电气员还负责运载冷藏箱的正常运行工作。

机工：每天按照大管轮的工作分配进行工作，以及自身承包区的清洁工作。

以上各轮机员，在日常工作中要维护好各自负责的设备，使之能够正常运行并达到 PSC 等检查的标准；在检查官检查时要陪同并随时准备回答检查官提出的各种疑问。

散货船在装货时要往舷外排放压载水，在卸货时要向压载舱注水，由于现代船舶装卸速度较快，压载水的排放速度和货物的装卸速度一致，机舱人员在装卸货时必须关注压载水排出和注入情况。

◆（三）液货船

液货船是指运输散装易燃液体（inflammable liquid）货物的船舶，包括油船（oil tanker）、液体化学品船（liquid chemical tanker）和液化气船（liquefied gas carrier）。

油船，是载运散装原油和成品油的专用船。油船吨位一般比较大，可以分为原油船和成品油船。根据载重吨不同，可分为通用型油船（1 万载重吨以下）、灵便型油船（1 万～5 万载重吨）、巴拿马型油船（6 万～8 万载重吨）、阿芙拉型油船（8 万～12 万载重吨）、苏伊士型油船（12 万～20 万载重吨）、超级油船（20 万～30 万载重吨）。

液化气船是载运液化天然气和液化石油气的专用船。

液体化学品船则是运输各种液体化学品（如醚、苯、醇、酸等）的专用船。

液化气船上除储藏货物的专用装置和管道外，其他船舶必备装置也一应俱全。

目前，装载易燃易爆的船舶都采用将不燃气体充入储存设备的方法来防止燃烧或爆炸。这些不燃气体排挤掉含氧的空气，使得储存设备里几乎没有氧气。有些船使用船本身的动力机构排出的废气来充当上述的不燃气体，有些船则在卸货时从码头上充入不燃气体。

液货船卸货时使用的泵直接放在船上。现在的液货船与几乎所有其他海船一样配有配载仪，配载仪可以监视货物的装卸情况，计算装卸过程中船所受的所有的力。

实习生在液货船上，需要学习和掌握的工作内容，主要包含以下方面的工作内容：负责编制水手航行、停泊及瞭头轮值班表，该表经大副批准后贯彻执行。必要时，参加瞭头和操舵。按航次维修保养工作计划及大副指示安排水手工作。开工前备妥工具和用料，布置妥任务并落实安全措施；加强现场检查，对高空、舷外和其他复杂危险的作业，协助业务导师亲自在现场督促和指导。做好系缆、装卸等设备的养护维修工作,使其经常处于良好状态。观察业务导师指导水手进行油漆、帆缆、高空、舷外、起重、操舵及其他船艺工作。如何教育水手遵守劳动纪律、规章制度和安全操作规程;怎样关心他们的思想、工作、学习和生活;对新上船的水手进行安全教育过程,如何指导他们熟悉船上特点、注意事项、应变部署及其各种器材的放置地点和使用方法。如何组织水手进行救生、消防、堵漏、操艇和驶帆练习;怎样负责管理和养护堵漏器材并保持完整、良好和取用便利;发生海事时,在船长、大副指挥下,如何带领水手积极抢救。怎样管理甲板部物料属具(由驾驶员专管的除外)、绑扎器材和劳保用品,做好请领、验收、发放、清点等工作,注意节约使用,防止损坏变质;保持物料间整洁;经常整理各种养护工具、索具、装卸照明灯具、绳梯和引航员软梯等,使保持良好状态。到港前按大副指示准备好首、尾缆和锚链,做好装卸准备工作。进出港口、靠离移泊时,按大副指示率领水手收放舷梯、安全网、挡水板,系缆、解缆,装收防鼠挡等。装货前根据大副的指示,带领水手清舱或洗舱,整理搬运垫舱物料,做好货舱铺垫;协助木匠清洁污水沟(井),修理护肋板和舱底板。装货完毕后,按大副指示做好货物绑扎工作。装卸货时,应检查吊杆、索具是否符合规定的技术要求,舱盖布、板和舱口梁及其保险装置是否放置妥当;应注意防止属具受损和保持甲板整洁、通路安全。应熟练对重吊杆的安全正确使用,在大副监督指导下指挥重吊杆的收放和转换操作;必要时按大副指示指挥水手自行装卸重大件货物。做好开航准备工作。检查所装货物的稳固情况,必要时组织人员加固,随后封舱落吊杆;系固甲板部所管的可移动物件,尤其是放置在甲板上的物件。检查水手是否全部到船;出港后收放整理系缆,必要时存入库房;巡视检查全船甲板,使其符合出海时的安全要求。经大副同意,在适当地区清除垃圾、污物、废料等。做好室外环境卫生;做好防冻工作,指派水手包扎外露水管和水箱,放净蒸汽管及水管内的残水。做好甲板机械的外部清洁保养;负责整理、检查和保管甲板部使用的各种可移动灯具,做好这些灯具和甲板上的电源插座的防水防潮工作。负责操纵手测深或机械测深和吊放运河探照灯及带缆艇。大风浪来临前,检查落实防抗风浪的各项有关安全措施。修船时,按大副指示做好自修、监修,以及防火、防爆、防偷、防工伤等安全工作。调动工作或离任时,应将所管理的工作和物品向接任人员交接清楚,并按照有关规定办理好交接手续,方可离任。

考虑到这类船只运载货物的危险性,海员在船舶上工作时必须格外小心,相比于集装箱船和散货船,液货船船员需要进行更多和更广泛的安全培训。各类型液货船运载的货物并非都是危险品,但它们可能包含了各种危险因素,所以液货船船员必须通过专门的培训考试获取相应安全作业的资格,从而达到保证运输过程安全的标准。

第五节　航海类专业简介

航海类专业是以培养海洋运输船舶驾驶员、轮机员、电子电气员等专门人才为主要目标的各专业的总称，属于工程教育的范畴。我国航海类专业下设航海技术、轮机工程、船舶电子电气工程三个专业，其培养目标为“培养适应社会主义建设需要的、获工程师基本训练的、德智体全面发展的、符合国际和国家海船船员标准的、能适应现代船舶营运与管理需要的高级航海人才”。

一、航海类专业学生培养目标

航海类人才的培养是一项长期工程，不仅要考虑当前社会、经济、科学技术的发展现状和要求，使所培养的航海类人才与社会的需求保持合理的供需关系，更要具有可持续发展性，并兼顾 STCW 公约、国内学位条例和高教法规的标准。

航海教育教学机构都设立了以航海和轮机为基础的专业，较大规模的一般还有船舶电子电气工程专业，但在专业设置上因培养层次不一样而赋予不同的名称。从专业知识与业务技能的角度，三个专业具有不同的侧重点。

◆(一)航海技术专业

主要培养适应社会主义现代化建设需要的、获得工程师基本训练的、德智体全面发展的、符合国际和国家海船船员适任标准要求的、能胜任现代化船舶驾驶与管理的高级航海技术人才。航海技术专业毕业生应符合以下几个方面的要求：

①系统地掌握海洋船舶驾驶所需要的自然科学、工程技术的基础理论知识，并具有一定的人文、社会科学知识；

②具有海运管理和法规方面的基础知识，对国际海运市场经济有一定的认识；

③具有船舶“航行”“货物装卸和积载”“船舶作业管理和人员管理”“无线电通信”的操作级能力和一定的管理级知识；

④达到国家对大学生外语能力的要求，并具备较强的适应本专业需要的外语听、说、读、写能力；

⑤具有适应航海要求的身心素质。

◆(二)轮机工程专业

主要培养适应社会主义现代化需要的、获得工程基本训练的、德智体全面发展的、符合国际和国家海船船员适任标准要求的、能胜任现代化船舶机电管理技术要求的高级工程师技术人才。轮机工程专业毕业生在业务上应具备以下几个方面的能力：

①掌握船舶动力装置、电器、液压、气动和机电一体等方面的基础知识；

②掌握轮机工况检测、系统的保养和维护等基本技术；

③具有初步操纵船舶动力装置及船舶监造的能力；

④熟悉有关海船运输安全方面的公约和法律法规；

⑤了解海洋运输船舶的发展动态；

⑥掌握文献检索、资料查询的基本方法，具有初步的科学研究和实际工作的能力。

◆（三）船舶电子电气工程专业

主要培养适应社会主义现代化需要的、获得工程基本训练的、德智体全面发展的、符合国际和国家海船船员适任标准要求的、能胜任现代化船舶电子电气系统和设备管理的高级工程师技术人才。船舶电子电气工程专业毕业生应具备以下几个方面的能力：

①掌握船舶各类电气及自动化技术的基础知识；

②掌握船舶通信导航等电子系统的基础知识；

③具有一定的轮机工程基本知识；

④掌握船舶电子电气系统设备维护和维修基本技能；

⑤熟悉有关海船运输安全方面的公约和法律法规；

⑥具备一定的领导能力和团队合作精神；

⑦具备较强的工程师素质，有一定初步从事科学研究的能力；

⑧具有较强的英语沟通能力。

此外，航海类专业学生的培养是高等教育与职业技术教育相结合的成果，更侧重于航海技术在实际中的应用。航海类专业的实践性很强，需要接受大量的海上实习和实验室训练。通常航海类专业毕业生还需完成航海认知实习与毕业实习。航海认知实习有助于学生将专业的理论知识与航海技能相结合，增强对专业技能的感性认识，感受海员的真实生活。毕业实习是航海类专业学生学习成果的检验，是实践能力的进一步提高与升华，为毕业生走上工作岗位奠定了坚实的基础。

二、航海类专业学生就业类型

航海类专业以培养海洋运输船舶驾驶员、轮机员、电子电气员等专门人才为目标。由于市场对此类人才的需求量较大，航海类专业毕业生的就业情况一直不错，且主要就业去向集中于港航企事业单位，就业质量较高。

◆（一）航海类专业学生就业去向

结合航海类专业毕业生毕业后从事的具体工作岗位，我们可以将航海类专业学生的毕业去向概括为如下几类：

1.从事船员工作

担任远洋、近洋、沿海海船、内河船舶驾驶和维护工作。根据《中华人民共和国船员条例》,申请在船舶上工作的船员,应当按照国务院交通主管部门的规定,完成相应的船员基本安全培训、船员适任培训。同学们可以通过"中华人民共和国船员网"了解船员相关的方针政策、晋升条件、学术交流与发展空间等信息。

2.从事引航员工作

引航员是持有资格证件在固定水域受雇为船舶引航的航海技术人员。引航员按引航水域可分港口引航员、内河引航员和沿海引航员三种。船舶在港区、内河、沿岸航行时,为了避免发生搁浅、触礁、碰撞等事故,要求驾驶人员能及时控制船位和进行避让。因此,引航员必须对所在水域的地理特点、航道、水深、水流、航标设置和当地规章制度了如指掌,并具有熟练的船舶驾驶操纵技术。港口引航员还必须掌握靠离码头等难度较高的操纵技术。

根据《中华人民共和国引航员管理办法》的规定,引航员是指取得了引航员任职资格并受聘于引航机构的人员,包括一级引航员、二级引航员、三级引航员。引航员按海港和内河两个系列进行划分,其中,海港引航员的引领范围是沿海港口及附近水域,内河引航员的引领范围是内河港口和航线。

3.从事验船师工作

验船师是可以在造船厂和船舶上从事监督、检验、验收造船进度、质量等工作的职业,同时在进行船级检验和其他检验时也会对在航船舶进行检验并提交验船报告。验船师一般在船级社工作,世界著名的船级社有十个:挪威船级社 DNV、英国劳氏船级社 LR、美国船级社 ABS、法国船级社 BV、德国劳氏船级社 GL、意大利船级社 RINA、日本船级社 NK、韩国船级社 KR、中国船级社 CCS、俄罗斯船级社 RS。一般,船东在哪国的造船厂建造船,就会入级到哪国的船级社,同时,船级社就会派验船师到造船厂监督、检验、验收造船进度、质量等。需要掌握的知识范围:焊接、涂装、无损检测、尺寸测量等和钢结构建造的有关知识。

4.从事海事管理和监察工作

报考海事局的公务员,从事 VTS 交管业务、测量船员、船舶管理、船舶驾驶、船舶检验、公务船船员、海事管理、海事监督、海巡船(艇)专职船员、航标管理、基层海事执法、轮机管理、水上安全监督管理、通航管理相关的岗位。从中国海事局近年来公务员招募计划可以看出,公务员招收应届毕业生的比例有所减少,不少岗位均要求报考人员具有海上航行的资历,因此,先从事一段时间的船员工作,积累实际航行的经验后再报考公务员也是不错的选择。更多信息可以通过国家和地方海事局网站查询。

小贴士

典型海事管理部门介绍

(1)海事局

中华人民共和国海事局(对内称交通运输部海事局)是在中华人民共和国港务监督局(交通安全监督局)和中华人民共和国船舶检验局(交通部船舶检验局)的基础上合并组建而成的。海事局为交通运输部直属机构,实行垂直管理体制。根据法律、法规的授权,海事局负责行使国家水上安全监督和防止船舶污染、船舶及海上设施检验、航海保障管理和行政执法,并履行交通部安全生产等管理职能。

目前,海事行政系统分为负责管理中央管辖水域(系指沿海海域和港口、对外开放水域及主要跨省、自治区、直辖市的内河干线及港口)的直属海事管理机构和负责管理其他水域的地方海事管理机构两类。因此"上海海事局"和"上海市地方海事局"不是一个机关,前者属于交通运输部海事局直属海事局,而后者是上海市的行政机关,两者级别、编制、执法范围均不相同。

交通运输部直属海事局有:黑龙江海事局、辽宁海事局、天津海事局、河北海事局、山东海事局、江苏海事局、上海海事局、浙江海事局、福建海事局、深圳海事局、广东海事局、广西海事局、海南海事局、长江海事局、连云港海事局等。

(2)海关

海关,是国家的进出关境监督管理机关。根据国家法令,海关对进出国境的货物、邮递物品、旅客行李、货币、金银、证券和运输工具等实行监管检查、征收关税、编制海关统计并查禁走私。《中华人民共和国海关法》规定,国务院设立海关总署,统一管理全国海关。海关机构的设置一般分为海关总署、直属海关和隶属海关三级。

海关实行垂直领导的体制:隶属海关由直属海关领导,向直属海关负责;直属海关由海关总署领导,向海关总署负责。海关按照《中华人民共和国海关法》和国家有关法律、法规,在国家赋予的职权范围内自主地、全权地行使海关监督管理权,不受地方政府(包括同级党的机构)和有关部门的干预。

近几年来,中国海关总署系统依据公务员录用的有关规定,每年均从全日制普通高等院校应届毕业生和社会在职人员中考试录用国家公务员。

5.从事造船工程技术工作

一般就职于船舶生产、制造或是技术开发公司,也可以就职于研究院或是设计院等研究机构。负责船舶动力设备的研发和设计,是船舶动力的“动力”。他们往往具有丰富的船舶系统设计工作经验,熟悉船舶动力系统的原理和设计,熟练使用Auto CAD、TRIBON等设计工具,熟悉船舶专业英语。

6.到城乡基层、中西部地区、艰苦边远地区以及革命老区、民族地区、贫困地区就业

一般来讲,“基层”既包括广大农村,也包括城市街道社区;既涵盖县级以下党政机关、企事业单位,也包括社会团体、非公有制组织和中小企业;既包含单位就业,也包括自主创业、自谋职业。

当前,国家积极发展西部战略,推动边疆地区发展,每年都有相当部分的航海类专业毕业生将个人的生涯发展与国家战略发展需要结合起来,将个人的理想之花盛开在祖国最需要的土壤之上。

7.到中小微企业就业

可以选择航运企业,从事企业船舶订造、船舶修理、船舶设备的维护与保养,船舶的技术改造与更新,船舶节能工作,航海及轮机技术的应用推广,船舶技术资料的管理,船舶海损、机损事故的处理和统计分析等;也可以从事船舶操作、船舶安全监督、海事处理、环境保护、船舶驾驶员的技术考核、船员派遣和海图管理工作;还可以从事航运信息系统需求分析,航运信息系统的设计、开发,航运信息系统的维护、升级;从事航运电子商务的方案研究,货代、船代、经纪,航运电子商务网站的建设、维护以及业务的推广和航运信息的收集、处理、分析及发送。

8.到部队建功立业

海军航海保证部队是海军作战、训练和执行其他任务的重要保障力量。主要任务:进行海洋测量,出版和供应航海图书;通报海区变化情况;进行海洋水文气象观测和预报;提供海洋水文气象资料,建立和管理导航系统及助航标志等,为舰船(飞机)安全航行(飞行)、兵力机动和驻泊、海上武器和技术装备的使用提供保障。近年来,相当部分的航海类专业毕业生选择携笔从戎,报效国家。有志于此的毕业生可通过学校应征入伍,或者报考相应军事院校研究生等途径选择此就业方向。

9.到国家重点建设领域就业

在工业化方面,船舶制造业是我国工业领域产业支柱之一,是重点研究方向,但其设计能力落后、配套产业发展滞后将是制约行业发展的主要瓶颈,可从事优化船舶及其设备的使用、保养等基本技术相关工作。

10.到国际组织实习、任职

国际海事组织(IMO)是联合国负责海上航行安全和防止船舶造成海洋污染的一个专门机构,总部设在英国伦敦,其主要工作为:制定和修改有关海上安全、防止海洋受船舶污染、便利海上运输、提高航行效率及与之有关的海事责任方面的公约;交流上述有关方面的实际经验和海事报告;为会员国提供本组织所研究问题的情报和科技报告;用联合国开发计划署等国际组织提供的经费和捐助国提供的捐款,为发展中国家提供一定的技术援助。

申请 IMO 实习需符合的条件及应注意的事项如下:

(1)申请人必须具有学士学位,并可以攻读硕士学位或博士学位。

(2)申请人的政府、政府机构(IMO 成员国政府)或者高等教育机构推荐。

(3)申请人必须提供其研究课题的摘要,清楚指出其研究涉及的 IMO 工作的特定领域。IMO 不是学术或研究组织,建议申请人查阅海事知识中心(MKC)在线目录,以验证 MKC 馆藏中是否有足够的材料来支持他们的研究。另外,应查阅 IMODocs,即 IMO Documents 信息库,IMODocs 中提供了最新的 IMO 正式会议文件。

(4)申请人应针对其申请中指出的课题进行研究。

(5)希望改变研究课题的被接受实习生必须在开始实习之前向 IMO 提出建议,否则可能会导致撤回其安置。

(6)申请人必须具有至少一种 IMO 正式工作语言(英语、法语或西班牙语)的工作知识。

实习申请可以发送至 IMO 的官方邮箱 ero@ imo.org。

11. 考研

根据对历年航海类专业毕业生的就业意向调查结果统计,每年准备考研的学生比例维持在 10%左右,而根据全国航海类专业毕业生就业工作协作组的就业统计分析,每年考取研究生的学生比例为 6%左右。航海类专业研究生毕业后一般不会从事船员工作,一部分选择到高校从事科研或教育工作,一部分选择考公务员,一部分到船级社和船厂从事船舶检验的工作,还有部分到配件厂从事技术支持的工作。

12.出国

出国学生的比例不到航海类专业毕业生总数的 1%。如果航海类专业毕业生想出国深造,申请国外海事类院校成功的可能性要大于其他工科或商科院校。

思考题

1.简述我国海运业的发展历程及其在社会中的重要地位。

2.简述船员的分类。

3.船员应具备的基本素质有哪些?

第三章

学生自我认知

◎ **本章要点：**

1. 航海类专业学生如何从职业兴趣、职业性格、职业能力、职业价值观等角度进行自我认知。

2. 自我认知与加强职业能力培养的方法和途径。

◎ **学习目标：**

1. 能够清晰自己的兴趣、性格、能力和价值观，了解从事海运业的职业素质要求。

2. 学会使用评估方法探索自我。综合自我探索结果，形成初步的职业期望，有意识地在大学期间进行探索、锻炼、培养。

自我认知是大学生职业生涯规划的前提和基础。“我喜欢做什么？”“我适合做什么？”“环境允许我做什么？”“我为什么这样做？”，要想回答这些问题，就要进行科学的自我认知。海上工作环境特殊，航海类专业学生在从事海上工作前，对自我全面、准确地认知尤为重要。自我认知是对自己的洞察和理解，包括自我观察和自我评价，包含了人们对自己行为、思维、情感的认知。自我观察是指对自己的感知、思维和意向等方面的觉察；自我评价是指对自己的想法、期望、行为及人格特征的判断与评估，是自我调节的重要条件。自我认知的目的就是要找到一个自己想做的、适合做的、能做的和值得做的职业。在大学生职业生涯规划中，一般会从职业兴趣、职业性格、职业技能、职业价值观等四个维度进行自我认知。

第一节　职业兴趣

兴趣是最好的老师，如果个体对某个专业感兴趣，就会发自内心地对该专业产生肯定的态度，并主动探索，积极追求。当自己的兴趣与专业以及今后从事的职业相结合的时候，个体就比较容易获得成功。

一、职业兴趣的定义

兴趣是快乐和动力的来源，具体指无论能力高低，无论他人评价如何，依然乐此不疲的事情。兴趣也是人们力求认识、掌握某种事物，并经常参与该种活动的心理倾向，有了这种倾向，人们就会对这种事物给予优先的注意，带有积极的情绪和倾向。职业兴趣是兴趣在职业方面的表现，是指人们对某种职业活动具有的比较稳定而持久的心理倾向，是个体对于自己从事某种类型工作的个人偏好选择，受到个体主观因素和外部因素的共同影响。职业兴趣关乎个体职业发展与职业生涯规划，同时影响个体自我概念的发展与完善、自我价值的实现，因此尤为重要。我们在职业生涯规划中讨论的兴趣一般指职业兴趣。兴趣与职业类型的关系一般可归纳为以下三点：

（1）兴趣是个体职业生涯选择的重要依据。

（2）兴趣可以促进个体职业生涯的发展。

（3）兴趣可以影响个体职业生涯的满足感和幸福感。

二、职业兴趣的分类

美国著名的职业指导专家、约翰·霍普金斯大学心理学教授约翰·霍兰德于1959年提出了具有广泛社会影响的人业互择理论。该理论认为人的人格类型、兴趣与职业密切相关，兴趣是人们活动的巨大动力，凡是具有职业兴趣的职业，都可以提高人们的积极性，促使人们积极地、愉快地从事该职业，且职业兴趣与人格之间存在很高的相关性。这一理论首先根据劳动者的心理素质和择业倾向，将劳动者划分为6种基本类型，相应的职业及职业兴趣也划分为6种类型，即社会型、企业型、常规型、现实型、研究型和艺术型，如图3.1所示。

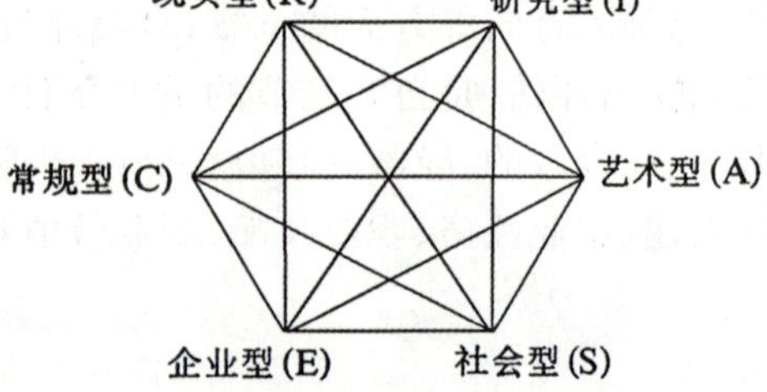

图3.1　霍兰德职业兴趣及代码

◆(一)社会型

具有“社会型”职业兴趣的人喜欢与人交往、不断结交新的朋友、善言谈、愿意教导别人。关心社会问题、渴望发挥自己的社会作用。寻求广泛的人际关系,比较看重社会义务和社会道德。

◆(二)企业型

具有“企业型”职业兴趣的人追求权力、权威和物质财富,具有领导才能。喜欢竞争、敢冒风险、有野心、有抱负。为人务实,习惯以利益得失,权利、地位、金钱等来衡量做事的价值,做事有较强的目的性。

◆(三)常规型

具有“常规型”职业兴趣的人尊重权威和规章制度,喜欢按计划办事,细心、有条理,习惯接受他人的指挥和领导,自己不谋求领导职务。喜欢关注实际和细节情况,通常较为谨慎和保守,缺乏创造性,不喜欢冒险和竞争,富有自我牺牲精神。

◆(四)现实型

具有“现实型”职业兴趣的人愿意使用工具从事操作性工作,动手能力强,做事手脚灵活,动作协调。偏好于具体任务,不善言辞,做事保守,较为谦虚。缺乏社交能力,通常喜欢独立做事。

◆(五)研究型

具有“研究型”职业兴趣的人喜欢理论研究,潜心于专业领域的创新和应用;喜欢探索未知领域,擅长使用逻辑分析和推理解决难题。通常表现为分析、创造、好奇、独立等个性特质,会被吸引去从事那些需要思考、组织和理解的活动。

◆(六)艺术型

具有“艺术型”职业兴趣的人有创造力,乐于创造新颖、与众不同的成果,渴望表现自己的个性,实现自身的价值。做事理想化,追求完美,不重实际。具有一定的艺术才能和个性。善于表达、怀旧、心态较为复杂。

结合航海类专业学生的专业及海上工作意向,分析得知:具有现实型、研究型、社会型、企业型、艺术型职业兴趣的大学生更适宜从事海上工作,具体如图 3.2 所示。

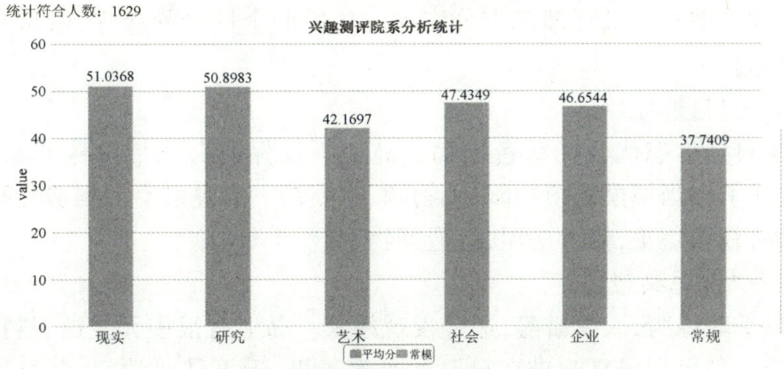

图 3.2　某高校航海学院学生职业兴趣测评结果

三、职业兴趣的探索

职业兴趣探索的目的是帮助大学生增进对自我的认识，拓展在职业生涯中的思路，为未来发展提供方向。

◆（一）霍兰德职业兴趣测评

霍兰德职业倾向测验量表（SDS）是由美国心理学家霍兰德提出的，其理论基础是人业互择理论。使用SDS测评后，将得分统计到得分表中，测试学生会得出一个类型排序。需要注意的是，测评个人通常具有单型、双型、多型职业兴趣类型，所以在评价个体的职业兴趣类型时一般以六大类型中得分前三的类型组合为职业代码，例如ESI、SCE。通过“职业索引——职业兴趣代号与其相应的职业对照表”可以找到职业代码所适合的职业。

◆（二）职业兴趣探索活动

恭喜你获得了一次免费长期度假的机会，下列6个岛屿中你会选择哪一个度过6个月的超级长假呢？请不要多想，仅凭兴趣依次选出最想去的3个岛屿吧！

S岛——“温暖友善岛”

这个岛的岛民们都性情温和，乐于助人，人际关系十分友善。大家互助合作，重视教育后代。每个社区都能自成一个密切互动的服务网络，处处充满着人文关怀气息。

E岛——“显赫富庶岛”

该岛经济高度发展，处处高级饭店、俱乐部、高尔夫球场。岛民性格热情豪爽，善于企业经营和贸易活动。岛上往来者多是企业家、经理人、政治家、律师等等，这些人在岛上享受着高品质生活。

C岛——“现代井然岛”

处处耸立着的现代建筑，标志着这是一个进步的、都市形态的岛屿，岛上的户政管理、地政管理及金融管理都十分完善。岛民们个性冷静保守，做事有条不紊，善于组织规划。

R岛——“自然原始岛”

这是个自然生态优良的绿色之岛。岛上不仅保留有热带雨林等原始生态系统，而且建立了相当规模的植物园、动物园、水族馆。岛民以手工制造见长，他们自己种植花果，栽培蔬菜，修缮房屋，打造器物，制作工具。

I岛——“深思冥想岛”

这个岛平畴绿野，人少僻静，适合夜观星象。岛上有很多天文馆、科技博物馆、科学图书馆。岛民们最喜欢猫在自己的小房子里，天天钻研学问，沉思冥想，探究真知。哲学家、科学家和心理学家们在这里约会，讨论学术，交流思想。

A 岛——“美丽浪漫岛”

这个岛上到处是美术馆、音乐厅，弥漫着浓厚的艺术文化气息。岛民们保留着传统的舞蹈、音乐与绘画。许多文艺界人士都喜欢来到这里开沙龙派对寻求灵感。

第二节 职业性格

播下一个行动，收获一种习惯；播下一种习惯，收获一种性格；播下一种性格，收获一种命运。

——威廉·詹姆士

一、职业性格的定义

每个人在生活中对他人、对事、对自己、对外在环境的表现模式具有一致性和独特性，这种一致性和独特性跟人的性格有关。比如，你的朋友经常如何描述你、“内向”还是“外向”、“感性”还是“理性”，这些都是性格在日常生活中的表现。

具体而言，性格就是人们受到生理、遗传、家庭教育、文化、经验等因素交互作用而形成的独特个性，即一个人对现实的态度，在类似的情境和不同的情境中不断地出现，逐渐得到巩固，并且使相应的行动方式习惯化，那么这种较为稳固的对现实的态度和习惯化的行为方式所表现出来的心理特征就是性格。

由此，我们将性格定义为：人对现实的稳定态度和习惯化行为方式的总和，表现为个体独特的心理特征。而职业性格，是指人们在长期特定的职业生活中所形成的与职业相联系的、稳定的心理特征。例如，有的人对待工作总是一丝不苟，踏实认真；在待人处事中总是表现出高度的原则性、果断、活泼、负责；在对待自己的态度上总是表现为谦虚、自信，严于律己等，所有这些特征的总和就是他的职业性格。

职业性格的形成受个人经历、家庭环境、社会文化等多因素的影响，具有比较大的可塑性，形成后也相对稳定。

心理学研究表明，性格能够影响一个人对职业的适应性。在职业生涯规划和求职中，尽量要选择适合自己性格特点的工作。航海类专业学生更要结合海上工作实际，分析自己的性格哪些方面适合从事海上工作，发挥出自己在职业生涯中的最大潜能。

二、职业性格的分类

在心理学的类型论中，以瑞士心理学家荣格所提出的内倾型和外倾型性格最为著名，也称为“一般态度类型”。同时，荣格还提出，个人的心理活动有感觉、思维、情感和直觉四种基本机能。感觉告诉我们存在着某种东西;思维告诉你它是什么;情感告诉你它是否令人满意;而直觉则告诉你它来自何方和向何处去。一般地说,直觉在荣格看来是允许人们在缺乏事实材料的情况下进行推断。按照两种态度类型与四种机能的组合,荣格描述了性格的八种机能类型,分别是:外倾思维型、内倾思维型、外倾情感型、内倾情感型、外倾感觉型、内倾感觉型、外倾直觉型、内倾直觉型。荣格的心理类型学只是作为一个理论体系用来说明性格的差异。在实际生活中,绝大多数人都是兼有外倾性和内倾性的中间型。

以荣格的八种性格机能类型为基础,美国心理学家伊莎贝尔·布里格斯·迈尔斯和她的母亲凯瑟琳·库克·布里格斯制定了迈尔斯-布里格斯类型指标(Myers Briggs Type Indicator, MBTI),如表 3.1 所示。

表 3.1 迈尔斯—布里格斯类型指标

注意力方向(精力来源)	外倾(外向)	E(Extrovert)	内倾(内向)	I(introvert)
认知方式(如何搜集信息)	实感(感觉)	S(sensing)	直觉(直觉)	N(iNtuition)
判断方式(如何做决定)	思维(理性)	T(Thinking)	情感(感性)	F(Feeling)
生活方式(如何应对外部世界)	判断(主观)	J(Judgement)	知觉(客观)	P(Perceiving)

◆(一)外向—内向(E-I)

以自身为界,可以将世界分为自身以外的世界和自我的世界两个部分,也可称为外部世界和内部世界。外倾的人倾向于将注意力和精力投注在外部世界,如外在的人、外在的物、外在的环境等,而内倾的人则相反,较为关注自我的内部状况,如内心情感、思想。

◆(二)感觉—直觉(S-N)

个体接收信息的方式从感觉和直觉来划分。在同样的情景下,两者的注意中心不同,依赖的信息通道也不同。感觉型的人关注的是事实本身,注重细节,信赖五官听到、看到、闻到、感觉到、尝到的实实在在、有形有据的事实和信息,擅长记忆大量事实材料,对待任务习惯于按照规则、手册办事。而直觉型的人注重的是基于事实的含义、关系和结论,注重"弦外之音",擅长解释事实,捕捉分散的信息,分析事情的发展趋向,习惯尝试,跟着感觉走。简而言之,感觉型注意"是什么",实际而仔细。直觉型则更关心"可能是什么"。

◆(三)思维—情感(T-F)

思维型的人客观、公正,不常感情用事,理智冷静,比较注重依据客观事实的分析，一以贯之、一视同仁地贯彻规章制度，不习惯根据人情因素变通。情感型的人常从自我的价值观念出发，变通地贯彻规章制度，做出一些自己认定是对的决策，比较关注决策可能给他人带来的情绪体验，人情味较浓。

◆（四）判断—知觉（J-P）

知觉型的人好奇性、适宜性强，会不断关注新的信息，喜欢变化，也会考虑许多可能的变化因素，更愿意以比较灵活、随意、开放的方式生活。在做决策时，判断型的人较为果断，而知觉型的人总希望获得更多信息后再决断。

根据 MBTI 四个维度、两个方面，可以总结出十六种性格类型，如表 3.2 所示。

表 3.2　十六种性格类型

类型名称	相对应英文字母简称	类型名称	相对应英文字母简称
内倾感觉思维判断	（ISTJ）	内倾感觉情感判断	（ISFJ）
内倾直觉情感判断	（INFJ）	内倾直觉思维判断	（ISFJ）
内倾感觉思维知觉	（ISTP）	内倾感觉情感知觉	（ISFP）
内倾直觉情感知觉	（INFP）	内倾直觉思维知觉	（INTP）
外倾感觉思维判断	（ESTJ）	外倾感觉情感判断	（ESFJ）
外倾直觉情感判断	（ENFJ）	外倾直觉思维判断	（ENTJ）
外倾感觉思维知觉	（ESTP）	外倾感觉情感知觉	（ESFP）
外倾直觉情感知觉	（ENFP）	外倾直觉思维知觉	（ENTP）

你的职业性格类型是什么？通过对照四个维度的描述，取每个维度上偏好类型的代表字母，即可以由四个字母构成性格类型，每个人都必然属于其中的一种。

三、职业性格的探索

对于航海类专业学生来说，性格认知能够帮助学生更好地了解自己行为的特点，理解他人为何与自己不同。一个人的性格形成之后，一般具有相对的稳定性，但同时具有可塑性。个人对性格的自我培养具有很大的意义，能通过分析自己的性格，克服自己的各种缺点，形成良好的性格。

航海类专业学生为实现性格塑造，应积极参加学校的活动，认真体会航海教育对人的塑造，进而磨炼自己的性格。很多学校的航海类专业实行“半军管”（半军事化管理）制度，“半军管”对人的性格塑造非常有效，特别是对于航海类专业学生来说，经历了“半军管”的培养，更能使自己的性格适应未来的职业需求和行业发展。

航海类专业学生可以借助目前应用最广泛的性格测试工具 MBTI 对自己动力来源、信息收集方式、决策方式、生活方式四个方面做出评价，进而获知自己的职业性格。

小贴士

MBTI 职业性格测试

MBTI 职业性格测试是一种对个体的性格判断和分析的理论模型，它从不同类型的性格特点中，提炼四个关键要素——动力来源、信息收集方式、决策方式、生活方式，再加以判断分析，从而将不同的性格类型区分开来。

MBTI 职业性格测试是由美国的凯恩琳·库克·布里格斯和她的女儿伊莎贝尔·布里格斯·迈尔斯合力完成的。该测试量表以瑞士心理学家荣格制定的八种类型为基础扩展而来，并最终形成四个维度，分别是：

外向(E)和内向(I)

感觉(S)和直觉(N)

思考(T)和情感(F)

判断(J)和知觉(P)

这四个维度就好像四个坐标轴，每个人的性格就是落到相应维度坐标轴上的某个点，这个点更靠近哪端，就意味着个体具有哪方面的偏好。

这四个维度两两组合，正好形成了十六种性格类型。

第三节　职业能力

尽管我们常常谴责人类不了解自己的缺点，但恐怕也很少有人了解自己的长处。就像在泥土中埋藏着一罐金子，土地的主人却不知道一样。

——约拿珊·斯敏夫特

一、职业能力的定义

能力是确定择业方向的前提，职业能力是人们从事其职业的多种能力的综合。按照能力的表现形式职业能力可以分为一般能力和特殊能力。一般能力是指观察、记忆、思考、想象等能力，也叫作智力；特殊能力是指从事特殊职业或专业需要的能力。按照能力的获取方式职业能力可以分为能力倾向和技能两大类。能力倾向也可以叫作天赋；技能是指经过学习和练习、培养形成的能力，例如表达能力、人际交流能力、阅读能力等。

能力与职业发展的关系最为紧密，因为它是用人单位考虑大学生是否能够胜任工作岗位的主要因素。你需要清楚地认识自己具有哪些能力，如何进一步提升自己的能力以满足工作岗位的要求。大学阶段是个人能力提升的关键阶段,可塑性比较强,因此,大学生应该结合自己的能力倾向特点提升与培养自己的能力。

二、职业技能的分类

美国心理学家辛迪·梵和理查德·鲍尔斯将技能分为三种类型:知识技能、自我管理技能和可迁移技能。

◆(一)知识技能

知识技能是指需要通过教育或者培训才能获得的特别的知识或能力,与我们的专业学习或工作内容直接相关,涉及学习的科目,一般用名词表示。航海工作是一项专业性非常强的工作,具备精深的航海专业知识是胜任海运工作的必要条件。大学生在学习航海专业知识时,一定要使自己的学习达到一定深度,不能浅尝辄止。

专业知识可分为专业理论知识和专业技术知识。两者相辅相成,不可偏废,既不能重实践轻理论,也不能重理论轻实践。专业理论知识使大学生不仅能知其然而且知其所以然,解决了为什么的问题。专业技术知识则教会了航海类专业学生工作的具体方法,解决了如何做、怎么做的问题。在科技发展日新月异的今天,航海运输应用领域里很多看似先进的技术在几年后就会被新的技术取代,只有全面掌握航海专业基础理论知识和专业技术知识才可以更好地理解新的航海应用技术,从而受用终身。

小贴士

航海类专业学生知识技能词汇表示例

航海力学	航员心理学	轮机工程材料	船舶电子电气技术
航海气象学	船舶货运	船舶防污染技术	船舶电子电气工艺
航海仪器	船舶安全	船舶柴油机	交流变频调整
船舶导航	船舶避碰与值班	船舶辅机	可编程序控制器及其通信网络
船舶建模	电子海图显示	船舶 PLC 及其网络技术	船舶锅炉与蒸气动力设备
驾驶台资源管理	LNG 船货物运输	工程热力学	船舶电站
雷达操作	船舶综合驾驶系统	特种货物运输	船舶机舱监测

对于航海类专业学生来说,除了专业知识外,还需要重点掌握的基本知识技能主要包括:英语、计算机知识,人文知识等。

1.英语、计算机知识

语言是人们从事交流的工具,也是远洋船员参与国际合作交流的基本技能。作为一名合格的远洋船员,具备娴熟的英语水平的重要性是不言而喻的。英语作为一门国际化的语言,已被国际海运界所普遍接受。中国的远洋船员特别是外派的远洋船员要参与国际竞争,首先必须解决语言交流问题。任何国家的船东考核外籍船员,不仅考核专业水平,更重要的是英语水平。如果远洋船员的语言交流有障碍,容易引起工作的不协调甚至误解,严重时酿成重大的海难事故。因此,远洋船员必须具备良好的英语交流水平,才能避免或减少船舶安全事故的发生,才能避免或减少船舶被滞留的可能,更好地为船东争创更大的经济效益。

"互联网+"的时代已经到来,大学生在信息科学与信息技术方面的素质也成为他们进入社会的必备基础之一。虽然不是每个大学生都需要懂得计算机原理和编程知识,但都应能熟练地使用计算机、互联网、办公软件和搜索引擎,都应能熟练地在网上浏览信息和查找工作、学习、生活所需要的知识。随着船舶现代化程度的快速发展,对船员计算机使用水平要求越来越高;学会使用计算机,有利于正确操作、使用船上的先进设备。

2.人文知识

航海工作并不是简单地跟船舶、海洋打交道。除此之外,船员还会经常跟各种不同国家、不同民族、不同文化、不同风俗的人群交往。因此,具备一定的人文知识比如哲学、史学、艺术、法学、宗教常识等是十分必要的。丰富的人文知识可以使人视野开阔、思维活跃,能激发各种非逻辑思维,陶冶人的情操以及使人的胸怀宽广。首先,应学习哲学。从柏拉图到笛卡儿,从牛顿到爱因斯坦,他们都是集科学家与哲学家于一身的。学习哲学不仅可以帮助大学生形成科学的思维方式,而且对于哲学问题的正确回答还可以让其人生变得更加精彩、快乐和有意义。其次,应学习史学。以史为镜可以知兴衰,了解过去可以使大学生更好地理解现在、预测未来。航海类专业学生,不仅要了解航海史,还要了解中国和世界的历史。对中国历史的了解,可以增强大学生的民族自豪感,对世界历史的了解可以帮助大学生加深对别国文化的理解和尊重。再次,学习艺术、法学等领域知识。艺术以形象显现理念、表达情感、培养人的直觉能力和形象思维能力。航海类专业学生,与船舶、船员、货运等海上交通运输有关的法律、法规、规范、公约等必须了解,这些是海上交通运输安全的保障。

◆(二)自我管理技能

自我管理技能经常被看作个性品质而不是技能,因为它们被用来描述或说明人具有的某些特征。自我管理技能能够帮助个人更好地适应周围的环境，它们以形容词和副词的形式出现，如坚强的、有毅力的、诚信的、有责任感的。

小贴士

自我管理技能词汇表示例

学术性强的——勤学的，博学的	机敏的——警戒的，警惕的，警觉的	认真的——可靠的，负责的	有力的——强大的，强壮的
精确的——准确的，正确的	野心勃勃的——有抱负的，毅然决然的	考虑周到的——体贴的，亲切的	合礼仪的——适当的，有礼貌的，冷静的
活跃的——活泼的，精力充沛的	好分析的——逻辑的，批判的	前后一致的——稳定的，有规律的，恒定不变的	朴素的——节俭的，节约的
适合的——灵活的，适应的	感谢的——感激的，感恩的	常规的——传统的，认可的	大方的——慷慨的，无私的，乐善好施的
精通的——娴熟的，内行的，熟练的	能说会道的——善于表达的，擅长辞令的	合作的——同意的，一致的	亲切的——真诚的，友好的，和蔼的
胆大的——勇敢的，冒险的	艺术的——美学的，优美的	有勇气的—勇敢的，无畏的，英勇的	温和的—好心的，温柔的，有同情心的
攻击性强的——强有力的，好斗的	随和的——放松的，随意的	周到的——有礼貌的，彬彬有礼的，尊敬的	乐群的——爱交际的，友好的
坚持己见的—强调的，坚持的	有效的——多产的，有说服力的	有创造性的——新颖的，有创意的	吃苦耐劳的——坚强的，坚韧不拔的
健壮的——强壮的，肌肉发达的	有效率的——省力的，省时的	好奇的——好问的，爱探究的	健康的——精力充沛的，强壮的，健壮的

◆(三)可迁移技能

可迁移技能也被称为通用技能，它的特征是可以从生活中的方方面面，特别是工作之外得到发展，而且可以迁移应用于不同的工作之中。可迁移技能通常用行为动词来表示，如综合、整理、沟通、管理、计算，是用人单位最看重的部分。以下列举了五项航海类专业学生需要具备的五项主要的可迁移技能。

1.环境适应能力

环境适应能力是指个体主动调整自己的机体和心理状态，使自己的行为符合环境条件的要求，以及努力改变环境条件以使自己能够获得更好发展的能力倾向。从环境适应能力的定义可以看出，环境适应能力包括两个方面的内容，即适应环境的能力以及在此基础上改变环境条件的能力。因此，环境适应不是消极、被动的适应，而是一种积极、主动的适应。

海运职业对从业人员的适应能力要求很高，不仅要求船员身体上能适应自然环境的变化，而且还要在心理上能适应海上工作、生活环境等。为增强自己的适应能力，航海类专业学生要学会利用各种手段进行科学的身体锻炼，养成良好的生活习惯，建立良好的自我调节能力，丰富自己的生活，以增强自己的适应能力。

小贴士

老船员对工作环境及休假问题的问答

1.在船上工作有没有危险？环境怎样？

答：现代船舶设备先进、信息化程度高、避碰抗风能力强，国际海运船舶的事故发生率极低。远洋船舶一般十几米至几十米宽、几百米长。但由于船舶机器运转，需要克服24小时的噪声；由于风浪，还要克服晕船。

2.船上的生活条件如何？

答：高级船员每人有卧室、卫生间、洗澡间、办公桌、衣柜、沙发。普通船员每人有卧室、卫生洗澡间、桌子、衣柜、沙发等。公共娱乐场所有录像间、乒乓球室、健身房、卡拉OK室等。船员在船上的衣、食、住均免费。船上还免费发放被单、香皂、毛巾、洗衣粉、卫生纸等生活用品。

3.每天工作多长时间？每次出海多长时间？

答：水手、机工、厨师等全体船员在船上一般情况下每天工作8小时，高级船员除8小时值班外，还要负责自己所负责的其他工作；每年一般工作8~10个月；每次出海时间根据任务和航线确定。

4.船员的劳动强度怎么样?

答:航行当中,船上人员每天按三班轮流,每班4个小时;高级船员在驾驶台、机舱值班;普通船员(机工、水手)干些杂活;下班之后是自由时间。在码头期间,三副、二副要每天值班12小时,普通海员除值班的以外,可以登陆旅游、购物等。

5.船员休假如何安排?差旅费如何解决?

答:船员一般工作8~10个月安排一次休假,假期2~4个月;下船公休,公司负责报销往返路费。船员也可以根据自己的需要选择工作时间和休假时间。

2.专业实操能力

专业实操能力是从事任何一项专门工作必需的一种能力。航海是一种实践性非常强的职业,船员要想能顺利地完成某项工作,就必须具备相应的专业实操能力。船员的专业实操技能是保证船、货、人员安全的重要条件。技能与知识是密切相关的,技能是以知识为基础并对所学知识灵活的运用。因此,首先要具有扎实的理论基础知识,然后加强专业实操能力的培养,比如实习、模拟实验、船舶操纵模拟器的操作、全球海上遇险与安全系统(GMDSS)的操作、船舶机舱模拟器的操作等,在实际运用中将航海理论知识转变为航海本领。

3.语言沟通能力

表达能力是指运用语言或文字等工具阐明自己的观点、意见或思想的能力,主要包括口头表达能力和书面表达能力。对于航海类专业学生来说,语言表达能力的重要性是不言而喻的。因为,船舶上的工作大多是集体工作,需要人与人之间的配合,要使人与人之间能够相互配合、协调工作,就需要用语言表达来传递各种指令。如果船员语言表达不准确,发出指令不明晰,就很容易造成对方听不清或理解错误,从而酿成事故。

此外,船员来自五湖四海,存在文化差异和语言障碍,良好的沟通和互动,能更好地促进船员间的交流,有助于促进船舶工作的有序开展,能更好地应对船舶检查等工作。

4.组织协调能力

组织协调能力是指在工作活动中进行计划布置、组织分工、人际沟通协调等活动的能力。如今，现代科学技术日益朝着综合化趋势发展，在工作领域中的反映就是一项工作的完成往往需要多个人、多个部门的配合，共同努力。航海更是一项团队工作，要使船舶安全运营，就需要船上各部门、每个船员的密切配合。因此，作为一名船员特别是高级船员应该具有一定的组织协调能力，航海类专业学生应着重加强培养这方面的能力。

5.应急处理能力

应急处理能力是指处理意想不到的、突然发生的、对人们不利的事情或问题的能力。在日常生活中，突发事件无处不在。有的突发事件影响不大，因此对当事人不会造成太大的压力；而有的突发事件则影响重大，对当事人会造成非常大的压力。突发事件是对一个人综合素质的检验。有的人在突发事件面前惊慌失措，不知道该怎么办；而有的人则能够保持冷静，想各种办法解决问题。

船舶航行中，由于环境的复杂多变，船员处理突发事件的能力关系到能否阻止突发事件造成危害或减少损失。每个人都想从容、镇定自如地面对突发事件，但是，处理突发事件的能力不是一朝一夕就能获得的，它需要多方面的学习和有意识的磨炼。为此，航海类专业学生要加强业务知识的学习，加强各种技能的培训和演练，做到先预防后应变，自觉培养锻炼应变能力，提高自身的综合素质，以适应航海工作的特殊需要。

三、职业技能的培养

学习是职业技能最好的培养方式。航海类专业学生在校学习中，除完成本专业培养计划中规定的相关课程，取得相应的毕业证书和学位证书外，还要完成国际海事组织、国家海事局规定的航海类专业学生从事航海职业必需的培训并获得相关的证书。这种专业实操能力不但要通过陆地上的理论学习、实验教学去培养，还需要通过模拟器训练和海上的实习、实践和训练。在STCW公约马尼拉修正案实施后，我国海事局加强了对航海类专业学生适任能力的要求。将航海理论知识转变为航海技能，是对航海类专业学生的必然要求。

◆(一)学习专业理论知识

航海教育本身具有鲜明的职业针对性和行业特色，海运业的全球化决定了航海教育必须国际化，具体体现为航海教育培养目标和模式国际化、毕业生就业国际化。国际化的航海教育要求教育观念国际化，把国际的、跨文化的观念融合到航海教育之中。传统航海教育培养单一航海技能型人才，国际化的航海教育培养航海技能型和经营型复合人才。航海类专业学生应着眼于高素质航海类人才的培养需要，根据航海院校的专业教学情况，积极、全面、深入地学习各种专业理论知识，尤其是航海英语和专业技能应用。

◆(二)提高实操能力

新时期海运业快速发展要求航海类专业学生专业技能要不断提高。首先,要提升运用信息技术的实操能力。随着现代航海科学技术的发展,航海自动化程度越来越高,因而对航海类专业学生信息收集和处理能力的要求也越来越高。其次,航海类专业教育特色鲜明,是一门需要丰富实操经验的学科。航海类专业学生,既要完善自己的知识体系,扎实学好专业课程,又要勤于思考,乐于动手,培养自己的实操能力。再次,STCW 公约强调海员适任性评估,要求把航海教育的重点真正从传授知识转到培养能力上来。航海类专业学生要努力培养创新能力、实践能力和创业精神,提高自身的人文素质和科学素质;不仅要成为会开船的航海人才,而且更要成为综合素质好、国际竞争能力强的高级航海人才,切实适应竞争日趋激烈的国际国内海运市场发展的需要。

对于航海类专业学生来说,海上实习是航海类专业学生实践教学的一个重要方面,包括认识实习和毕业实习两个方面。它是体现航海类专业学生专业素质、动手能力和适应岗位能力的一个非常重要的环节。认识实习不仅为学生专业学习打下了基础,加强了实践动手能力培养,而且对于学生专业思想的建立起到良好的作用;毕业实习是学生走上工作岗位前的实践过程,也是检验大学学习效果的一个侧面。积极参与海上实习是航海类专业学生实践环节的重中之重。因此,航海类专业学生应充分借助学校提供的海上实习平台,将在学校学习的专业理论知识在实习中加强理解和应用,充分抓住实习机会进一步深化对理论知识的学习,努力实现理论知识与实践有机结合。

◆(三)完成培训考核

航海院校建立质量保证体系,加强专业技能考核培训是确保人才素质培养质量达到预定教育和培养目标的重要手段。目前 STCW 公约及我国政府有关法规已明文做出了要求。该体系对教育目标及有关适任标准做出了明确规定,对航海类专业学生应达到的素质水平予以确定。STCW 公约在发证办法、船员适任标准与评估、遵章和核实机制几方面提出了全新的要求,航海类专业学生在上船工作之前,必须通过学校组织的各项专业培训、考核,获得培训合格证书。

第四节　职业价值观

有关工作的 1 分钟联想:

我希望做什么工作?我在工作中寻找的是什么?我判断工作好与坏的标准是什么?

一、职业价值观的定义

价值观就是我们在生活和工作中所看重的原则、标准或品质。职业价值观是指人生目标和人生态度在职业选择方面的具体表现，也就是一个人对职业的认识和态度以及他对职业目标的追求和向往。

二、职业价值观的分类

职业规划与生涯教育专家舒伯提出职业价值观包含三个维度、十五个因子，分别是：

1.内在价值维度

内在价值维度指与职业本身性质有关的因素，即工作本身的一些特征，包括 7 个因子：

(1)智力激发：能够在工作中充分运用自己的智力如能力、空间能力等。

(2)利他性：能够带给他人以成长、发展或福利。

(3)创造性：产生新的想法并努力实现。

(4)独立性：能够自主地安排工作。

(5)美感：能在工作中体会到和谐、美的体验。

(6)成就：工作能够带来成就感。

(7)管理：对他人施加影响，领导和激励他人一起。

2.外在价值维度

外在价值维度指与工作内容无关的外部因素，即工作的环境，包括 4 个因子，分别是：

(1)工作环境：主要指工作的物理环境，如室内还是室外，空间、温度、照明等。

(2)同事关系：指工作中与同事的关系，如竞争性的或者合作式的同事关系。

(3)监督关系：主要指上级的管理方式，如权威式或者民主式等。

(4)变动性：工作的环境如地点、同事、领导等是否经常变化。

3.工作报酬维度

工作报酬维度指在职业活动中能获得的因素，包括 4 个因子，分别是：

(1)声望：职业在社会上是否得到尊重。

(2)安全性：职业是否有较高的稳定性。

(3)经济报酬：工资、奖金、福利待遇等。

(4)生活方式：工作对个人生活的影响。

一项对某高校航海学院大学生的研究表明，航海类专业学生的价值观主要体现在：工作条件、注重关系、支持满足、赞誉赏识、追求成就、崇尚独立等方面，如图3.3所示。

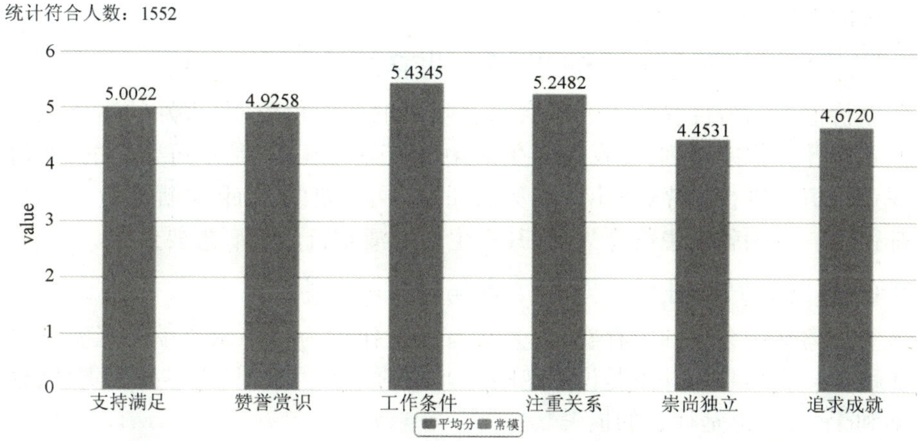

图 3.3 某高校航海学院学生职业价值观测评结果

三、职业价值观的澄清

WVI 职业价值观测试量表是职业规划与生涯教育专家舒伯于1970年编制的，用来衡量价值观——工作中和工作以外的——以及激励人们工作目标。量表将职业价值分为三个维度：一是内在价值观，即与职业本身性质有关的因素；二是外在价值观，即与职业性质有关的外部因素；三是外在报酬。共计13个因素：利他主义；美感；智力刺激；成就感；独立性；社会地位；管理；经济报酬；社会交际；安全感；舒适；人际关系；变异性或追求新意。

在探索和形成职业价值观的过程中要注意处理好以下五个关系：

◆（一）处理好职业价值观与金钱的关系

金钱是一种成就的报酬，它是在确定职业价值观时首先要面对的问题。有些经济条件不太好的大学毕业生在求职时，将金钱作为首选目标，从根本上讲这并没有错，但是对于一些人来说，拥有的知识、能力、经验和阅历还不足以使其一走上社会就获得大量金钱回报。面对严峻的就业形势，更应理性地降低对金钱的期望值，把眼光放远一些，应尽可能地将自我成长和自我实现作为在毕业求职时的首选目标。

◆（二）处理好职业价值观与个人兴趣和特长的关系

职业价值观、个人兴趣和特长是人们在择业时需要考虑的最重要的三个因素。

在确定价值观时，一定要考虑它是否与自己的兴趣和特长相适应。据调查，从事自己不喜欢的工作的人中，有80%难以在他选择的职业上取得成功；而如果选择了自己喜欢的工作则可以充分调动人的潜能，获得职业发展的原动力。此外，选择一项自己擅长的工作，也会事半功倍。

◆（三）处理好职业价值观的排序与取舍的问题

职业价值观的特性决定人们不会只有唯一的职业价值观，人性的本能也会驱使人们希望什么都能得到，但在现实生活中“鱼”和“熊掌”是不可兼得的，要对自己的职业价值观进行排序，找出你认为最重要、次重要的方面，并提醒自己不可能什么都得到。否则就会患得患失，终其一生也不清楚自己到底想要什么。

◆（四）处理好职业价值观中个人与社会的关系

人不能离开社会而独立存在，个人只有在工作中为社会做贡献才能实现自己的职业价值。当然我们并不是说要忽略择业中的个人因素，只去尽社会责任，这样不但不利于个人，也是社会的损失。

◆（五）处理好淡泊名利与追逐名利的关系

名利是人的欲望使然，欲望可以使人成就大的事业，也可使人自我毁灭。以合理、合法、公正、公平的方式追名逐利在一定程度上对个人、对社会都会有益，但它需要一定的度，该知足时则知足，该进取时则进取。

对于航海类专业学生而言，树立正确的职业价值观，除了有助于自我完善和发展以外，还有助于结合职业环境做好职场心理调适，缩短职场适应期；同时，从职业生涯发展的角度，能帮助航海类专业学生选择长期的职业发展路径，做好职业生涯规划。

案例分析

王建忠——由英雄主义而职业精神

1984年11月20日，中国首次南极考察队乘坐“向阳红10”号远洋科考船，从上海起航。这之前两个多月，17岁的王建忠刚刚成为大连海运学院（现大连海事大学）电子工程系大一新生。

1985年4月，首批南极考察队队员完成任务回国，大连海运学院的两位学长也参加了此次考察，他们瞬间成了名人。王建忠羡慕不已，“南极”已经被标定在他心中的海图上。

“雪龙”号,1993 年购自乌克兰的极地运输船,经改造后成为我国目前唯一的极地科学考察破冰船。1996 年,“雪龙”号上迎来年轻的二副,他负责驾驶以及船上导航、通信仪器设备的调试、操作、维修还有海图的修改。忙碌的二副即将第一次去往南极——他就是王建忠。

大学时他经常与航海通信专业的同学一起学习,这使他轻松拿到了国际远洋船舶 A 类驾驶证。“雪龙”号上 40 多名船员以军校毕业生为主,曾任中国极地研究中心党委书记的袁绍宏是当时的船长。

要登上“雪龙”号前往南极大陆,必须具备能经受得住南极恶劣天气的强健体魄;超常规昼夜不分的工作强度,必须具备强大的内心;最后才是过硬的专业技能。

2013 年 12 月 25 日 6 时,正在执行南极科考任务的“雪龙”号先后收到澳大利亚海上搜救中心的电话和电传,以及俄罗斯考察船“绍卡利斯基院士”号发来的遇险信号。“雪龙”号距离遇险船只 600 n mile。王建忠收到求救消息,第一时间和俄罗斯考察船通电话确认,在征求国家海洋局意见后,下令向遇险船只方向全速前进。同样呼应俄罗斯船求助的还有一艘法国船和澳大利亚“极光”号破冰船。12 月 27 日,在“雪龙”号抵达距离遇险船只 6.1 n mile 处时,周围几乎全被海冰覆盖,都是厚度 3~4 m 的多年冰。法国船主机发生故障,退出救援行动。

2014 年元旦前夕救援俄罗斯考察船“绍卡利斯基院士”号并成功破冰突围,此后返航过程中参与搜救马航 MH370 失联航班,这两项原本不在计划内的临时任务,让船长王建忠和他的“雪龙”号,一次次吸引了公众的目光。王建忠一直与俄罗斯遇险船只保持联系,给俄罗斯船员和乘客以信心和安慰。两天后,澳大利亚“极光”号破冰船在三次进入浮冰区均告失败后,只得在清水区等待。2014 年 1 月 2 日中午 12 时,“雪龙”号上的“雪鹰12”直升机出库救援,共飞行 6 小时,成功将俄罗斯受困船上的 52 名乘客全部运往澳大利亚“极光”号破冰船。

成功营救后,船只对讲机里传出了欢呼声和感谢声。王建忠的压力却丝毫没有减少:“最大的风险就是人被救走,船被困了。刚到达这片海域时,距离‘雪龙’号最近的冰山还有 3 n mile,没想到 2 日凌晨,冰山突然就快速挤到离我们只有几百米。”

包围着“雪龙”号的高度不一的冰脊，五六米厚的冰比比皆是。容不得王建忠斟酌太久，即便寻求国际救援，最近的船只赶到也得六天以后。他最后选择了最危险的突围破冰方案——掉头。对于一条长 167 m、宽 22.6 m 的大船来说，从最宽处仅为 120 m 的水道中掉头，时刻有被卡住的风险。抓住有利风向——1 月 7 日凌晨 1 时，“雪龙”号所在区域转为西北风，随着风力增加，浮冰开始松动，“雪龙”号加大马力冲撞，每移动 10°就会重新观测冰情。就这样一点一点地转身，在转到 90°～100°的过程中最艰难。“这里航道最窄，冲撞了一次又一次，航道宽度都难以满足掉头的需要，最后冲撞了第五次，将一块大浮冰撞开后，才能掉头。”王建忠说。被船体碾压着的小块浮冰吱吱作响，向船体两边散开，“雪龙”号终于破冰突围。

王建忠一年中只有两个月与家人团聚。2010 年第二十六次南极考察回国后，妻子对王建忠笑言：“我们新搬的家，你住了才不到一星期，回来不认识了吧？”王建忠每次出海，一星期会和妻子通两次电话，平时用邮件和短信。他的家几乎就是“雪龙”号，具体来说就是驾驶室和船长室。两者相距很近，遇到突发状况时，船长必须第一时间到达驾驶室。船长室的墙壁上，挂着与驾驶室同样的三个重要仪器，分别显示方向、风速和主机转速。即使在休息时，王建忠也要关心这三个数字的变化。

在面对新一代的航海类专业学生时，王建忠说：“将来你们做了海员，可能会世界各地跑。但无论在任何时候、任何地方都不要忘记国家利益高于一切。只有国家强大了，我们走出去才能得到尊重，才有自豪感。”王建忠至今清晰地记得，“第一次去南极，使用的就是加拿大传真过来的一个星期前的冰图，根本不能用。现在，我们国家强大了，可以随时提供清晰卫星云图，这也是我们敢开展国际救援的底气所在。全国人民的支持永远是我们的坚强后盾。”

“国家利益高于一切”是王建忠近 20 年驾驶“雪龙”号开展南极科考的最强大动力。王建忠用自己的专业、敬业、奉献，展现了航海人“科学航海，爱国为根”的职业价值观。

第五节　职业素养与培养

职业素质是劳动者对社会职业了解与适应能力的一种综合体现,主要表现在职业能力、职业个性及任职情况等方面。影响和制约职业素质的因素很多,主要包括:受教育程度、实践经验、社会环境、工作经历以及身心状况等。高素质海员应具备良好的敬业精神,扎实的专业知识,熟练的操作技能,丰富的航海经验,较高的安全、环保、保安意识以及健康的身心素质。从人文因素考虑,海员还应当具备良好的组织管理能力、语言沟通能力和团队协作意识等等。所有这些构成了高素质海员的职业素质要求。

职业素质是大学生走向就业岗位的基本条件。大学生正处于知识和能力的储备阶段,是了解、培养和提升职业素质的关键时期。航海类专业学生的职业素质除科技文化素质和专业素质外,可以参照半军事化管理制度着重从政治素质、道德素质、身心素质、情商素质等方面进行培养。

一、政治素质

政治素质是素质教育的灵魂,是指人们从事社会政治活动所必需的基本条件和品质,它是一个人的政治思想、政治方向、政治立场、政治观念、政治态度和政治信仰的综合表现。政治素质具体包含:具有马克思主义的世界观,科学的人生价值观,社会主义道德观,拥护党的路线、方针、政策,坚持四项基本原则;具有共产主义理想,在重大政治、原则问题上,能坚持正确的立场;具有坚强的意志和坚定的信念,不被世俗所蒙蔽,不因艰难困苦而退缩妥协;自觉建立现代民主意识和法制观念,遵守社会主义法律法规,传承中华民族的传统美德。

远洋船舶经常远离祖国,航行于世界各个国家和地区的港口,代表着我国"流动的国土"。远洋船员的工作性质涉及经济、政治、军事、技术等多个方面,必须时刻把祖国的尊严和荣誉放在第一位,坚持以祖国的利益为重,为祖国的崛起、腾飞以及海运业的发展贡献自身的力量,展示中国海员的风采。

我国正从海运大国向海运强国迈进,广大有志于海运业的航海类专业学生,要树立崇高的理想和坚定的信念,明确自身所肩负的时代重任,坚定从事海运工作、奉献海运事业的信心和决心,为中国乃至世界的海运业的发展做出自身的贡献。

航海类专业学生应自觉培育和践行中国特色社会主义核心价值观,通过积极参与学校组织的理想信念教育和爱国主义教育主题实践活动,培养自身"爱国、敬业、诚信、友善"的价值准则,提高政治素质,热爱海运事业,增强诚信意识,友善对待船员。

二、道德素质

高尚的道德素质一直让人类憧憬并不懈地追求。职业道德，就是同人们的职业活动紧密联系的符合职业特点要求的道德准则、道德情操与道德品质的总和，它既是对本职人员在职业活动中行为的要求，又是职业对社会所负的道德责任与义务。

作为航海类专业学生，除了要培养自己的一般社会职业道德外，还要培养与海上运输业所要求的特殊职业道德，主要包括以下四大方面：

◆（一）安全第一、文明驾船

安全第一、文明驾船是从事船舶海运工作的生命线。为了保证安全航行，海员首先要牢固树立安全第一的观念，规范自己的职业行为，认识到“有效地履行职责对海上人命和财产安全以及防止海上环境污染的必要性”，不能有丝毫的麻痹和松懈，谨慎驾驶，细心瞭望，悉心保养，为安全航行创造条件。谨慎航行，一方面是指船员在工作中严格按照操作程序以及各项规章制度工作，比如驾驶员、轮机员、水手、机工的交接班程序；另一方面是指船舶之间、船港之间相互联系的文明行为，不能只顾自己，置他船、港方于不顾。

◆（二）坚守岗位、服从命令

坚守岗位是指船员在任何时候、任何情况下都要严格坚守在自己的工作岗位上。擅自离岗，可能会导致危险。据统计资料及对交通安全事故的原因分析，海上事故（人命、污染等）中 75%～80%是由人为因素造成的，因此，STCW 公约有诸多有关坚守岗位、提高责任意识等方面的规定和要求。服从命令就是船员在工作中要绝对服从部门、船舶领导的调遣和指挥，保质保量地完成任务。当船舶遇到紧急情况时，都应无条件地服从上级指挥，迅速无误地到达指定地点。我国航海院校对航海类专业学生实施严格规范的半军事化管理，其目的之一就是为了培养学生的服从意识。

◆（三）团结协作、同舟共济

船员为了祖国海运事业腾飞这个共同的理想，从祖国各地走到同一艘船上工作、学习、生活，全体船员需要一起经风浪、历险情，不仅要战胜大自然的突然袭击，而且要应对各种各样的意外事件。因此，远洋船员必须团结协作，同舟共济，视船为家，视其他船员为兄弟家人，齐心协力，才能克服各种困难，战胜各种险情，顺利完成运输任务。

◆(四)防止污染、保护海洋环境

防止污染、保护海洋环境既是道德责任,也是法律要求。目前,国际、国内颁布了一系列防污染的公约和法律法规,如《国际防止船舶造成污染公约》《中华人民共和国海洋环境保护法》《中华人民共和国防治船舶污染海域管理条例》《中华人民共和国船舶污染物排放标准》《中华人民共和国海洋倾废管理条例》等对防止污染、保护海洋环境提出了明确的规定和要求。为了保护海洋环境,对海员也做出了相应的规定。海员在船工作期间要强化自身思想观念,严格遵守管理规定,切实做好防止污染、保护环境。

三、身心素质

要想取得事业的成功,必须具备良好的身体素质和心理素质,增强自己的抗挫折能力。对于从事特殊行业的船员来说,具备健全的身心素质非常重要。

◆(一)身体素质

强健的体魄是德和智的物质载体,在人才成长与成功过程中起着基础与关键的作用。如果没有健康的身体,一个人的生活、事业和幸福也就都无从谈起。航海类专业学生毕业后需要长期在海上生活与工作,因工作时间、工作环境以及生活环境的特殊性造成的体力消耗,会成为影响人体正常功能及身体健康的主要因素。因此,合格的海员必须首先具备能适应海上工作环境、能经受艰苦生活条件考验的强健体魄。

另外,船员身体对外界事物的感知能力对于船员来说也是非常重要的。在航海过程中,绝大部分信息要通过视觉和听觉来获取,没有较强的视觉、听觉能力是很难胜任航海工作的。船员身体的运动能力也是航海职业所必需的。因此,航海专业大学生要经常进行体育锻炼提高身体素质。

◆(二)心理素质

心理素质反映的是个人在某一时期内达到的心理发展水平,是个人进一步发展和从事活动的心理条件和心理保证。人类不仅要具备良好的身体素质,而且也要有良好的心理素质。世界卫生组织给健康下的最新定义是:健康是一种身体上、精神上的完全平衡状态;只有体格和心理两方面都健康的人,才算得上是真正健康。

由于工作和生活在船上,与大海打交道,工作和生活空间相对局限,并且航海中可能出现的一些复杂情况有可能会给船员带来一些心理困扰;同时,船舶在世界各地间航行,停泊在不同的国家港口,语言的障碍、风土人情的不同等等,所有这些都给海员的素质尤其是心理素质带来了极大的考验,并提出了非常高的要求。

船员的心理素质与航海安全也有着非常重要的关系。从海损海难事故分析可以看出，船员的人为失误是造成事故的主要原因，这其中也有心理素质的原因。因此，在大学阶段，航海类专业学生要培养心胸豁达、沉着自制、果断坚毅、坚韧不拔、团结协作、善于自我调节、容忍善待他人、开朗幽默等良好的心理素质。

职业素质的内涵丰富，为了让航海类专业学生更清晰地理解并有意识地进行培养和提升，重点从专业技能提升、情商素质和半军事化管理等方面进行培养。

四、情商素质

现代心理学研究表明：在现代社会获得事业的成功，只有20%取决于智力因素，而另外80%取决于非智力因素——情商。情商是评价人的情绪智力发展水平高低的一项指标，是相对于智商而言提出的与一个人成才和事业成功有关的概念。

随着海运业的不断发展，符合公约要求、明法律、懂技术、强管理并能适应未来激烈竞争的“高素质航海类人才”已经成为新时期海运市场的“宠儿”。海运业的发展离不开高素质和高情商的航海类人才。基于情商的科学内涵不难发现，加强航海类专业学生情商培养是提升航海类人才培养质量与水平的关键环节之一。

◆(一)航海类专业学生情商培养主要内涵

一般来说，情商主要包括正确认知自身情绪能力、控制自身情绪能力、自我激励能力、了解他人情绪能力、人际交往能力五个方面，是一个人感受、理解、控制、运用和表达自己及他人情绪的能力，具体如图3.4所示。

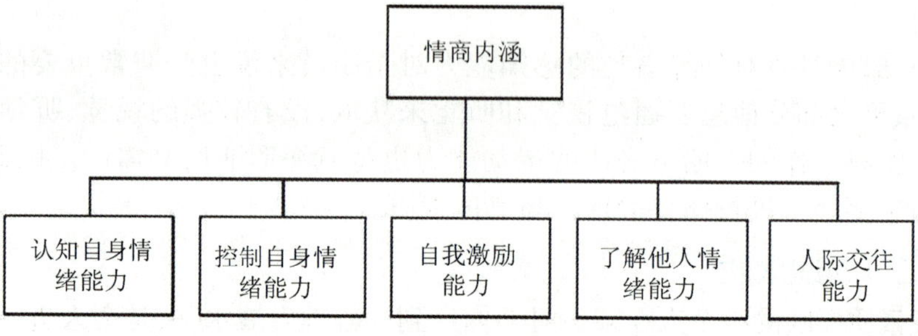

图3.4　情商的内涵

海运业发展的需要，对航海类专业学生情商提出了特别的要求。立足海运业特点和高素质航海类人才培养的需要，航海类专业学生情商培养主要包括以下内涵和特点：

1.具有正确认知并妥善管理自身情绪的能力

在海运业特殊的工作环境中，航海类专业学生要时时处处能非常清楚地意识到自己的情绪状态，否则就无法及时控制负面情绪，影响在船工作；要对自身知识、能力、素质有清醒的认识，能客观地了解和接纳自己，努力改正自己的不足。另外，还要善于控制自身情绪，能迅速摆脱焦虑、沮丧和破坏性冲动，情感要适度、适时、适所；要具有正确的工作观念、态度，乐于从事海员工作，积极参加学校组织的各种义务劳动、义务奉献活动，积极培养从事海运业应当具备的吃苦耐劳精神。

2.具有勇于面对挫折并善于自我激励的能力

海运业艰苦卓绝的工作特点要求航海类专业学生要学会无论遇到怎样的艰难，陷入怎样的困境，都能激励自己振作精神、奋发向上，始终保持高度热忱、乐观的驱动力；要具有机智果断、临危不乱地处理各种复杂情况的应变能力；具备良好的身体素质，形成较强的心理调适能力；还要能够自我觉察、自我认识，严格遵循海员的道德规范和行为准则，并能够经常进行自我调整、自我激励，以积极良好的心态投入工作。

3.具有善于了解他人情绪并能建立和谐人际关系的能力

人际关系的好坏，不仅关系到一个人事业的成败，还在很大程度上影响其一生的幸福和成就。航海类专业学生要具备一定的组织、协调、沟通和决策能力，掌握一定的管理知识、方法和艺术，通过对人的管理，把握心理和行为，实现安全航行、生产；要具备较强的综合分析能力，能与上级、同事有效配合工作；要善于克制自己，善于倾听不同意见，善于与不同国籍的海员合作共事，形成安全驾驶船舶的良好习惯；团结协作、同舟共济，自觉维护同事间的团结，建立和谐的团队和人际关系；要善于把国家需要、海运企业或部门的工作目标和海员的要求结合起来，统筹兼顾，正确处理。

◆(二)航海类专业学生情商培养方法与途径

航海类专业学生应不断提高对加强自身情商培养重要性和必要性的认识，依据情商培养的科学内涵和主要内容，积极通过多种方法和途径提高自身情商。

1.要善于学习思考，了解情商

近年来，越来越多的航海院校和航海类专业学生认识到加强情商培养的重要性，并采取一些措施和方法开展情商教育，加强情商培养，取得了一定的效果。

随着海运业发展要求的不断提高，航海类专业学生，更要注重加强自身情商培养，认真学习了解情商内涵和要求。目前关于情商的书籍种类很多，航海类专业学生可以阅读一些，对情商内涵、发展历程、特征要求等做一定的了解，然后根据航海类专业学习和海运业发展要求的需要，结合自身的实际情况，有针对性地进行思考研究，提高自身情商。另外，有些航海院校开设了情商培养的选修课和主题讲座，航海类专业学生应主动地聆听学习，深入思考和体会。

2.要善于发现自己,了解自己

航海类专业学生要善于发现自己,了解自己,寻找适合自己的舞台,进而造就积极的"自我"。在加强自身情商培养之前,首先要通过一系列测试,了解、掌握自身的情商水平,重点明晰自身情商存在的问题与不足。新时期航海类专业学生,要在发现自己、了解自己的基础上,努力提高诚信意识、拓宽心胸、学会接受他人。

3.要善于控制情绪,做自己情绪的主人

情绪可分为正面情绪和负面情绪,正面情绪包括愉快、满足、镇静、喜悦等,负面情绪包括愤怒、暴躁、嫉妒、焦虑、恐惧、紧张、猜疑等。正面情绪就像明媚的阳光,在它的照耀下,万物生机勃勃;负面情绪犹如阴暗的泥沼,一旦陷入其中就难以自拔。每个人都难免会有负面情绪,但是,善于控制自己情绪的人能把负面情绪的危害降到最低;而自控能力差的人容易陷入负面情绪的泥沼,使自己深受其害。

4.要善于自我激励,提高抗挫能力

有人说,"压力"是现代人提得最多却了解最少的东西。事实的确如此,很多人常说自己压力很大,但如果你问他压力到底是什么,压力产生的原因是什么,压力对人的具体影响有哪些,他可能又无法说清楚。一般来说,我们的压力主要来自以下几个方面:生活规律的改变、身体疾患、学习困难、矛盾、就业工作、期望值过高、竞争、人际关系等。高素质航海人才必须具备坚毅果敢的意志品质,必须具备勇于面对挫折的能力。当然,航海类专业学生更要很好地学会如何面对挫折、化解压力,学会培养自信,学会自我调节,学会自我激励。

5.要善于了解他人,建立和谐人际关系

良好的人际交往能力是海员必不可少的重要素质。工作环境、工作群体、人际关系的特殊性,要求海员必须具备较高的人际交往能力,能够创建和谐的人际关系。唯有如此,方可保证船员和谐相处,方可保障船舶安全管理运行。要学会了解他人、树立团队意识、加强沟通交流。

船员在船上各司其职,各负其责。船员在工作上的关系就像连在一起的链条,无论哪个环节都不能松动或断裂。只有环环相扣,密切配合,才能保证安全,创效营运。一条船就是一个大家庭,就是一个整体。船员之间应建立起兄弟般的友情。船员要相互配合,互帮互学,团结齐心,这是船员相处的基本规则。

当前,国际国内海运市场、海员市场竞争日趋激烈,对航海类人才的素质提出了更高的要求。航海类专业学生要想成长为高素质航海类人才,获得工作、事业的成功,为祖国的海运事业做出贡献,加强自身情商培养至关重要,势在必行!航海类专业学生要充分认识加强情商培养的必要性,积极参与学校组织开展的情商教育实践活动,努力在学习、生活、实践中加强情商学习和锤炼,不断提高自身情商水平。

小贴士

半军事化管理

半军事化管理是航海院校培养高级航海类人才的重要管理手段，是推进航海类专业学生爱国主义教育、军政素质培养等的重要环节举措。1963年，国务院批准大连海运学院（现大连海事大学）对航海类专业实施半军事化管理。半军事化管理向正规化、规范化发展迈出了第一步。“文革”时期被迫停止，于1982年经国务院批准得以恢复，经过半个多世纪的探索、实践和发展，半军事化管理不断发展和健全完善，全面提升了航海类专业学生的综合素质。

（一）半军事化管理主要内涵

半军事化管理是相对军事化管理和普通管理而言的非军事单位效仿军事化管理的方式实行的内部管理，把解放军的优良军风、军纪、军容、军貌、礼仪、举止运用到对学生的日常行为养成教育当中，是培养学生良好行为规范、团队意识和组织纪律观念的重要实践途径。围绕着航海院校的培养要求和育人目标，逐渐提炼出了以下三种理念。

1.铸形

半军事化管理注重培养学生良好的行为习惯和精神面貌。半军事化管理通过一日生活制度的严格规范和落实，培养学生严格的时间观念和良好的卫生习惯；通过日常军事训练和检查督促，使学生养成良好的军容风纪和精神状态；通过经常性的思想政治教育和日常管理，使学生形成文明礼貌的言行举止和雷厉风行的作风。经过系统全面的培养，促使航海类专业学生普遍具备军人般的外在气质和精神风貌。

2.铸德

半军事化管理着力培养学生高尚的道德情操。半军事化管理广泛地渗透在道德教育和实践的各个方面，慰问孤寡老人、看望留守儿童、帮扶退休教师、无私捐款物、义务劳动、献血等。德行的养成培养，使得航海类专业学生具有高水平的道德觉悟和个人修养，具有更充分的感恩之心和奉献之心，具备更高的集体主义和爱国主义精神。

3.铸魂

半军事化管理着重磨砺学生坚韧不拔的内核灵魂。半军事化管理通过各项活动的开展，逐步培养航海类专业学生吃苦耐劳、奋发向上、不卑不亢的精神，强化他们热爱海洋、建设海洋、献身海洋的意识，提升他们克服困难、经受考验、承受挫折的能力，磨炼他们牢记责任、顽强拼搏、不辱使命的意志，使他们在毕业后能够真正担当重任，投身海运强国发展中，成为国家海洋、海运战略开发事业的合格建设者和可靠接班人。

（二）半军事化管理重要内容

半军事化管理工作具有政策性、规范性和强制性等特点，它涉及面广，实践性强，需要航海院校和航海类专业学生共同努力，协调配合。高素质航海类人才的培养和良好行为的养成不是一朝一夕就能办到，需要长期的始终如一的坚持。日常养成是半军事化管理的经常性、基础性工作，航海类专业学生要从细微处人手，从早操、上课列队、内务卫生、着装、军容风纪等日常管理做起，处处严格规范，从点滴入手，严格要求，持之以恒，潜移默化，最终形成自觉，为从事海运业发展打下坚实的基础。

1.孕育爱国情怀

远洋船员随船舶航行于世界各地，直面不同社会体制、思想潮流和价值观念的冲击，与此同时，工作的特殊性决定了船员要时刻注意维护国家的切身利益。在战争状态时，商船要担负起海上作战后勤补给的任务，船员则要肩负捍卫海疆权益的职责。

半军事化管理作为适合培养高素质航海类人才的管理模式，对爱国主义教育有着极大的推动作用。半军事化管理以爱国主义教育基本理论为出发点，利用半军事化管理文化中的绿色国防文化特点为载体，在人才培养过程中充分发挥管理效能，通过分析爱国主义和爱国主义教育的理论内涵以及新时期加强大学生爱国主义教育的重要意义，结合航海类专业学生生活实际，利用组织国防知识讲座、先进人物事迹报告会等一系列具有爱国主义引领作用的活动，充分调动学生的爱国情怀。同时，航海类专业学生应充分结合军事训练、军事教学等形式多样、内容丰富的教育载体，主动参与学校开展的国防知识讲座、先进人物事迹报告会国防教育活动，积极培养自身的爱国主义情怀。

2.强化军政素质

航海教育的目的旨在培养出高质量的、具有高度的组织性和纪律性，良好的军人素质的航海类专门人才，该教育体系培养出的学生在战争状态下，应能够很好地担负部分军事任务。因此，以半军事化管理为载体，强化航海类专业学生的军政素质、国防意识和能力的培养，对于较好适应海运业发展的重要意义不言而喻。

对于航海类专业学生来说，半军事化管理是加强责任意识、服从意识、团队意识的重要途径，也是提高自身综合素质的有效措施。许多航海院校半军事化管理实施过程中，采取了严格的军事训练、完善的日常养成制度、全面的军政素质教育活动等多种措施与方法，并经过严格的培训，对队列动作、教学法等有关内容组织学习、考核和评比，使所有航海类专业学生做到"会讲、会做、会教"，并能够自主处理出现的各种问题。在这一过程中，航海类专业学生的语言表达、军事素质、管理能力、工作方法、交际能力、组织指挥和谋划等能力得到了培养和锻炼；同时，要促使自身完成从大学生到"准军人"、从受训者到施训者的角色转变，对航海工作性质和管理有了更为深刻的认识，既提高了个人军政素质，坚定了航海信念，又及早地适应海上工作及海员素质要求，对自身意志品质的培养起到了重要作用。此外，航海类专业学生要切实提高国防意识和国家安全意识，培养组织性、纪律性、服从性，增强责任感、使命感，提高自身捍卫祖国独立、维护国家主权和领土完整的能力和自觉性。

3.促进学风建设

在大学阶段，航海类专业学生的中心任务是学习，只有培养优良的学习习惯，才能充分利用大学期间的宝贵时间，充分发展自己的智力和潜力，不断提高个人综合素质，实现个人的全面发展。管理是学风建设的基础，优良的学风是学生在日常学习和生活中通过日积月累的坚持逐步形成；同时，管理可以促进学风建设，进而优化校风建设。

一方面，航海类专业学生应通过半军事化管理培养自身敬业、严谨、勤奋和不畏艰辛等良好品质，明确行业需求，认识到大学期间应勤奋学习，掌握精深的专业知识与技能，为今后从事海运工作提供了思想保障。另一方面，航海类专业学生应通过考勤制度、自习制度、考试制度等规范自身学习，严格约束行为举止。近年来航海院校通过半军事化管理加强学风建设，取得了良好的成效。航海类专业学生在学习方面有了较大的转变，学习能力与知识储备有了很大的提升，同时也增强了自身就业的综合竞争力，进一步适应国家大力发展海运业的需要。

4.提升职业素质

在海运业振兴发展的新时期，海运企业招聘最看重的是人才的职业素质。对于从事远洋运输这一高风险职业的高级船员，良好的职业素质更显得尤为重要，它是每一个船员从事这个岗位工作的最基本、最重要，也是最应坚持的条件。

鉴于海运职业的特殊性，半军事化管理可以加强学生的责任意识、纪律意识，培养毕业生的爱岗敬业精神，提高学生的实践能力。在激发学生对专业技能探求的渴望的同时，也让学生对将要从事的行业有了全新的认识，认识到海上作业的高标准、高效率、高要求，同时也认识到自身专业技能的不足，为成为一名优秀的毕业生做充足的准备。在航运竞争日益激烈的今天，航海类专业学生应充分把握每一个锻炼自身职业素质的机会，为把自身培养成为一名高素质、高标准、高质量的航海类人才而努力奋斗。

5.营造文化氛围

航海文化是航海者在漫长的曲折的充满风险的航海实践过程中获得的物质、精神的生产能力以及创造的物质、精神财富。它是海员素质培养工作体系中的重要组成部分，是加强海员热爱海洋、热爱航海事业的重要途径，同时也是提高海员综合素质的有效抓手。这就要求半军事化管理调动学校各方面的资源，积极组织各种活动，营造浓厚的航海文化氛围，调动学生的积极性，达到文化育人的目的。

半军事化管理在促进航海文化的形成与发展过程中起到了积极的作

用。众所周知,航海事业要求每一个航海人做到服从命令、听从指挥、团结一致、勇往直前。半军事化管理工作在学生工作中,将这几点潜移默化地渗透到学生思想中去,进而转化到学生的行动中去,培养了学生坚定、严谨、勤奋、开拓的精神,塑造了学生吃苦耐劳,勇于奉献,团结奋进的形象,为学生的综合发展起到了重要作用。长期以来,航海院校培养了一代又一代杰出的航海类人才,积淀了丰厚的航海文化底蕴,引导学生拓宽视野、放飞心灵,培养高雅情趣,为了解航海、热爱航海、献身航海营造了浓厚的氛围。

6.增强国际交流

远洋船舶运输工作有其鲜明的国际性、全球性、多元性。前文提到,船舶作为"国家流动的国土",频繁往来于各国港口之间,远洋船舶从业者在一定程度上扮演了外交家的角色,其在完成海运贸易的同时,也承担着传播中国先进文化、维护自身和国家形象、发挥国际影响力、增进国际交流、促进不同民族间共同发展的使命。这就要求半军事化管理在教育、管理、服务的过程中必须具有世界眼光,着眼国际航海发展的前沿,充分体现行业的世界性,加强对航海类专业学生国际化视野和能力的教育培养。

近年来航海院校在加强教育、强化管理、充分服务的基础上,积极搭建平台,为学生提供展示自我、认识自我、提高自我的机会。航海类专业学生通过参与包括中俄航海院校夏令营、世界海洋青年船长节、全球海事教育培训组织(Global MET)暑期夏令营、航海技能大比武等在内的大型活动,充分展现了我国航海类专业学生良好的航海素质和航海技能,加深了航海院校与国外的文化和教育交流,增强了国际文化交流。

半军事化管理培养了航海类专业学生良好的政治素质、思想素质、作风素质和一定的军事素质,培养了其服从命令、听从指挥、吃苦耐劳、严谨求实的作风。在循序渐进、润物无声的教育过程中,学生逐步成长成才,逐步具备了合格航海家的素质和技能,进而有能力站在国际舞台上展示中国航海教育、航海类人才的优异风采。

海员是一项特点鲜明的、挑战性强的职业,对从业人员具有相当高的职业素质要求。随着海运业的不断发展,船舶逐步大型化、自动化、智能化,对航海类人才的技术、能力、素质等标准和要求不断提高。新时代的海员不仅要有强健的体魄、娴熟的专业技能,还要具备良好的心理素质、较强的环境适应能力和应急事件处理能力。职业素质的内涵和要求,并非一朝一夕能够获得,需要航海类专业学生有意识地、持续地加强培养。

思考题

1.要从哪几个方面进行自我认知?

2.哪种职业技能最被用人单位所看重?这种职业技能主要包括什么?

3.要成为高素质航海领军人才,在大学中应做好何种准备?

第四章 职业生涯管理

◎ **本章要点：**

1. 职业生涯规划的含义、步骤。
2. 制订职业生涯规划方案的方法。

◎ **学习目标：**

1. 掌握职业生涯规划的步骤。
2. 学会科学制订职业生涯规划方案。

机会总是属于有准备的人，职业生涯管理同我们职业的成功密切相关。而大学生的职业生涯规划更是个人走向职场的基础性准备工作，从跨进大学校门的那一刻开始，大学生们就需要在规划中前行，并通过实践来完善规划，直至走上社会、人生之路。

第一节 职业生涯规划概述

一、职业

职业，是指参与社会分工，利用专门的知识和技能，为社会创造物质财富和精神财富，获取合理报酬，作为物质生活来源，并满足精神需求的工作。

航海类专业毕业生可以从事的职业有船员、引航员、水上救助、海运管理、货运代理等。

小贴士

我国航海业的起源与发展

我国航海业历史悠久，底蕴深厚，最早可追溯到7000年前的新石器时代晚期，我们的祖先已经可以“刳木为舟，剡木为楫”。春秋战国时期，随着木帆船的快速发展，中国出现了成规模的海上运输。到秦汉时期，徐福船队东渡日本、西汉海船远航印度，在世界航海史上书写下了壮丽篇章。在三国、两晋、南北朝时期，东吴船队巡航台湾和南洋，法显从印度渡海归国，中国船队的足迹一直到达了波斯湾。从隋唐五代到宋元时期，我国航海事业全面繁荣，形成了世界闻名的海上丝绸之路。由于罗盘导航技术的快速发展和全面应用，中国领先西方率先进入了“定量航海”时期。明代，我国伟大的航海家郑和率队七下西洋，将中国古代航海业推向顶峰。

近代，由于中国封建王朝统治逐渐保守与僵化，严重阻碍了我国航海事业的发展和航海技术的进步，中国航海业由盛转衰。

改革开放以来，航海业进入了高速发展的新时期，在运输航海、渔业航海、科学考察航海、军事航海等各方面都取得了振奋人心的成就。

在海运方面，到2003年年底，我国商船队总运力在世界各国船队中排名第四，集装箱船队总量居世界第五位。中国造船业现已位居世界第三。中国连续8次被选为IMO A类理事国，在国际海事界发挥着越来越重要的作用。

在渔业航海方面，中国远洋捕鱼船和渔业加工船配备较先进的航海仪器设备，可以航行到欧洲、美洲、非洲附近海域和太平洋、印度洋、大西洋作业。中国水产总量和水产总值多年来一直名列世界之首。

在航海科学研究和技术开发方面，各科研院校、高等院校与海运企业、海军等有关部门密切合作，在借鉴和引进国外先进航海科学技术和装备系统的基础上，努力加快自主研究和开发，取得了较大的进展。高等航海院校成功地研发了具有世界先进水平的大屏幕船舶操纵模拟器和基于虚拟技术的轮机模拟器，受到国外专家和同行的赞扬。中国航海学会团结和组织全国海运、渔业、海洋和海军系统的广大航海科技工作者积极从事航海学术活动，在国际和国内航海学术界颇有影响。

在航海专门人才培养方面，中国航海专门人才培养数量列世界第一，质量也基本达到世界先进水平，为海运业、海洋渔业、海洋科学考察和海军的发展做出了突出的贡献。

二、职业生涯

1.职业生涯的含义

职业生涯是一个人的职业经历，是指一个人一生中所有与职业相联系的行为与活动，以及相关的态度、价值观、愿望等连续性经历的过程，也是一个人一生中职业、职位的变迁及工作、理想的实现过程。职业生涯是一个动态的过程，每个工作着的人都有自己的职业生涯。

职业规划与生涯教育专家舒伯把人的职业发展过程分为五个阶段：

①成长阶段(14 岁以前)，是一个以幻想、兴趣为中心，对自己所理解的职业进行选择与评价的阶段；

②探索阶段(15~24 岁)，逐步对自身的兴趣、能力以及对职业的社会价值、就业机会进行考虑，开始进入劳动力市场或开始从事某种职业；

③确立阶段(25~44 岁)，从对选定的职业进行尝试、变换，到逐步稳定；

④维持阶段(45~64 岁)，劳动者在工作中已经取得了一定的成绩，维持现状，提升自己的社会地位；

⑤衰退阶段(65 岁以后)，职业生涯接近尾声或退出工作领域。

航海类专业学生正处于职业生涯的探索阶段与确立阶段，主要的任务是通过对自身的兴趣、能力、性格和价值观的评价与考虑，结合职业世界或劳动市场中存在的机会，选定适合自我的职业进行尝试，开创个人的职业生涯。

2.航海类职业生涯的特点

同其他事物一样，职业生涯也有其特点和规律。同时，与一般性的职业生涯相比，基于航海类专业特点和海运业特征，航海类职业生涯发展也有其特殊性，总结起来，可概括为如下几点：

(1)可塑造性

航海类人才的职业生涯漫长而充满机遇，作为一个古老的职业和一个相对比较成熟的行业，航海类人才的发展路径比较明晰。因此，在充分分析自身情况、家庭背景、兴趣爱好、职业环境等因素的基础上，航海类人才的职业生涯是可以被塑造的。

职业生涯规划，是对人整体职业生涯发展状态的指导、对发展方向的把握和对发展策略的技术支持。职业生涯的可塑造性，正是尽量规避偶然因素对人的发展的影响，在遇到不确定因素时，对发展方向的科学权衡。

(2)不可逆性

生命是不可逆的，只能面向未来发展。因此，航海类人才的职业生涯也是不可逆的。经过的职业生涯不可重来，只能成为未来发展的参考和依靠。我们要充分重视职业生涯中的每一个过程，因为经过的每一步，都会对今后的职业生涯造成影响。正确认识职业生涯的不可逆性，有助于我们在海运业发展的大潮中正视自己的优势、劣势、机遇、挑战，谨慎做出选择，更好地规划自己的人生。

（3）个体性

由于每个人的教育背景不同、成长环境不同、从事职业不同，职业生涯具有明显的个体差异性。对航海类专业人才来说，职业对人性格、心理、行为模式的影响都很明显。这种影响，随着时间的推移，会使个体差异性越来越大。也正是个体差异性的存在，职业生涯的发展才呈现出个性化的特点。

（4）阶段性

对应于人的自然生长规律，航海类人才职业生涯也具有明显的阶段性特点。对应于舒伯的职业生涯“五个阶段”，航海类人才的职业生涯也可划分为五个重要阶段：

①兴趣养成阶段（18 岁以前），通过自身的理解与认识，逐步确立航海的职业目标；

②知识储备阶段（18～24 岁），通过在校期间的专业学习和实操训练，逐步具备航海类人才所需的知识技能，同时通过在校期间的引导和培养，逐步树立“科学航海，爱国为根”的理想信念；

③职业发展阶段（25～44 岁），正式进入海运业，通过工作、学习，逐步从基层岗位成长为管理岗位，同时实现对海运业的宏观认识和全面把握；

④职业巩固阶段（45～64 岁），在海运业取得了一定的成绩，通过努力不断提升自己在行业内的地位和认可度；

⑤衰退阶段（65 岁以后），职业生涯接近尾声或退出工作领域。

了解航海类人才职业生涯阶段性特点，就要求我们针对每个不同的人生阶段，做出有针对性的规划。

案例分析

“老船长”钱永昌

21 年的海员生涯，14 年掌舵 11 艘远洋货轮，9 年掌舵中国交通事业“巨轮”，他一度是我国交通行业“级别最高”的船长，他是原交通部部长——钱永昌。

1960年9月30日，在4~5级吹开风的考验中，“和平31”号货轮迎着皎洁月色，安全驶离黄浦江，驶向海洋。这个距中秋还有5天的国庆节前夜，钱永昌的人生履历第一次写上了“船长”两个字。

此后几十年，钱永昌驾驭着人生之舟，一如他初任船长的那个夜晚，一次又一次地在风浪的考验中驶向远方。他不仅书写了一位“老船长”的传奇人生，更见证了中国交通事业自20世纪50年代初期以来，半个世纪乘风破浪的艰辛历程。波澜壮阔的21年海上岁月，8年执掌中远总、分公司和改革开放初期的9年部长生涯，汇聚成一部我国海运、交通的现代史。

“……亲爱的海港，明晨将启程远航。天色刚发亮，回看码头上，亲人的蓝头巾在挥扬……”这首名叫《海港之夜》的苏联歌曲，迷醉了正在读高中的热血少年钱永昌的心。从此，富于浪漫情怀的航海事业在他心中生根发芽。

“我真想一辈子都在海上。碧海蓝天间，是那么广阔！”一个甲子过去了，坐在我对面的老船长感慨着。下午两点的阳光，斜穿过办公室窗户，洒在他的银发上，使他显得更加慈祥。在他缓缓的叙述中，那个关于航海的故事重被拾起。

1953年，钱永昌成为大连海运学院（现在的大连海事大学，前身为吴淞商船学校）的首届毕业生。从作为实习水手登上5000吨级的“新康”轮那一刻起，这个怀着蓝色梦想的年轻海员，整整在海上漂荡了21年。

他的热爱航海的浪漫初衷，并没有被海上艰辛枯燥的生活所磨灭，而是在一次次与风浪的搏击中，变得越来越坚毅。

当年的海运条件无法与今天相比。夏天闷热、冬天严寒的生活、工作环境，爬桅杆、下大舱的艰辛，船上潮湿阴冷的气候，尤其是经常遭遇的大风浪以及随时可能碰上的袭击成为当年海员们的共同记忆。钱永昌也一样，穿上水手服，干着繁重的活，严重的晕船让他每天都会频繁地呕吐，湿冷的起居空间让他患上了风湿性关节炎。狂风巨浪、烈日炙烤，艰苦的环境磨砺着刚刚离开校园的白面书生。渐渐地，钱永昌的脸上被时光雕刻出黝黑刚毅的棱角。环境的塑造、时光的雕磨，让他真正懂得了在豪迈、浪漫背后的航海生涯的真谛，改变了他对航海的“小资”情结，但从未改变的，是这位热血男儿情系航海的蓝色梦想，以及那颗从不言愁的坚毅的心。

一说起海洋，钱永昌满眼都是柔情，即便在银发的衬托下，你依然会感觉到他那如少年般的浪漫情怀。“每次傍晚时分，船经马六甲海峡进入印度洋时，我喜欢端着茶缸，坐在驾驶台的船桥边，面向西方，迎着海风，看船驶入深蓝色的海面。这时，夕阳慢慢坠入大海，海面上覆盖一片金黄。每当这个时候，我都会细细地品味家庭的温馨。”在我们的老船长的叙述中，就连海上生活的苦，都变得这样浪漫。

对生活的热爱和对事业的追求，早已融进了钱永昌的血液。骨子里的“矢志不渝”的精神，指引他不断进取。我知道，只有真正热爱的人，才会对海洋怀有如此深厚的感情；我也知道，只有真正热爱的人，才会创造出如此之多的“第一”。

1960 年，27 岁的他，成为我国培养的第一代船长，也是最年轻的一位船长；1968 年，他历时 133 天，驾驶“红旗”轮参与了打通南北航线的第一次试航；1978 年 9 月，在他担任上海远洋运输公司经理时，组织了我国第一艘集装箱船的首航；1979 年，为维护权益，他以《海商法》与国外打官司，两年后获胜，成为依法维权获胜的第一个企业经理；1980 年，他成为我国航海学校自己培养出来的第一个中国远洋运输总公司总经理。7 年海员、14 年船长、6 年机关干部、2 年远洋运输总公司总经理。整整 29 年，从一个年方弱冠的懵懂海员，到沉稳敏锐的“万船之长”，钱永昌的生活与海洋密不可分。他年少立下的“航海志”，早已幻化成一串串记录着航海里程的数字；他固守的蓝色梦想，早已扩展到更为宏观的领域；他的近 30 年的航海经历与见闻，恰恰是中华人民共和国成立后 30 年海运交通的一个缩影。

从一名普通的航海类专业学生，成长为共和国交通部部长，“老船长”钱永昌一路走来，展示了航海类人才典型的职业生涯发展之路。即从基层做起，从上船做起，从一点一滴做起，靠着坚持，靠着努力，靠着坚定、勇敢、勤奋、开拓的航海人精神，诠释了中国人征服海洋、海运强国的决心。

三、职业生涯规划的含义

1.职业生涯规划的含义与起源

职业生涯规划又叫职业生涯设计，是指在个人发展与组织发展相结合的基础上，个人通过对职业生涯的主客观因素分析、总结和测定，确定奋斗目标，并为实现这一职业目标而预先进行生涯发展系统安排的活动或过程。

一般认为，职业生涯规划最早起源于美国，最初是以“职业指导”的形式出现的。“职业指导”是指由专门的机构帮助职场人确定职业方向、进行职业选择并寻求发展的咨询过程。1908 年，有“职业指导之父”之称的美国波士顿大学教授弗兰克·帕森斯(Frank Parsons)针对大量年轻人失业的情况，成立了世界上第一个职业咨询机构——波士顿地方就业局，并正式开始了“职业指导”工作。同时，他于 1909 年 5 月出版了职业生涯规划领域第一本著作——《选择职业》，职业生涯规划正式成为一门学科。随后，职业生涯规划理论先后流向苏联、日本、德国等国家，并受到学界的高度重视和推崇。20 世纪 60 年代以来，职业生涯规划理论得到了蓬勃发展，一大批学术著作相继问世，职业生涯规划也迎来了高速发展期。20 世纪 90 年代中期，职业生涯规划理论由欧美国家传入中国，并逐渐受到人们的关注。

2.航海类专业学生职业生涯规划的分类

根据航海类专业特点和当前海运业发展现状，按照规划的时间跨度不同，航海类专业学生的职业生涯规划主要可以分为以下 4 种类型：

(1)短期规划

2 年以内的规划，可称为短期规划，主要是确定近期目标、规划近期所要完成的任务。如对专业知识的学习，2 年之内要完成哪些课程、通过哪些认证考试。

(2)中期规划

2~5 年的规划，可称为中期规划，也是比较常见的一种职业生涯规划，通过规划确定今后的发展目标和发展方向。

(3)长期规划

5~10 年的规划，可称为长期规划，主要是设定一个较为长远的职业目标并为其制订具体的实施方案和措施。

(4)人生规划

整个职业生涯的规划，时间可长达几十年，主要是设定整个职业阶段的发展目标和行动规划。

3.航海类专业学生职业生涯规划的原则

职业生涯规划对人的发展、成长至关重要。一个合理、有效的职业生涯规划能让人在职业道路上认准方向、奔向成功,而一个错误的规划则会使人误入歧途。对于航海类专业学生,受职业特殊性和海运业要求,其职业生涯规划更需要遵循一定的规律和原则。

(1)系统性原则

系统性原则是指在进行职业生涯规划时,要对职业生涯发展的整个历程作通盘考量,将职业生涯规划作为一个系统工程,全面、准确地把握人生方向。

比如,将来的职业目标是做一名海运企业的管理者,那么就要通盘考虑,不能只看眼前利益,要用全局的眼光审视海运业对海运企业管理者的职业要求。

(2)阶段性原则

职业生涯规划具有很强的阶段性,在进行职业生涯规划时,要充分考虑不同阶段的特点,有目的、有计划、有步骤地开展职业生涯规划。

在确定自己的职业目标后,要有计划地开展实施,比如要成为一名海运企业的管理者,大致可分为在船阶段的发展和陆上阶段的发展,二者缺一不可。同时这两个阶段又有各自的特点,需要区别对待。

(3)激励性原则

在进行职业生涯规划时,在可行性的基础上要具有一定的挑战性。只有付出努力完成规划,才会有所提高、有所进步。

对于航海类人才的职业生涯成长来说,每一个阶段都必然充满着机遇和挑战,只有在每个阶段都为自己设定合适的目标,并通过自己的努力一一完成,才能在今后的海运业发展中越走越顺、越来越好。

(4)连续性原则

人生的每个发展阶段都是连贯衔接的,每个阶段的规划要与人生阶段相一致,同时也要首尾相接、完整连贯。

航海类人才的成长,需要注重职业生涯的连续性,因为每个阶段的职业生涯,都在为下一个阶段做准备,在职业生涯规划和发展的过程中,要坚持到底,切不可半途而废。

案例分析

“海之子”林祖乙

或许是因为他生长在泉州，闽南独特的海洋人文性格深深刻在了骨子里；或许是因为他工作在海上，经历过狂风巨浪的洗礼。浓郁的海洋般的个性在原交通部副部长林祖乙身上体现得淋漓尽致。

背山靠海、钟灵毓秀的泉州，自古以东方大港著称于世。身为泉州人，关于“刺桐港”的故事，林祖乙从小耳熟能详。然而，对海洋的深爱，却始于他学习航海之后。

“我小时候家里很困难，吃过糠、野菜，十二三岁就曾做过一年多的童工。高中毕业以后，考入集美水产商船专科学校(后并入大连海运学院)，主要是因为这个学校离家近、读书不要钱。”经历过抗日战争、解放战争的林祖乙，深知生活的不易。与海洋的情缘，就起于这样一个并不浪漫的想法。尽管起初并不了解航海，但是一旦进入之后，他就专注地去学习、去研究，倾其心血地为这个事业付出了半个多世纪的光阴。

从1954年2月毕业于大连海运学院，到1977年年底调到岸上工作，林祖乙足足在船上工作了23年。从29岁到46岁，17年的船长生涯在林祖乙身上深深地刻上了坚韧的性格和沉稳的品质。

中华人民共和国成立初期，按照规定，一个海员在当船长以前，每一个级别都要干满3年，算下来至少需要9年时间。但到了20世纪60年代初，我国的海运业已经开始发展，船长却很少，多是中华人民共和国成立前留下来的老船长，年轻的新船长还没有培养出来。在这样紧迫的人才需求下，1960年，刚刚开始第六年船上生活的林祖乙，便成为一名新船长。

当时船上的条件远没有现在好。操纵船舶没有GPS等导航设备的辅助，完全靠六分仪、测深仪等传统仪器，靠掌握自然规律和基础技术。因为是在沿海航行，没有引航员，所以进出港、靠离码头都要船长亲自操作，对技术的要求非常高。

“刚当船长的时候，我觉得自己的技术还不够成熟，就每天认真记笔记，把航行中的天气情况、船位测判的准确性、望陆际的情况都记录下来。根据当时的条件，很多目标都需要用眼识别，我便把它们的轮廓画下来，很是下了一番功夫。”林祖乙认为，只要肯用功，行行出状元。

“20 世纪 60 年代初，万吨船就是巨轮啦，全国只有两条。我驾驶的‘中兴三号’是一条 7000 吨的货船，算得上是大船！”林祖乙一边用手比画着，一边自豪地说。

“因为山东和东北之间往返的人很多，局里（上海海运局）就把这艘船改装成了简易的客船。我印象很深，一船能装 1480 人，比一般的客船装得都多。那时候也没什么大客船。”船停靠在码头，短暂的 3 个小时里，年轻的林船长只能打个盹。自从接到渤海湾的客运任务，早晨 8 点船从大连开出，17 点到达烟台；晚上 8 点返航，早晨 5 点进入大连港。就这样来回穿梭。

就这样 10 个月，林祖乙在大连和烟台之间往返 250 个来回，进出港口 500 次，运送旅客 70 万人。“10 个月里面有冬季，渤海湾的风浪很大。别的船停了，我的船敢走。我当时想的是，如果我不开船，这些乘客就走不了了。他们有些年纪很大，背着树叶、地瓜藤等等，那些可能就是一家人盼着的‘粮食’，很值得同情。当然，我敢开船也是因为我有安全行驶的把握。”那时的林祖乙刚过而立之年，才当了两年船长，却靠着这股闯劲，在当地闯出了不小的名气。很多乘客指名要买“中兴三号”的船票，他们说“这条船靠得住”。

“靠得住”三字，对林祖乙来说是最好的嘉奖。半个多世纪过去了，提起此事，他仍感慨不已：“这件事在我的船上历史记忆里是很深的一笔。我觉得自己做了一件事情，虽然驾驶的不是客船，但是人家觉得可靠。所以，年轻人有年轻人的好处，就是敢闯、有拼搏精神。年轻，不怕苦，有挑战的勇气。”“交通人是勇于奉献的人。从那时起，我就对这一点深有体会。过年过节，别人都能跟家人团聚，交通人却是最忙的时候。我们要为交通的畅通和安全作保障，我们要为人民服务。”

“工作一定要认真。尤其是船上的工作，不能有一点含糊，稍一疏忽，它就会给你点颜色看看。如果工作中出现漏洞，大则可能造成不可挽回的后果，小则可能造成一些经济损失。”林祖乙笑道，“我在船上工作 23 年，没有发生过一次安全事故。这也是我聊以自慰的。”

从 1977 年“上岸”开始，当了 17 年船长的林祖乙就不断学习如何在企业和机关里进行管理工作。

1983 年 6 月，林祖乙调任中国远洋运输总公司总经理兼党委书记，两年后又调任原交通部副部长。从管理一条船，到管理一支远洋船队，林祖乙的担子重了，压力也大了。此时恰逢改革开放初期，海运业作为与国际接触最为频繁的行业，大有"一夕潮来集万船"之势。

"成功的改革方案，一定是目标明确、循序渐进并且在实践过程中不断完善的。"回顾改革之路，林祖乙一边说，一边拾起桌上的几页笔记，上面密密麻麻地记载着20世纪80年代的海运改革轨迹。

1992年，林祖乙离开了行政工作岗位，1995年退休后在航海学会做了三届理事长，他谦虚地说："我只是在退休后多做一些力所能及的事情。"

纵观林祖乙的航海生涯，勇敢、细心、认真、坚持贯穿始终，从福建农村，通过航海的洗礼，成长为共和国的部长。60年，时光把一名有志青年铸成了一位智慧老人。他的职业生涯，诠释了青年人的热血和激情、交通人的努力和付出。

第二节 职业生涯规划的步骤

职业生涯规划是一个长期的连续过程，需要设计一整套程序来保证它的顺利实施。对于航海类专业学生来说，这个过程主要包括自我评估、环境评估、树立职业理想与目标、职业生涯路线选择、制订实施方案、实施、评估与反馈七个步骤，其流程如图4.1所示。

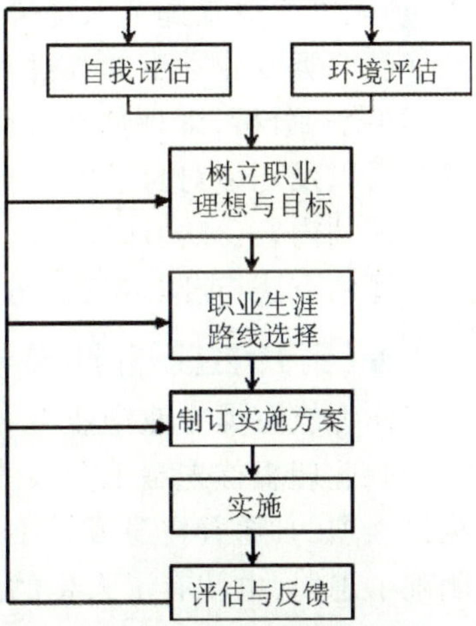

图4.1 职业生涯规划流程

◆（一）自我评估

在进行职业生涯设计时，首先就是要进行自我评估，即了解自我。我们要对自己进行客观评估，看清作为个人职业生涯规划的第一大要素——"知己"，自己的现状和志向之间的差距，还要端正态度、脚踏实地、逐步前进。

自我评估是个人职业生涯规划的基础，也是能否获得可行规划方案的前提。如果忽视了自我评估，职业生涯规划就很容易中途夭折。

航海类专业学生的自我评估主要包括兴趣、性格、能力、特长、学识水平、思维方式、价值观、情商以及潜能等。注意，自我评估要更注重挖掘自己的潜能。

自我评估的方法包括自省、测评、角色建议。

需要提醒的是，自我评估不是一两次心理测评可以解决的事情，而是要贯穿整个职业生涯过程。自我评估的方法很多，中国古代就有“吾日三省吾身”的做法。目前国内也已经有了许多可供选择的职业测评工具。

关于测评，有两个建议：认认真真做测评，别不当回事；平平常常看结果，别太当回事。

常言道，“当事者迷”。一个人对自己的认识总是片面的，所以，在自我评估中还应当包括他人的意见，我们称之为“角色建议”。这些人包括你的父母、老师、同学、朋友，还有职业生涯的专业咨询人员。这些不同人物角色的建议，会帮助你更清醒地认识现实与理想的差距。

◆（二）环境评估

每个人都处于一定的社会环境之中，或多或少与各种组织有着这样或那样的关联。因此，职业生涯规划也就离不开对这些环境因素的了解和分析。“知彼”更重于“知己”。

对于航海类专业学生来说，环境因素对个人职业生涯发展的影响是巨大的。海运业作为一个国际化程度很高的行业，受国际经济形势、海运政策、运费调控等方面的影响非常大。作为航海类专业学生，我们只有顺应外部环境的需要，趋利避害，最大可能地发挥个人优势，才能实现个人目标。

航海类专业学生的外部环境分析包括对社会政治环境、经济环境和组织（企业）环境的分析，即评估和分析环境条件的特点、发展与需求变化趋势，自己与环境的关系以及环境对自己的影响等等。

评估内容：社会环境分析、行业环境分析、职业环境分析、企业环境分析。

评估方法：查阅、参观、访谈、实习。

◆（三）树立职业理想与目标

作为航海类专业毕业生，首先要树立远大的职业理想和坚定的职业目标。

职业理想首先源于个人的志向。所谓志向，就是我们对未来的憧憬中那些感觉最强烈的，随着自身成长不但不衰减、忘记，而且越发渴望实现的东西。当个体明确了志向，也就有了人生的理想，个体的人生观、兴趣、知识结构等就会逐渐向着这个志向靠拢。国运兴衰，系于海运。作为航海类专业学生，理应树立热爱海洋的高尚情操和献身海运的远大理想。

案例分析

王亚夫——中华人民共和国第一位女轮机长

看着王亚夫70年前拍的一张照片，怎么也无法将她与长年在海上同惊涛骇浪搏斗的航海家联系在一起。可这位出生在福州书香门第的女性，为了自主自己的人生，干中国女性没干过的事业，选择了航海。她凭着倔强的脾气和天生的灵气，成了中华人民共和国第一个女轮机长。

专注于航海，劝退追求者

王亚夫出生于福州一个书香门第，3岁时，父亲病逝。外公是个教授，却很封建，怕母亲再嫁，把王亚夫母女两人接到家中生活。母亲虽丰衣足食，却没有应有的自由和欢乐。王亚夫不愿步母亲的后尘，希望走一条“自己做主”的人生道路。她把自己的名字“王亚希”改成“王亚夫”，穿上男装，剪短头发，俨然一个假小子。

1948年，王亚夫高中毕业后，前往上海，后又随上海“南下服务团”回到福州，转入省委文工团。

1950年秋，组织部门要选送一批“调干生”到大学去深造，王亚夫报名申请。组织部的同志问她：“你想学什么？”

要干就要干一番事业，中国女性没有干过的事业，王亚夫想到了“航海”，她要当中国第一个女船长！随后，她被送往东北航海学院（大连海事大学前身）读大学，却因“船舶驾驶”专业不招女生，改学了轮机专业。

1957年5月，王亚夫毕业后，被分配到广州海运管理局所属的一个船舶工作。那一年，她已经27岁，必须思考一个严肃的问题——要不要结婚成家。

结婚必定要生儿育女，有了家庭，有了儿女，就不能继续在船上工作。那时，她的追求者无一例外要求她结婚以后离开航海，上岸工作。慎思再三，王亚夫做出了果敢抉择——终身不嫁！她写信劝退了追求者，说：“我什么都可以放弃，就是不能放弃上船！”

第一次上船，胆汁都吐出来了

1957年，王亚夫开始了航海生涯。第一艘船是艘客轮，船底比较平，航行在海上颠簸得像荡秋千。王亚夫一上船就晕船，第一次当班 4 小时，她就吐了 16 次，连胆汁都吐出来了。“要给中国妇女挣口气”这一信念支撑着她，她挺住了。

刚上船，要从最底层的机匠做起。那个年代，船舶用的是蒸汽机，烧的是煤炭，机舱里气温高达 40 ℃以上，在里面待久了，热得会抽筋。王亚夫毫不在意，和男船员一起铲煤、干活。每次值完班，鞋子差不多可以倒出水来，整个人都黑乎乎的。“男船员都不欢迎我。我没上船前，他们都是光着膀子、穿着裤衩在机舱里干活，我一上船，他们最起码得穿条短裤，热死了。能欢迎我吗?”说完，王亚夫哈哈大笑。

爬上 20 多米高桅杆震慑男船员

此后，王亚夫调到一艘货轮，当上了三管轮。

传统观念里，女性上船晦气。在王亚夫手下做事，男人不服气。刁难开始了。

有一次，机舱要松开螺帽。螺帽一个个大如碗口，必须用十八磅重锤猛打。两个男船员对王亚夫说：“不知道怎么敲，你示范给我们看。”“敲就敲!”王亚夫抡起重锤，三五下就把螺帽拧下来了。

还有一次，甲板上突然报告前桅灯不亮了！按规矩，如果灯泡断丝，应由水手上去换灯泡；如果线路故障，则归三管轮负责检修。男船员刁难王亚夫，让她上。桅杆有 20 多米高，又在颠簸的海面上，关系好的男同事提出，代她爬上去检修。

“不用，我偏要爬给他们看。”王亚夫背上安全带，迅速攀上桅杆，任凭身体在高空中摇晃，也丝毫不退缩。灯泡拧下来了，一看，是灯丝断了。这一下，把男船员的嘴堵住了，再也没有人说她不行。

船险被台风打翻，安慰同事别怕

1962 年，王亚夫调到“南海 157”号，晋升为大管轮。一次与台风的搏斗，让王亚夫至今心有余悸。

当时，“南海 157”号去越南，碰上了台风，突然间海面刮大风，海水就像从天空中灌下来一样。在“南海 157”号的前方，有一艘越南船只发出呼救，但是“南海 157”号无法前行救助，眼睁睁看着它被风浪打翻。二管轮是个老海员了，都吓得哆嗦起来：“这一回完了!”

王亚夫比他年轻，却异常镇静，安慰他：“怕什么，只要主机正常运转，一定能挺得过去!”她和大家一起,千方百计守护着锅炉,保证锅炉有足够的气压,让主机正常运转。

一连十几个钟头,大伙紧紧地守护着主机,“南海157”号平安驶进越南鸿基港。

回闽工作唯一条件——必须上船

“文革”中,王亚夫挨了批斗。“文革”后期,1973年,她回到船上,成为中国第一个女轮机长。此时,她已经43岁。

1983年,福建成立远洋船队,需要高级管理人才,要调王亚夫回福建工作。她很乐意,但只有一个条件——必须上船!这一年,53岁的王亚夫,上了“白云山”号当轮机长。

有一次,“白云山”号进入泰国码头时,由于操作失误,螺旋桨的4个叶片被打断了3个,船无法继续航行。当时摆在面前的选择有两个:一是拖到新加坡修理,二是拖回国内改装。无论选择哪个,都要付出巨大的代价。王亚夫提出,按照最短叶片的长度,把另3个叶片锯断,减缓航速航行。“白云山”号顺利完成了海运任务。

1993年,王亚夫告别海洋,离休上岸。在福州“梅海园”的居所,回忆自己航海到过的30多个国家,王亚夫兴致勃勃。问她是否后悔为航海终身不嫁,她口气异常坚决:“不,我忠于自己,忠于职守,为中国女性争了一口气,再也没有比这更值得的了。”

作为中华人民共和国第一个女轮机长,王亚夫在她的职业生涯中承受的压力和经历的困难可想而知,但她从未退缩。正是抱着对航海事业的热爱和对振兴祖国海运的理想,她坚持了下来,并用自己的努力,忠于职守,为中国女性争了口气。

◆(四)职业生涯路线选择

确定职业发展目标之后,就要对自己的职业生涯路线进行规划。所谓职业生涯规划路线,是指选择了职业之后,通过什么样的方式来实现自己的职业规划目标。航海类专业毕业生既肩负了振兴祖国海运业的历史使命,又受过良好的专业教育,同时当前的海运业正需要大批的有志青年投身其中,那么从事海运工作自然是最理想的选择。对于航海类专业学生来说,就是确定了自己的目标后,如何向自己的目标迈进。

小贴士

近年来船员利好政策

2020年7月2日,经交通运输部第21次部务会议通过,自2020年11月1日起施行的《中华人民共和国海船船员适任考试和发证规则》(中华人民共和国交通运输部令2020年第11号),对船员的成长、晋升、发展做出了明确规定,对于航海类专业学生职业生涯规划,具有突出的指导作用。

2019年5月1日,随着《中华人民共和国海员证管理办法》的正式施行,我国取消了原海员证仅由单位办理的限制,确定船员作为申办主体的地位,实现了个人申办海员证。同时,海事部门还简化了海员证申办条件和申办材料,申请办理海员证只需具备海员证申请表、船员服务簿、国际航线或特殊航线船舶船员适任证书或者确定的船员出境任务证明材料,以及申请人近期电子证件照片即可,减少了海员出境批件等要求。

2019年7月31日,深圳海事局签发国内首张船员电子证书,标志着船员证书步入了电子化新时代。

2019年12月20日,新版"中华人民共和国海员证"正式启用,其中首次植入了存储有海员面部图像、指纹、手写签名等生物特征信息的电子芯片,将进一步便利船员通关。

根据《中华人民共和国海船船员适任考试和发证规则》,在了解船员政策的基础上,要做好职业生涯路线选择,应包含两个方面:目标分解与目标组合。

1.目标分解

职业目标分解是根据观念、知识、能力差距,将职业生涯长期的远大目标分解为有时间规定的长、中、短期分期目标,直至将目标分解为某确定日期内可以采取的具体步骤。它帮助我们在现实环境与美好愿望之间建立起可以拾级而上的途径。对目标的分解应一直分解到让你知道为实现你十年以后的目标,今天应该干什么、明天应该干什么。如果你不知道你明天应该干什么,你十年以后的目标永远是一个美好的愿望,不能变成现实。

目标分解的方法主要是按性质分解和按时间分解:按性质分解可分为外职业生涯目标和内职业生涯目标;按时间分解可分为人生目标、长期目标、中期目标、短期目标和近期目标。

对航海类专业学生来说，个人职业目标按时间关系可分解为短期目标、中期目标、长期目标和人生目标。

(1)短期目标

短期目标一般是指时间范围在1~5年内的目标，是职业目标的最小单位。其主要特征有：目标具备可操作性；明确具体的完成时间；对目标的实现有充足的把握；与中期目标具有因果关系。

(2)中期目标

中期目标一般是指时间范围在5~10年内的目标，比如航运部门经理、中高层管理人员。其主要特征有：与长期目标保持一致；定量说明与定性分析相结合；对目标实现的可能性有事前评估。

(3)长期目标

长期目标指10年以上的职业目标。其特征有：比较粗略、不具体；在设计时，以勾画轮廓为主；具有一定的挑战性；符合自己的职业价值观；没有明确的时间进度；随着外部环境变化和自我内心变化，可以适当调整。

(4)人生目标

人生目标是指整个人生的发展目标，时间长度在40年左右。

2.目标组合

目标组合是处理不同目标相互关系的有效方法。如果只看到目标之间的排斥性，就只能在不同目标之间做出排他性选择；如果能看到目标之间的因果关系与互补性，就会积极进行不同目标的组合。

◆(五)制订实施方案

这可以分三步完成：对准差距，找对方法，确定实施步骤与完成时间。

1.对准差距

对于航海类专业学生来说，对准差距，要从思想观念、知识储备、心理素质、业务能力四个方面进行比对。

(1)思想观念的差距

比如，面对竞争，一种观念是希望竞争对手失败，另一种观念是设法比竞争对手做得更好更强。观念不一样，导致的做事方法不一样，做事的结果也会不一样。

(2)知识储备的差距

进入信息化时代以后，海运知识日新月异，新技术、新观念、新方法不断在海运的各个领域得到应用。航海类专业学生，要不断增强学习能力，提高自己吸收新知识、运用新方法的能力。

(3)心理素质的差距

心理素质的差距主要表现在面对困难时毅力的大小,面对变故和挫折时心理承受能力的强弱。

(4)能力差距

除情绪和智力之外,可能还会有一些能力差距。比如具体操作能力的差距、讲演能力的差距、身体适应能力方面的差距等等。

2.找对方法

在了解自身条件、分析差距的前提下,找到适合自己的缩小差距的方法并制订实施方案。其方法有:

(1)教育培训的方法,"活到老,学到老";

(2)讨论交流的方法;

(3)实践锻炼的方法,这是缩小差距的根本方法。

3.确定实施步骤与完成时间

按照短期目标、中期目标和长期目标来确定实施步骤与完工时间。

(1)短期目标的具体实施计划

按大一、大二、大三、大四 4 个学年来安排,含每学年的分目标、策略或措施。

(2)中期目标的具体实施计划

毕业后第一年、第二年……第五年在……方面要达到……目标,包含职场适应、知识、人脉、金钱的积累、岗位转换及升迁等内容。

(3)长期目标的具体实施计划

如毕业十年后要达到……二十年后要达到……包含事业发展,工作、生活关系,健康,心灵成长,子女教育,慈善等内容。

◆(六)实施

所有的规划、设计都要依靠设计者具体的实践来完成。对于航海类专业学生来说,具体内容包括实际工作、职能培训、学习深造等。

◆(七)评估与反馈

影响航海类专业学生的职业生涯内、外因素很多,有些变化是可以预测并加以控制的,但是更多的变化是难以预测的。在这种情况下,要使规划行之有效,需要根据实际情况对职业生涯规划的进展做出评估,并适时进行修正。当然,个体既可以只对某个阶段性目标的实施路径进行修正,也可以对理想发展目标进行修正,但这一切都应符合客观现实的需要。

(1)评估

职业生涯规划是一个人未来的生活轨迹和职业航线,受环境的变化、个人成长、心态意识等因素影响，随着时间的推移，很多情况都会发生改变。因此，为了确保规划的合理有效，必须定期结合自身实际情况和所处环境，对规划的进展情况进行审视，并通过评估对有些内容进行修正。

(2)反馈

在职业生涯规划修正过程中，要重点考虑以下几点：

①检测预定目标的完成情况；

②在阶段目标达成时，要根据目标达成效果修订下一个阶段的目标及策略；

③当客观条件改变，影响职业生涯规划的进展时，应及时修正。

第三节 职业生涯决策与方法

一、职业生涯决策概述

职业生涯决策模型是在1974年被提出的，当时Jepsen和Gelatt最先使用了职业决策这一概念。Jepsen认为，职业生涯决策是个人以有意识的态度、行动、思考来选择学校或职业以符合社会期望的一种反应。此后，职业生涯决策一词在职业发展研究中被广泛应用，并且，随着相关研究的丰富和深化，各种职业生涯决策理论被相继提出。

对航海类专业学生来说，职业生涯决策是指围绕职业目标和行业需求，为实现目标而制订的行动方案。职业生涯决策是一个复杂的认知过程，是个人通过细致分析和深思熟虑后，做出的职业生涯承诺，可具象为制订并实施的个人职业生涯规划书。

影响航海类专业学生职业生涯决策的主要因素包括：

◆(一)家庭经济条件

每个出路的选择都是要承担一定成本的，因此考虑家庭经济问题就十分必要。对于家庭经济状况不好的学生来说，留学和考研都不是上策，很多同学会选择就业，尽快获取收入以摆脱自己和家庭的经济压力，同时尽可能快地反哺家庭。

◆(二)个人偏好

个人喜欢什么、个人看重什么、个人的目标是什么等偏好也是决定出路选择的关键因素。由此盘点兴趣、价值观、目标，然后与个人面临的可能出路一一比较分析。

◆(三)个人能力与经验

个人能做什么、个人最擅长做什么、个人做过什么等能力性因素也是出路选择要思考的内容。依据个人综合实力去选择是当前出路选择的最好判定因素,如个人擅长学术性研究,那么考研深造就是较好的选择了。

◆(四)亲友意见与他人支持

他人意见与支持,一方面作为局外人让你更加清晰自己所选择的出路,另一方面可以提供选择出路的参考意见。自己未来伴侣的情况与意见、父母的情况与意见要综合考虑,毕竟你的选择不仅仅关系到你自己一个人,还会影响到更多的至亲。同时,获取亲友的同意与支持,也可以为个人确定出路后的努力做好人脉准备。

◆(五)实现概率与机会成本

考虑了内、外因素之后,就要计算投资回报率。任何一个出路选择都是一种投资,投资既需要付出,也需要考虑日后的回报,同时还要想到所付出的机会成本。如果你就是想考研,但是你的学习成绩不太好,那么考研成功的把握到底有多大?如果付出三年时间复习才可以考上,那么这三年的机会、时间成本会很大。

◆(六)毕业出路选择指引

第一,一直以来,你最想做的事是什么?你最感兴趣的事情是什么?在你最无助的时候,那一丝支撑你的亮光是什么?你在最迷茫的时候、最无聊的时候从没想放弃的是什么?你的内心有没有一种满足感的追求?你能回答这些问题吗?你有答案吗?这个答案就是你的出路雏形。

第二,你现在能做什么?你掌握了多少知识、经验、技能?你具备哪些毕业后进入社会的能力?给自己来一个盘点,这个盘点能帮助你找到选择出路的切入点。

第三,你将来想从事什么工作?你的职业期望是什么?

将以上三者结合,就可以找到你未来的职业出路。

比如,一个非常喜爱大海的大学生,他想上船做轮机长,他可以在大学学到轮机管理的相关知识,他未来想去中国远洋海运集团有限公司工作,那么他的职业出路就是中国远洋海运集团有限公司的轮机长。

二、职业生涯决策的流程与方法

◆(一)确立职业生涯目标

明确的职业目标,是我们职业生涯规划茫茫大海上的灯塔,指引职业生涯的发展方向。

大学生通过对自我认知和对环境的了解，确定大学阶段奋斗目标，有利于提高大学期间的学习效率和找到实现自我价值的有效途径。

1.就业

航海类专业学生大部分选择就业，就业的主要去向是航运类企业。航海类专业学生平时要关注国内不同类型航运类企业的发展状况，对航运类企业有清晰的认识。

案例分析

赵同学是某大学航海类专业2019届毕业生，航海技术专业。毕业前半年，他就被一家著名的企业录用，在同学们开始忙着投简历的时候他已经先行一步。虽然现在航海类专业的毕业生供不应求，但是要到一流的企业，也需要未雨绸缪。他是怎么做到的呢？

1.清晰的定位

赵同学家在辽宁省本溪市，因为家里需要他的经济帮助，所以他在读大一的时候就对自己清晰地定位，决定毕业就工作。

2.良好的学业

四年的大学生涯，赵同学从来没有补考过，顺利地通过了英语四、六级，国家计算机二级，“四小证”，“大证”考试，还获得过奖学金。

3.经验的积累

赵同学在校期间参加了暑期社会实践、寒假母校行等实践活动，还担任过学生干部，同时，他还在课余做兼职，这些不仅提高了他的可迁移技能，也让他体会到了金钱的来之不易，更学会了与人合作的工作精神。

赵同学能够获得著名企业的青睐是因为他日积月累地提高职业能力。他假期很少回家，没有时间花前月下，更没有热衷网络游戏与聊天。他非常清楚自己的选择，并且一直为之努力。大学就是成就职业理想的地方，在这里起航，为未来的成就积蓄力量。

小贴士

“四小证”——基本安全培训合格证

基本安全培训合格证是上船工作的最基本证书，人人必备。通过基本安全培训合格证的培训应掌握海上个人求生、基本急救、防火与灭火、个人安全与社会责任等方面的相关知识。但是只有基本安全培训合格证的人员还不能上船参加航行或轮机值班(只能从事事务部工作，如厨师、服务生)，在船上参加航行或轮机值班的人员还要有相应职务的适任证书，如值班机工证书、值班水手证书、驾驶员证书、轮机员证书等。

除了基本安全培训合格证之外，船上的普通船员一般还需要的培训合格证包括：保安意识培训合格证、负有指定保安职责船员培训合格证；船上高级船员一般还需要的合格证包括：高级消防培训合格证、精通急救培训合格证、船上医护培训合格证(仅限于船长、大副)、船舶保安员培训合格证。

2.读研深造

航海类专业的同学大部分是要上船工作的，但是当你发现你更适合研究性的工作的时候，你可以选择读研究生，那么有两种方式可以实现你的梦想：

(1)推荐免试研究生

想要获得推荐免试研究生资格，需要清楚本学校推荐免试研究生的条件，提早准备。

(2)通过研究生入学考试

想要通过研究生入学考试获得攻读研究生资格，需要做好以下几个方面的准备：

①打好基础

硕士研究生入学考试一般考外语、思想政治理论、综合科目(根据报考专业不同而不同)和专业课。

根据报考学校的研究生招生简章，可知哪些课程是硕士研究生入学考试的科目。对于全国统考的英语、数学和政治，在日常的学习中应有重点地理解和记忆。对于专业课程，应该博览群书，扩大自己的知识面，了解学科前沿理论。

②合理利用网络资源

在准备硕士研究生入学考试的过程中可以利用网络搜寻往届的试题，借鉴前辈的备考经验，找寻复习的同伴，获取最新的考研信息等。

③了解报考专业和学校的相关情况

首先要明确报考的学校，虽然都是航海类专业的考试，但是不同院校专业课的重点往往会有不同，要未雨绸缪。

3.考公务员

考公务员是航海类专业学生认为较为理想的就业出路。通过公务员考试，可以到海事局、海关等部门工作。

①中央公务员考试

中央公务员考试是指中央、国家机关以及中央国家行政机关派驻机构、垂直管理系统所属机构录用机关工作人员和国家公务员的考试。

②地方公务员考试

地方公务员考试是指地方各级党政机关、社团等为招录机关工作人员和国家公务员而组织进行的各级地方性考试。

4.参军

有一些航海类专业的学生当初之所以选择海上专业，是因为有的大学航海类专业是半军事化管理，在这部分同学心中，对部队还是非常向往的。如果你仍然十分想实现自己心中的理想，那么也有你圆梦的机会，大学生是可以参军的。

部队每年从应届大学毕业生中招收义务兵，高校毕业生入伍预征工作在每年五六月份进行。

5.出国留学

航海类专业的学生毕业后有出国留学意愿的较少。其流程与各国、各校的政策有关，区别较大，形式较为灵活。有出国意向的大学生需要提前准备雅思等语言类考试，同已经出国的学生沟通交流。

◆(二)职业目标的分解

在设立了职业目标后，对目标进行阶段性分解非常重要。因为任何的职业目标，都不是一蹴而就的，需要日积月累，不断靠近。

对航海类专业学生来说，个人职业目标按时间关系可分解为短期目标、中期目标、长期目标和人生目标。

◆(三)确定职业生涯路线

确定职业发展目标之后，就要对自己的职业生涯路线进行规划。所谓职业生涯规划路线，是指选择了职业之后，通过什么样的方式来实现自己的职业规划目标。对于航海类专业学生来说，就是确定了自己的目标后，如何向自己的目标迈进。比如自己的目标是20年成为船长，那么确定从现在开始的未来20年，你的职业生涯该如何规划。

◆(四)评估与调整

职业生涯规划周期内,很可能因为自身的变化、外部环境的变化,而需要对原有规划进行修改和调整。在调整之前,必须进行评估,只有目前情况符合调整的条件,调整才是有意义的。

在规划实施过程中,要及时地对环境和条件做出评价和估计,对自己的执行情况做出评估与反馈,以便自己及时反省和修正学业目标,变更实施措施与计划。学业评估与反馈要注意把握好“时间标准”和“绩效标准”,既要做到每学年、每学期、每月、每日的定期检查评估与反馈,又要重点对计划执行情况、方案实施绩效以及是否按时实现规划目标等做出评估与反馈,进而分析原因与障碍,找出改进的方法与措施。

第四节　职业生涯规划的制订

职业生涯规划,对航海类专业学生而言,就是在自我认知的基础上,根据自身情况,结合海运领域发展的实际现状和对人才素质的要求,对大学期间如何提高自己、完善自己和将来要从事的职业以及要达到的职业目标所做的方向性方案。

制订适合自己的职业生涯规划的方法是设计自己的职业生涯规划书。通过设计职业生涯规划书,有助于帮助学生理清思路、发现问题、找准目标,并根据自己的行动计划将职业目标进行分解,明确不同时期、不同阶段的努力方向。这样既有利于跟踪检查,同时也可以根据环境变化调整短期行动计划,不断进行总结。对未完成的目标,找出原因,找准对策,开展评估,适当调整。

一、职业生涯规划的制订步骤

设计职业生涯规划书,一般从以下几个方面着手:

1. 自我认知

根据之前的论述,自我认知应从以下几方面展开:

(1)主观分析

主观分析主要包括个人的兴趣、性格、能力、技能、价值观等因素。

(2)客观分析

客观分析是运用目前职业生涯规划中常用的测评工具和软件(如朗途职业测评系统)对个人进行的客观评价,主要包括职业兴趣、职业性格、职业价值观、职业技能等方面。另外,还可以通过“角色建议”的方式,通过自己身边的亲人、老师、同学、朋友,对自身的情况进行客观评价。

2.外部环境认知

在客观、真实、准确地认知自我的基础上,还要对外部的就业环境、职业发展前景做一个全面的认知和评价。外部环境认知主要包括家庭环境分析、学校环境分析、社会环境分析、职业环境分析以及职业前景及趋势。

3.职业路线决策

根据自身情况、外部环境,确定职业目标,并设计职业路线。

职业路线决策,就是要通过各种积极的具体措施与行动去争取职业生涯目标的实现,在职业生涯规划书中,要从自身实际和外部环境出发,对如何实现自己的职业生涯目标制订一个比较详细又切实可行的目标分解,制订可行的职业路线及策略方案。

4.实施方案

在制订好职业生涯路线后,围绕阶段目标和生涯目标,制订可行的实施方案。实施方案应尽可能精确、可行。同时通过实施方案的制订,有助于重新审视自己确定的职业目标。

在制订实施方案时,对每一个行动计划,要写清预期及考核,方便日后的评估。

5.评估调整

职业生涯规划的期限较长,在实施过程中,很有可能因为自身的变化、环境的变化或不期而遇的机会,干扰已经形成的规划。因此,就要适时对规划进行评估和调整。

在职业生涯规划书中,要尽可能确定评估的标准和调整的条件,只有通过评估,满足调整条件时,才对规划进行调整。避免出现信心的摇摆和行动的动摇。

案例分析

职业生涯规划书

座右铭:自信是成功的第一秘诀!

姓名:小闫　学院:航海学院　专业年级:航海技术 2018 级

一、自我认知

(一)个人基本情况

我叫小闫,男,今年 19 岁。大学期间,我在中队担任过中队资助兼心理委员,现任中队团总支副书记,有一定的工作经验。我还参加了大学生记者团、舞蹈社团和航海学院自管会,在这些社团里我学到了很多新的技能。我以专业第一的成绩结束了大一上学期的美好生活。在寒假期间,我作为队长,带领同学完成了母校行社会实践活动。平时的我不太主动,但我很乐意认识和结交更多朋友。我喜欢聊天,可以是交心,也可以是为别人做一些心理上的辅导。我还喜欢去那些没有去过的地方,发现不同的世界。

(二)职业兴趣及性格

1.霍兰德职业兴趣代码

霍兰德职业兴趣代码前三项是CSE,由此可以看出,我是一个比较细心认真的人,对工作安排、筹划很有兴趣。同时,我也热衷于人际活动,喜欢和人打交道。也许在别人眼里,有些工作是烦琐的、没有新意的,但是我却乐此不疲。我做事有条理、有始有终而且遵章守法;待人热忱、友好,喜欢与人共事,愿意服务他人,关注别人的感受,因此易获得他人信任。

2. MBTI四个维度上的倾向

MBTI四个维度上的倾向分别是外向、直觉、思考、判断。综合四个维度上的倾向,总体来说,我的类型应该是:统帅型,一切尽在掌握。

我的特点:

(1)直率、果断,能够妥善解决组织的问题,是天生的领导者和组织的创建者。

(2)擅长发现一切事物的可能性并很愿意指导他人实现梦想,是思想家和长远规划者。

(3)逻辑性强,善于分析,能很快地在头脑里形成概念和理论,并能把可能性变成计划。

(4)看重智力和能力,讨厌低效率,如果形势需要,可以非常强硬。

(三)职业技能

为了有效地、科学地做好职业生涯规划,深入了解自身的职业技能,我通过职业生涯规划测评系统"吉讯"开展测评,具体分析报告如下:

1.最擅长的5项技能

资金管理:做出详细的资金预算,并在后期核算。

人际敏感:关注他人的反应,并从中理解他们的想法。

数学思维:运用数学方法或者数学知识解决问题。

积极学习:学习新知识,并能很快运用新知识。

积极倾听:注意倾听他人说话,充分理解要点,适当提问,不随意打断。

2.最薄弱的 3 项技能

书面表达:通过书面方式,有效传达信息、表达观点。

修理:使用工具修理机器或系统。

设备维护:对设备、系统等进行定期维护,并确定保养和维修的方式和时间。

(四)职业价值观

职业价值观是指无论从事什么工作,都会努力在工作中追求的东西。从某种角度,可以认为职业价值观就是在工作中最期待获得的东西。当然,这可能是金钱、权力,也可能是成就感、社会奉献等。我的职业生涯规划测评测试结果显示,我最突出的职业价值观是注重关系、追求成就、赞誉赏识。

(1)注重关系

期望工作的内容,是能够给予别人帮助,并希望在这样的职位上与同事之间关系融洽,大家都有积极的道德观念和社会服务意识。

(2)追求成就

希望获得的工作,是能够看到即时的成果展现,并体验到可能的成就体验。即工作的追求是一种自我实现,而并非外在特质利益的满足。

(3)赞誉赏识

对职业的追求,是能够使自己获得充分的领导力提升机会,并拥有充分的权威,能够对他人的工作提供指导,并且这个职位是富有社会声望的。

(4)支持满足

期望在职业中获得管理层的支持,比如获得充分的培训机会,能够在单位的规定范畴内获得应有的待遇。

(5)工作条件

非常希望获得有充分保障的工作(包括拥有良好的工作条件),比如能够在一个比较安全和舒适的环境中工作,能够获得应有的报酬,能够有自主决断的可能性等。而且还希望工作具有多样性,能够在工作的范围内做不同的事情。

(6)崇尚独立

期望在工作中能够独立工作、独立决策,而且能够表现出自己的创新,发挥自己的责任感、自主性。而且能够以自我监督的形式使自己的工作按照自己的计划顺利进行。

二、职业生涯条件分析

(一)行业动态分析

1.航运业现状

海洋运输是国际物流中最主要的运输方式,它是指使用船舶通过海上航道在不同国家和地区的港口之间运送货物的一种方式。国际贸易总运量中的2/3以上、中国进出口货运总量的约90%利用海上运输。随着中国经济的快速发展,中国已经成为世界上最重要的海运大国之一。

在时代大背景下,2019年,航运业也呈现出不一样的动态发展。3月27日,波罗的海干散货综合运价指数BDI为690点,相比去年夏季高位重挫近70%。目前,市场上对于BDI的走势存在两种声音:一种是,随着季节性及突发性因素的消失,BDI将在4月反弹;另一种是,由于世界经济形势难言乐观,2019年,BDI将一直于低位运行。现在还很难确定哪一种说法更为贴近事实,但BDI的衰势、航运业的低迷,已经反映在造船等相关领域。2019年1—2月,全球仅成交新船121艘870.4万载重吨,同比锐减59.3%,其中2月份全球仅成交24艘96.2万载重吨,环比暴减87.6%,堪比2016年的极端行情。这是否预示着又一个下降大周期的来临,还是只是一个下降小周期的谷底?现在还很难说清。但新船成交量的减少并非毫无正面意义,它在一定程度上意味着运力增长放缓,对航运市场的运力供需平衡及健康有序发展不无裨益;对造船行业来说,也将促使市场上过剩产能的进一步出清。

此外,虽然航运市场整体需求减少,但一些新兴领域总是不乏机会,在大多数造船企业盈利困难的2018年,依然有豪华邮轮、液化天然气(LNG)船建造企业获利颇丰。如意大利芬坎蒂尼集团2018年销售额近55亿欧元,同比增长9%,税前利润为4.14亿欧元,同比大增21%;去年接获约20艘液化天然气船订单的韩国大宇造船海洋2018年营业利润约62亿元人民币,同比增长39.8%。

2.航运业驶向何方

虽然年初波罗的海干散货综合运价指数(BDI)走出了一段令人心惊肉跳的跳水行情,且“限硫令”的即将实施令燃油成本压力继续加重,但业内人士依然表现出谨慎的乐观态度。

我国外贸集装箱运输市场存在的主要问题是航线运力过剩、运价低迷、竞争激烈，特别是中日航线受日本经济低迷以及中日贸易摩擦的影响，长期表现不佳。

从我国外贸集装箱运输市场近期发展前景来看，货源增长仍令人担忧，外资班轮在我国箱运市场的实力愈来愈大，市场份额比重越来越大。中国的集装箱运输企业如把握好政府不断出台刺激外贸出口的政策和中国加入世贸组织带来的发展机遇，中国集装箱运输市场仍将是全球的亮点。

（二）职业分析

1.船长职业简介

船长是一艘船舶的总负责人，负责驾驶船舶和管理船舶，全面负责安全、航行工作、行政管理、应变指挥。

在中国，船长是船舶的行政和技术领导人。主要职责是直接驾驶和指挥船舶航行，安全地完成客货运输任务，执行船舶技术操作规则及有关规章法令，签署有效文件。

作为一名远洋船长应具备的条件：

（1）强烈的上船意愿；

（2）逻辑思维能力；

（3）流利的英语交流能力；

（4）扎实的专业知识基础；

（5）符合公司的基本要求。

2.工作内容

（1）审批大副编制的货物配载计划，亲自监督危险货物的装卸，严格执行乘员定额和载重线规定，不得超载。

（2）开航前，主持航次会议，通知各部门做好航次任务的一切准备。

（3）航行中，督促船舶各部门认真落实航次计划，做好消防等演习工作，积极应对各种检查，积极防御海盗。

（4）停泊期间，布置好值班等注意事项，配合港口当局做好相关事宜。

（5）出现海事事故或危险情况时，及时联系救援并组织自救。在船舶沉没不可避免的情况下，可以下令弃船，但应尽量提前获得船舶所有人的同意。弃船时，积极组织人员撤离船舶，保存好航海日志、轮机日志、车钟记录簿、国旗等重要文件和物品。船长应在确认所有人员和重要文件、物品已经安全离船的情况下，最后离船。

(6)船舶检修时,认真审核各种修理计划等。

3.船长薪资待遇

三种远洋航线船型上的船长薪资,油船上的一直高于散货船和集装箱船上的,而集装箱船上的船长薪资要略高于散货船上的船长薪资。

自2010年以来,三种远洋航线船型的船长薪资均出现过两次增长:

第一次是在2012年前后,这一次油船船长的薪资增长幅度相对较小(从之前的8500美元/月,增长到9000美元/月),增幅5.6%;而散货船和集装箱船上船长的薪资增长幅度大一些(散货船船长从之前的5800美元/月,增长到7200美元/月;集装箱船船长从之前的5800美元/月,增长到7400美元/月),增幅分别为24%和28%。

第二次是在2016年左右,这一次,远洋油船船长的薪资增长幅度要大一些,从2016年的9000美元/月上涨到9500美元/月;此后继续上涨,到2018年11月时远洋油船船长的薪资达到了10000美金/月,涨幅达11%。而相比之下,远洋散货船和集装箱船上的船长薪资在经过小幅回落又上升后,达到了几乎与2012年持平的水平,仍在7200~7600美元/月之间。

(1)当前薪资(截至2018年11月)

远洋散货船船长的平均薪资为7400美元/月;

远洋集装箱船船长的平均薪资为7600美元/月;

远洋油船船长的平均薪资水平为10000美元/月。

远洋油船船长高30%左右。

(2)未来薪资

远洋油船船长持续上涨的可能性较大。

就各种船型上船长薪资的爬坡后劲和趋势来看,远洋油船船长的薪资水平接下来一段时期继续上涨的可能性较大,而远洋散货船和集装箱船上船长薪资短期内可增长的可能性要小些。

三、职业目标定位

(一)职业目标的确定

1.本人职业定位的SWOT分析

(1)内部环境因素

① 优势因素

做事比较认真、踏实,有浓厚的学习兴趣和一定的实力。

心理强大,不担心在船上会孤单寂寞。

富有极强的责任心,并且喜欢这份工作。

喜欢与人交流,愿意结交更多朋友。

② 劣势因素

做事不够果断,尤其事前做决定的时候总是犹豫不决。

工作、学习有些保守,冒险精神不够。

组织能力和管理人员的能力和经验欠缺。

(2)外部环境因素

① 机会因素

我的母校在海事界有着一定的声望,学校有优质的教育。

学校的学长学姐有丰富的经验传授给我们。

国际货物的全球流动,产生了巨大的国际物流需求,为国际航运业务管理提供了充沛货源。

所以,这个职业还是很有发展前景的。

② 威胁因素

国际化的环境同时也意味着国际范围的竞争与挑战,对个人素质要求也就更高了。就英语来说,不能只满足于听、写,表达能力也至关重要。

新证三副找工作难,竞争人数较多。

2.得出结论

职业目标——高级船长。

职业发展路径——走管理路线。

(二)职业目标的分解与组合

1.职业生涯规划总表

职业生涯规划总表——船长之路		
时间:2019—2036 年	目标:高级船长	
分目标	时间	备注
优秀学生	2019—2022 年	4 年
实习三副	2022—2024 年	12 个月
三副	2024—2026 年	18 个月
二副	2026—2029 年	12 个月
大副	2029—2032 年	18 个月
船长	2032—2036 年	5 年
高级船长	2036 年	

2.目标分解

(1)短期计划

2019—2022 年,在校努力学习。

大一的时候,因为没有太多的专业课,所以,要做好的就是学习。提高学习效率,拿到好的学习成绩。与此同时,可以开始注意一些和未来职业相关的信息。大二的时候,拿出部分时间来参加一些社会实践活动和科创活动,以增强自己的动手能力。大三的时候,要去寻找一些合适的实习机会,提前适应社会环境,并且英文要达到可以正常交流的水平。大四的时候,拿到"大证",准备上船实习。

(2)中期计划

2022—2032 年,在毕业后 10 年内做到船长。

毕业后 2 年做到三副,增强自己的工作能力,适应船上的工作环境;毕业后 7 年做到大副,熟悉船上不同的工作,处理好人际关系;毕业后 10 年做到船长,完全掌握随船的应变能力,独当一面。

(3)长期计划

2032—2036 年,在当上船长 5 年后成为高级船长。

继续积累经验,成为最高级别的船长。

2036 年以后,转回陆上工作,在公司的管理层任职。

此期间,在有了一定的物质基础的条件下,可以去发展一些自己的兴趣爱好,更多地去陪伴家人。

四、评估调整

(一)评估的内容

1.职业目标评估

如果由于职位紧张,不能成为一名船员,我将利用自己在学校学到的知识、积累的经验,去报考公务员。

如果也不能成为一名公务员,就在其他有机会的职位上接受磨炼,利用空余时间提高自己的能力。

2.职业路径评估

如果由于竞争激烈或身体条件而找不到工作,我将再准备一年,并接受相关专业方面知识的培训,学习更好的应聘技巧,为找工作做充分的实战准备。

3.其他因素评估

如果身体条件不能达到上船的健康水平或者家人需要我陪伴左右，我将重新对职业路径进行规划，参照职业目标评估。

(二)评估的时间

在一般情况下，我定期一年进行一次评估规划。

当出现特殊情况时，我会随时评估并进行相应的调整。

五、结束语

制订规划，积极面对自己，才能学会有的放矢，学会灵活地、有规划地主动争取，工作与生活才会变得越来越有乐趣。人生最大的财富是经历，而这些财富的积累必须有规划，否则机会就会从手中流失。提前制订好职业规划，将来亲眼看见自己的行动使自身飞快地发展，给工作单位创造更多的效益，这是何等的幸福与满足。与此同时，赢得了他人的尊敬，实现了自我价值，这一生也就没有什么可遗憾的了。相信自己，自信才是成功的秘诀!

二、典型案例介绍

在浩瀚的海洋中，有无数穿梭的船舶，在船上工作的人们是我们的同行，有的还是我们的校友。他们辉煌的业绩，是鼓舞我们的旗帜，也是指引我们前行的灯塔。

1.驾驶类专业毕业生

辜忠东，男，汉族，1970 年出生，中共党员，中海集装箱运输股份有限公司高级船长。他是我国交通运输部评定的最年轻的高级船长之一。

他在业余时间写下的几万字的《5600 TEU 集装箱船远东—西欧线船长航行手册》,目前已作为中海集团航行于远东至西欧航线大部分大型集装箱船舶的重要参考资料。2005 年 5 月 24 日,辜忠东作为全国唯一的海员代表,在人民大会堂参加“庆祝设立中国航海日座谈会”,并代表全国海员做了热情洋溢的发言。2005 年荣获中国海员工会第十届“金锚奖”。2006 年 7 月,在首届中国“航海日”庆祝大会上,辜忠东被评为“全国十佳船长”,获“郑和航海贡献奖”。2007 年 4 月获“上海市劳动模范”称号。2008 年 9 月当选为上海市青联委员。2009 年 2 月荣获“国务院特殊津贴”。2009 年 3 月任职中海集运航管中心航工三部副总经理。2010 年 8 月任职中海集运安技部副总经理(主持工作)。2011 年 7 月任职中海集团运输部副总经理。2012 年 2 月任职中海汽车运输有限公司总经理。

案例分析

辜忠东讲述他的职业生涯

我于 1970 年出生于四川偏远山区一个普通的农村家庭,父亲是一名普通的乡村中学教师,母亲是一名普通的农村妇女。1988 年高中毕业报考航海院校的原因其实很简单,从小身处内地,一心向往大海的蔚蓝与浩瀚;说实在的,当时并没有太多的渠道了解航海的艰辛和海员生活的枯燥,心中更多的是一种对航海的浪漫情怀;再就是凭着大连海运学院的一张简单的招生简报,封面是一群英姿飒爽的身着制服的年轻大学生的照片。可以说,就是这张照片吸引了我,让我对大海和海员生活更加心驰神往,也是这张照片成就了我人生的第一次选择。

1992 年我从大连海运学院毕业,同年分配到中海集团前身之一的上海海运局。当年毕业分配,其实凭学习成绩,我是可以进入上海远洋公司的,但因为了解到上海海运局人才相对紧缺,提升相对较快的优势,我就毅然决然地放弃了当时待遇相对较好的“上远”,投身到上海海运的怀抱。这应该是改变我命运的人生第二次选择。也正是这不经意的第二次选择,使我的航海生涯相对比较平坦顺利。1994 年我加入了中国共产党,1999 年起开始在中海集运担任船长。自 2003 年起我先后在 5668 TEU 的“新连云港”“新秦皇岛”“新盐田”等船担任船长,2006 年后开始在 8500 TEU 的“中海亚洲”任职船长。

回顾自己 17 年的航海生涯,心中感慨万千。在我一步步成长起来的职业生涯里,我有幸经历了 3 次“年轻人之最”的喜悦——1996 年成为当时上海海运最年轻的远洋大副,1999 年成为当时中海集运最年轻的远洋船长,2003 年成为当时中海集团乃至中国最年轻的大型集装箱船船长。

纵观我大学毕业后的成长过程,企业对我的工作安排进行了合理的规划。我从最小的 3000 吨级的杂货船"友谊"轮做实习生开始,船型逐渐做大,职务逐渐提升,26 岁做大副就上了当时最大的 64000 吨级散货船"华凯"轮,以充分熟悉各种船型,积累经验。自 1999 年起在中海集运担任船长,从第一条 514 TEU 的"向明"轮开始,也是船型逐渐增大,再从 600 TEU 的"桃园"到 1000 TEU 的"向沧"轮,再到 2200 TEU 的"新蛇口"轮,2003 年 7 月就登上了当时国内最大的集装箱船 5668 TEU 的"新青岛"轮。可以说,没有各级组织的多年培养,没有中海集团的跨越式发展,像我这么年轻是不可能担任 5668 TEU 大型集装箱船船长的。

航海是一个充满艰险和挑战的职业,海上生活的艰辛和长期的漂泊在外,注定了从事航海工作的人必须要具备坚定的信念和顽强的毅力,同时要热爱航海工作,敬业乐业;否则就不可能在航海职业生涯里一心一意、持之以恒和有所收获。在我刚参加工作的前几年里,由于海运业一度低迷,很多同事和同学都纷纷选择了跳槽或"登陆"。说实在的,当时我也曾一度彷徨,尤其是刚刚工作的那一年里,经常感到迷惘和惆怅。1992 年 2 月 17 日,我和其他四位大学生一同满怀希望地登上了停靠在外轮航修厂的 3000 吨级的"友谊 11"轮毕业实习。该轮本来是营运在东南亚航线的,公司也正是因此才安排我们上船远洋实习的。可是由于设备原因,该轮在船厂一修就是两个多月,修船期间我和另外两名驾驶实习生就每天在水手长的带领下敲锈、油漆。"友谊 11"轮最终由于设备原因而没有能够在我实习的半年里驶出过中国沿海。实事求是地说,半年的毕业实习生活或多或少让我感到了一些失望和海员生活的艰辛、枯燥和乏味。但一想起实习期间各级组织的关心和培养,船上领导及同事们的赞许、信任和希望,我就决定要继续留在海运局工作。尤其是 1997 年,中海集团这艘航空母舰的重组起航更让我看到了曙光,给了我很大的信心和力量。我最终下定决心留下来好好工作、报效企业。今天再回首,事实证明我当初的选择和决定是非常明智的,也是无怨无悔的。

2.轮机专业毕业生

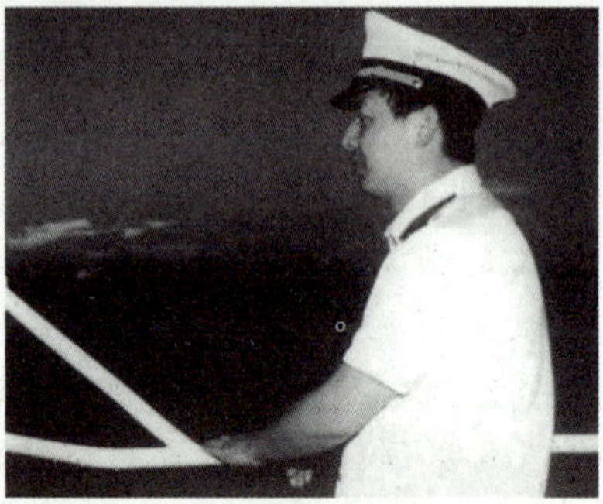

王新全,1964年生,大学学历,中共党员,现任中远海运散货运输有限公司副总经理。

王新全是伴随着改革开放成长起来的新一代国企工人。在从事远洋运输工作的十几年中,他刻苦钻研,爱岗敬业,以踏实的工作作风、扎实的技术功底,创造出不平凡的工作业绩。

1986年,他以优异成绩从集美航海专科学校毕业,被分配到远洋运输船上工作。参加工作12年,有近9年的时间是在远航中度过的,12个春节,他在船上过了7个,用10年时间完成了一般人需要15年才能完成的工作量;航迹所及50多个国家近百个港口,累计航行40多万海里,相当于绕地球20多圈,为国家安全承运了价值200多亿元人民币的进出口货物。他刻苦钻研,先后发表和出版了70多万字的论文和专著,并在工作实践中不断进行技术革新,解决了上千个生产难题,创造直接经济效益3000多万元。十几年来,他从实习生做起,由最普通的轮机工到三管轮、二管轮、大管轮,一步一个脚印,成长为我国目前现代化程度最高的5250 TEU集装箱船的轮机长,也是目前世界上同类型船舶上最年轻的轮机长之一。

十几年来,王新全以"打铁必须自身硬"为信条,主动迎接新技术的挑战,由一名普通轮机员迅速成长为解决船舶故障的行家里手。1993年,他在"花园口"轮的一次吊缸检修中,发现安装活塞连杆组件时既费力又费时,稍不注意,就要碰坏连杆固定螺栓,造成返工,成为同类船舶在吊缸检修时速度提不高甚至造成工伤事故的主要原因。为解决这一问题,他反复琢磨、苦苦思索,终于发明了一套主机吊缸检修用的导向工具,使连杆螺栓在安装过程中不受损伤,大大提高了安装质量和速度,使原来要花20多小时完成的工作减少到7小时以内。

他注重积累经验,不管是学术书籍上的资料,还是工作中解决问题的心得,他总是细心地记录下来,十几年来,他用过的笔记本有一百多个,积累了上千万字的技术资料。在此基础上,他先后撰写并发表了122篇论文,编著、翻译或与他人合作出版了《滚装船尾门尾跳液压系统管理》《船舶柴油机微机监测与操作技术》《船舶维修保养与故障诊断》《船舶动力及机械设备控制与监测》。

他曾获得"全国劳动模范""全国十大杰出职工""上海市劳动模范"等荣誉称号。

小贴士

王新全的职业发展轨迹

1986—2000 年在中远集装箱运输公司工作，历任三管轮、二管轮、大管轮、轮机长等职。

1997 年起任我国当时现代化程度最高的第五代集装箱船舶轮机长，是世界上同类型船舶上最年轻的轮机长之一。

2000—2002 年任中远集运船舶管理公司技术信息开发中心主任。

2003 年 2 月起任中远集装箱运输有限公司技术部经理。

2004 年 9 月起任上海远洋运输公司船舶技术部部长。

2006 年元月起任中国远洋运输(集团)总公司安全技术监督部总轮机长。

思考题

1.请谈谈航海类专业学生做好职业生涯规划的重要性及步骤。

2.航海类专业学生如何制订自身职业素质培养计划？

3.撰写自己的职业生涯规划书。

第五章 就业政策与形势

◎ **本章要点：**

1. 当前高校毕业生以及航海类专业毕业生的就业政策以及所面临的就业形势。

2. 航海类专业毕业生毕业后大部分从事航运相关工作，就职于航运产业链的就业方向。

◎ **学习目标：**

1. 引导航海类专业毕业生熟知相关就业政策，科学研判就业形势。

2. 引导航海类专业毕业生找准就业方向，服务交通强国。有意识地在大学期间进行探索、锻炼、培养。

“形势”一词语出《文子 · 自然》：“夫物有胜，唯道无胜，所以无胜者，以其无常形势也。”在这句话里，“形”指的是具象的、微观的东西，而“势”指的是抽象的、宏观的东西。“形”和“势”是变化的、相互影响的。从“形势”一词的内涵和外延出发，我们就可以很好地理解就业形势的含义。就业形势反映了一定时间和空间内的变化趋势，而这种趋势是有一定的规律性和可预测性的。经济发展水平和经济结构是就业形势的决定性因素，当今世界经济的复杂性和中国经济的高增长态势相互交织，我国就业形势从总体上讲呈现乐观的态势。国家根据国内外政治经济形势，制定了一系列政策措施稳定就业。

第一节　就业政策

一、高校毕业生就业政策

2017 年 1 月 26 日国务院印发《"十三五"促进就业规划》(国发〔2017〕10 号)，是"十三五"时期指导全国促进就业工作的战略性、综合性、基础性规划，指出要切实做好高校毕业生就业工作。同年 4 月 13 日国务院再次印发《国务院关于做好当前和今后一段时期就业创业工作的意见》(国发〔2017〕28 号)，指出要鼓励高校毕业生多渠道就业。

近年来高校毕业生就业政策综述如下：

◆（一）鼓励引导高校毕业生面向城乡基层、中西部地区、东北地区、艰苦边远地区以及革命老区、民族地区、贫困地区就业

2017 年，中共中央办公厅、国务院办公厅印发《关于进一步引导和鼓励高校毕业生到基层工作的意见》(中办发〔2016〕79 号)，意见提出，健全保障措施，为高校毕业生在基层成长成才创造良好条件。

1. 中央部门基层就业项目

中央各有关部门主要组织实施了 5 个引导高校毕业生到基层就业的专门项目，包括：共青团中央、教育部、财政部、人力资源社会保障部等四部门从 2003 年起组织实施的"大学生志愿服务西部计划"；中组部、人力资源社会保障部、教育部等八部门从 2006 年开始组织实施的"三支一扶"(支教、支农、支医和扶贫)计划；教育部、财政部、人力资源社会保障部、中央编办等四部门从 2006 年开始组织实施的"农村义务教育阶段学校教师特设岗位计划"；中组部、教育部、财政部、人力资源社会保障部等部门从 2008 年起组织实施的"选聘高校毕业生到村任职工作"；农业部、人社部、教育部等部门从 2013 年起组织实施的"农业技术推广服务特设岗位计划"。

根据中组部、人力资源社会保障部、教育部、财政部、共青团中央《关于统筹实施引导高校毕业生到农村基层服务项目工作的通知》(人社部发〔2009〕42 号)等政策规定，参加中央部门组织实施的基层就业项目、服务期满的毕业生，享受以下优惠政策：

(1)公务员招录优惠：每年拿出公务员考录计划的一定比例，专门用于定向招录服务期满且考核称职(合格)的服务基层项目人员。服务基层项目人员也可报考其他职位。

(2)事业单位招聘优惠:鼓励在项目结束后留在当地就业,参加各基层就业项目相对应的自然减员空岗,全部聘用服务期满的高校毕业生。从2009年起,到乡镇事业单位服务的高校毕业生服务满1年后,在现岗位空缺情况下,经考核合格,即可与所在单位签订不少于3年的聘用合同。同时,各省(区、市)县及县以上相关的事业单位公开招聘工作人员,应拿出不低于40%的比例,聘用各专门项目服务期满考核合格的高校毕业生。

(3)考学升学优惠:服务期满后3年内报考硕士研究生初试总分加10分;同等条件下优先录取;高职(高专)学生可免试入读成人本科。

(4)国家补偿学费和代偿助学贷款政策:参加各基层就业项目的毕业生,符合规定条件的,可享受相应的学费补偿和助学贷款代偿政策。

(5)服务期满自主创业的,可享受税收优惠、行政事业性收费减免、小额贷款担保和贴息等有关政策。

(6)其他:各基层就业项目服务年限计算工龄。服务期满到企业就业的,按照规定转接社会保险关系。

2.鼓励高校毕业生到中西部地区、东北地区或艰苦边远地区、国家扶贫开发工作重点县工作

按照《中共中央办公厅 国务院办公厅印发〈关于进一步引导和鼓励高校毕业生到基层工作的意见〉的通知》(中办发〔2016〕79号)文件规定:

(1)对到中西部地区、东北地区或艰苦边远地区、国家扶贫开发工作重点县以下机关事业单位工作的高校毕业生,新录用为公务员的,试用期工资可直接按试用期满后工资确定,试用期满考核合格后的级别工资,在未列入艰苦边远地区或国家扶贫开发工作重点县的中西部地区和东北地区的高定一档,在三类及以下艰苦边远地区或国家扶贫开发工作重点县的高定两档,在四类及以上艰苦边远地区的高定三档。

(2)招聘为事业单位正式工作人员的,可提前转正定级,转正定级时的薪级工资,在未列入艰苦边远地区或国家扶贫开发工作重点县的中西部地区和东北地区的高定一级,在三类及以下艰苦边远地区或国家扶贫开发工作重点县的高定两级,在四类及以上艰苦边远地区的高定三级。

(3)落实对乡镇机关事业单位工作人员实行的工作补贴政策,当前补贴水平不低于月人均200元,并向条件艰苦的偏远乡镇和长期在乡镇工作的人员倾斜。落实艰苦边远地区津贴增长机制。

3.基层就业

基层就业就是到城乡基层工作。国家近几年出台了一系列优惠政策鼓励高校

毕业生积极参加社会主义新农村建设、城市社区建设和应征入伍。一般来讲,“基层”既包括广大农村,也包括城市街道社区;既涵盖县级以下党政机关、企事业单位,也包括社会团体、非公有制组织和中小企业;既包含单位就业,也包括自主创业、自谋职业。

按照《国务院关于做好当前和今后一段时期就业创业工作的意见》(国发〔2017〕28 号)、《中共中央办公厅 国务院办公厅印发〈关于进一步引导和鼓励高校毕业生到基层工作的意见〉的通知》(中办发〔2016〕79 号)、《中共中央组织部 人力资源社会保障部等五部门关于印发高校毕业生基层成长计划的通知》(人社部发〔2017〕85 号)等文件规定:

(1)完善工资待遇进一步向基层倾斜的办法,健全高校毕业生到基层工作的服务保障机制,鼓励毕业生到乡镇特别是困难乡镇机关事业单位工作。

(2)对高校毕业生到中西部地区、艰苦边远地区和老工业基地县以下基层单位就业、履行一定服务期限的,按规定给予学费补偿和国家助学贷款代偿(本专科学生每人每年最高不超过 8000 元、研究生每人每年最高不超过 12000 元)。

(3)结合政府购买服务工作的推进,在基层特别是街道(乡镇)、社区(村)购买一批公共管理和社会服务岗位,优先用于吸纳高校毕业生就业。

(4)落实完善见习补贴政策,对见习期满留用率达到 50%以上的见习单位,适当提高见习补贴标准,允许就业见习补贴用于见习单位为见习人员办理人身意外伤害保险以及对见习人员的指导管理费用。

(5)将求职补贴调整为求职创业补贴,对象范围扩展到已获得国家助学贷款的毕业年度高校毕业生,以及贫困残疾人家庭、建档立卡贫困家庭高校毕业生和特困人员中的高校毕业生。

(6)艰苦边远地区基层机关招录高校毕业生可适当放宽学历、专业等条件,降低开考比例,可设置一定数量的职位面向具有本市、县户籍或在本市、县长期生活的高校毕业生。

按照《国务院关于做好当前和今后一段时期就业创业工作的意见》(国发〔2017〕28 号)、《中共中央办公厅 国务院办公厅印发〈关于进一步引导和鼓励高校毕业生到基层工作的意见〉的通知》(中办发〔2016〕79 号)、《中共中央组织部 人力资源社会保障部等五部门关于印发高校毕业生基层成长计划的通知》(人社部发〔2017〕85 号)等文件规定:

(1)在干部人才选拔任用机制上,进一步强化基层工作经历的政策导向,向在基层工作的优秀高校毕业生倾斜。

(2)自 2012 年起,省级以上机关录用公务员,除特殊职位外,按照有关规定一律从具有 2 年以上基层工作经历的人员中考录。

(3)市地级以上机关应拿出一定数量职位面向具有基层工作经历的公务员进行公开遴选。

(4)省、市级所属事业单位面向社会公开招聘时,应拿出一定数量岗位公开招聘有基层事业单位工作经历的人员。有条件的地区,可明确具体公开遴选或招聘的比例。

(5)鼓励国有大中型企业建立健全人力资源管理激励机制,将在基层生产和管理一线表现优秀的高校毕业生纳入后备人才队伍,加大从基层一线选拔任用中层干部的力度。

(6)对具有基层工作经历的高校毕业生,在研究生招录和事业单位选聘时实行优先。

(7)高校毕业生在中西部地区和艰苦边远地区县以下基层单位从事专业技术工作,申报相应职称时,可不参加职称外语考试或放宽外语成绩要求。充分挖掘社会组织吸纳高校毕业生就业潜力,对到省会及省会以下城市的社会团体、基金会、民办非企业单位就业的高校毕业生,所在地的公共就业人才服务机构要协助办理落户手续,在专业技术职称评定方面享受与国有企事业单位同类人员同等待遇,对于吸纳高校毕业生就业的社会组织,符合条件的可同等享受企业吸纳就业扶持政策。

(8)对到农村基层和城市社区从事社会管理和公共服务工作的高校毕业生,符合公益性岗位就业条件并在公益性岗位就业的,按照国家现行促进就业政策的规定,给予社会保险补贴和公益性岗位补贴。

◆ (二)鼓励高校毕业生到中小微企业就业

按照《国务院关于进一步做好新形势下就业创业工作的意见》(国发〔2015〕23号)、《国务院办公厅关于做好2014年全国普通高等学校毕业生就业创业工作的通知》(国发〔2014〕22号)、《国务院办公厅关于做好2013年全国普通高等学校毕业生就业工作的通知》(国办发〔2013〕35号)、《国务院关于进一步支持小型微型企业健康发展的意见》(国发〔2012〕14号)和《国务院关于进一步做好普通高等学校毕业生就业工作的通知》(国发〔2011〕16号)等文件规定:

(1)对招收高校毕业生达到一定数量的中小企业,地方财政应优先考虑安排扶持中小企业发展资金,并优先提供技术改造贷款贴息。

(2)对劳动密集型小企业当年新招收登记失业高校毕业生,达到企业现有在职职工总数30%(超过100人的企业达15%)以上,并与其签订1年以上劳动合同的劳动密集型小企业,可按规定申请最高不超过200万元的小额担保贷款并享受50%的财政贴息。

(3)高校毕业生到中小企业就业的,在专业技术职称评定、科研项目经费申请、科研成果或荣誉称号申报等方面，享受与国有企事业单位同类人员同等待遇。

(4)对小微企业新招用毕业年度高校毕业生，签订1年以上劳动合同并缴纳社会保险费的，给予1年社会保险补贴。

◆（三）鼓励高校毕业生到部队建功立业

经国务院、中央军委批准，自2020年起，将义务兵征集由一年一次征兵一次退役，调整为一年两次征兵两次退役。

实行一年两次征兵两次退役后，征兵时间区分为上半年和下半年两次，上半年征兵从2月中旬开始，3月底结束，新兵批准入伍时间为3月1日；下半年征兵从8月中旬开始，9月底结束，新兵批准入伍时间为9月1日；按照《中华人民共和国兵役法》规定，义务兵服现役的期限为2年，士兵退役时间对应其批准服现役时间。

征集时间调整改革后，征集新兵总量与往年相比保持稳定，征集的条件、标准、程序和相关政策不变，征集对象仍以大学生为重点。上半年征兵重点征集各级各类院校往届毕业生、高职高专毕业班学生和各类社会技能人才，下半年征兵重点征集各级各类院校应届毕业生、在校生和新生。

高校毕业生应征入伍服义务兵役，除享有优先报名应征、优先体检政审、优先审批定兵、优先安排使用"四个优先"政策，家庭按规定享受军属待遇外，还享受优先选拔使用、学费补偿和国家助学贷款代偿、退役后考学升学优惠、就业服务等政策。

◆（四）鼓励高校毕业生到国家重点建设领域就业

"一带一路"建设、京津冀协同发展、长江经济带发展提供了大量的岗位需求。高校毕业生要主动对接人才需求，积极到重点地区、重大工程、重大项目、重要领域去就业。要结合建设科技强国、质量强国、航天强国、网络强国、交通强国、数字中国、智慧社会要求，引导毕业生到高技术产业、战略性新兴产业、先进制造业和现代服务业等领域就业、创业。深入挖掘互联网、大数据、人工智能和实体经济深度融合创造的就业机会，在共享经济、现代供应链、人力资本服务等领域拓展就业新空间。

按照《科技部 教育部 财政部 人力资源社会保障部 国家自然科学基金委员会关于鼓励科研项目单位吸纳和稳定高校毕业生就业的若干意见》（国科发财〔2009〕97号）规定，由高校、科研机构和企业所承担的民口科技重大专项、"973"计划、"863"计划、科技支撑计划项目以及国家自然科学基金会的重大重点项目等，可以聘用高校毕业生作为研究助理或辅助人员参与研究工作。此外的其他项目，承担研究的单位也可聘用高校毕业生。

吸纳对象主要以优秀的应届毕业生为主，包括高校以及有学位授予权的科研机构培养的博士研究生、硕士研究生和本科生。被吸纳高校毕业生需与项目承担单位签订服务协议，明确双方的权利、责任和义务，但不是项目承担单位的正式在编职工。

◆（五）鼓励高校毕业生到国际组织实习任职

国际组织亦称国际团体或国际机构，是具有国际性行为特征的组织，是两个或两个以上国家（或其他国际法主体）为实现共同的政治经济目的，依据其缔结的条约或其他正式法律文件建立的有一定规章制度的常设性机构。

国际组织分为政府间组织和非政府间组织，也可分为区域性国际组织和全球性国际组织。政府间国际组织有联合国、欧盟、北非联盟、东盟、世贸组织等，非政府间国际组织有国际足联、国际奥委会、国际环保协会、国际红十字会等，各种国际组织在当今世界发挥着重要的作用。

根据《教育部关于促进普通高校毕业生到国际组织实习工作的通知》（教学〔2017〕614 号）、国家留学基金委《国家留学基金资助全国普通高校学生到国际组织实习选派管理办法（试行）》相关文件精神，国际组织实习享受以下政策。

1.资助金额

国家留学基金资助一次往返国际旅费、资助期限内的奖学金和艰苦地区补贴，奖学金包括伙食费、住宿费、交通费、电话费、医疗保险费、交际费、一次性安置费、签证延长费、零用费等。具体资助方式、资助标准等以录取文件为准。资助期限为 3～12 个月。

2.保留学籍

高校在校生到国际组织实习，学校可为其保留学籍，最长至两年；学生实习期满后应向学校提出复学申请，学校经审查合格后同意复学，并可根据其实习经历和实习内容认定为公共必修课或实践实习课程的学分。

3.就业服务

到国际组织实习的毕业年度内高校毕业生，毕业时其户口档案可申请保留在学校两年（直辖市按有关规定执行）。两年内落实就业单位的，可视为应届毕业生，根据相关规定，为其办理就业手续。超过两年的，学校将其在校户口及档案迁回家庭所在地。

4.升学深造

高校在制订本校推免生遴选办法时，结合本校具体情况，将学生到国际组织实习情况纳入推免生遴选指标体系。

◆（六）鼓励高校毕业生自主创业、稳定灵活就业

按照《国务院关于进一步做好新形势下就业创业工作的意见》（国发〔2015〕23

号)、《国务院办公厅关于深化高等学校创新创业教育改革的实施意见》(国办发〔2015〕36 号)等文件规定,高校毕业生自主创业优惠政策主要包括:

1.税收优惠

持人社部门核发的“就业创业证”(注明“毕业年度内自主创业税收政策”)的高校毕业生在毕业年度内(指毕业所在自然年,即 1 月 1 日至 12 月 31 日)创办个体工商户、个人独资企业的,3 年内按每户每年 8000 元为限额依次扣减其当年实际应缴纳的营业税、城市维护建设税、教育费附加和个人所得税。对高校毕业生创办的小型微利企业,按国家规定享受相关税收支持政策。

2.创业担保贷款和贴息支持

对符合条件的高校毕业生自主创业的,可在创业地按规定申请创业担保贷款,贷款额度为 10 万元。鼓励金融机构参照贷款基础利率,结合风险分担情况,合理确定贷款利率水平,对个人发放的创业担保贷款,在贷款基础利率基础上上浮 3 个百分点以内的,由财政给予贴息。

3.免收有关行政事业性收费

毕业两年以内的普通高校毕业生从事个体经营(除国家限制的行业外)的,自其在工商部门首次注册登记之日起 3 年内,免收管理类、登记类和证照类等有关行政事业性收费。

4.享受培训补贴

对高校毕业生在毕业学年(即从毕业前一年 7 月 1 日起的 12 个月)内参加创业培训的,根据其获得创业培训合格证书或就业、创业情况,按规定给予培训补贴。

5.免费创业服务

有创业意愿的高校毕业生,可免费获得公共就业和人才服务机构提供的创业指导服务,包括政策咨询、信息服务、项目开发、风险评估、开业指导、融资服务、跟踪扶持等“一条龙”创业服务。各地在充分发挥各类创业孵化基地作用的基础上,因地制宜建设一批大学生创业孵化基地,并给予相关政策扶持。对基地内大学生创业企业要提供培训和指导服务,落实扶持政策,努力提高创业成功率,延长企业存活期。

6.取消落户限制

取消高校毕业生落户限制,允许高校毕业生在创业地办理落户手续(直辖市按有关规定执行)。

◆ (七)贫困家庭高校毕业生帮扶政策

国家对来自城镇低保家庭、低保边缘户家庭、农村贫困家庭和残疾人家庭的普通高校毕业生，积极完善相关帮扶政策，要求各高校建立台账，精准发力，解决贫困大学生的就业问题，主要如下：

(1)各级机关考录公务员、事业单位招聘工作人员时，免收困难家庭高校毕业生的报名费和体检费。

(2)为帮助困难家庭的高校毕业生求职就业，高校一般都会安排经费作为困难家庭毕业生的求职补助，或对已成功就业的困难家庭毕业生给予奖励。困难家庭毕业生可向所在院系提出书面申请。学校也应根据平时掌握的情况，对困难家底的毕业生给予主动帮助。

(3)从 2013 年起，对享受城乡居民最低生活保障家庭的毕业年度内高校毕业生，可给予一次性求职补贴，补贴标准由各省级财政、人力资源和社会保障部门会同有关部门根据当地实际制定，所需资金按规定列入就业专项资金支出范围。

◆ (八)离校未就业高校毕业生相关政策

按照《国务院办公厅关于做好 2013 年全国普通高等学校毕业生就业工作的通知》(国办发〔2013〕35 号)和《人力资源社会保障部关于实施离校未就业高校毕业生就业促进计划的通知》(人社部发〔2013〕41 号)要求，为做好离校未就业高校毕业生就业工作，从 2013 年起实施离校未就业高校毕业生就业促进计划：

(1)地方各级人社部门所属公共就业人才服务机构和基层公共就业服务平台要面向所有离校未就业高校毕业生(包括户籍不在本地的高校毕业生)开放，办理求职登记或失业登记手续，发放“就业创业证”，摸清就业服务需求。其中，直辖市为非本地户籍高校毕业生办理失业登记办法按现行规定执行。

(2)对实名登记的所有未就业高校毕业生提供更具针对性的职业指导。

(3)对有求职意愿的高校毕业生要及时提供就业信息；

(4)对有创业意愿的高校毕业生，各地要纳入当地创业服务体系，提供政策咨询、项目开发、创业培训、融资服务、跟踪扶持等“一条龙”创业服务。及时提供就业信息。

(5)要将零就业家庭、经济困难家庭、残疾等就业困难的未就业高校毕业生列为重点工作对象，提供“一对一”个性化就业帮扶，确保实现就业。

(6)对有就业见习意愿的高校毕业生，各地要及时纳入就业见习工作对象范围，确保能够随时参加。

(7)对有培训意愿的离校未就业高校毕业生，各地要结合其专业特点，组织参加职业培训和技能鉴定，按规定落实相关补贴政策。

(8)地方各级公共就业人才服务机构要为离校未就业高校毕业生免费提供档案托管、人事代理、社会保险办理和接续等一系列服务，简化服务流程，提高服务效率；有条件的地方可对到小微企业就业的离校未就业高校毕业生，提供免费的人事劳动保障代理服务。

(9)加大人力资源市场监管力度,严厉打击招聘过程中的欺诈行为,及时纠正性别歧视和其他各类就业歧视。加大劳动用工、缴纳社会保险费等方面的劳动保障监察力度,切实维护高校毕业生就业后的合法权益。

与此同时,各地结合实际情况也制定了相关的人才引进政策,吸引高校毕业生去当地建功立业,详情请查阅各地人社局、人才服务中心网站。

二、航海类专业毕业生就业政策

◆(一)航海类专业毕业生就业政策沿革

我国航海类专业毕业生就业政策发展,主要经历以下五个阶段:

1.中华人民共和国成立初期至1982年,实行"统包统分"制度

"统包统分"制度包括预分配、计划指导下的毕业生与用人单位的双向选择、用人单位有偿接受航海类专业毕业生等三项基本内容。这是我国当时从国情出发,在航海类专业人才短缺的前提下采取的计划分配体制。

2.1983—1997年,实行预分配就业制度

交通部于1983年下发了《交通部海运院校航海类专业毕业班学生实行预分配试行办法》(已废止),规定海运院校航海类专业毕业生,根据交通部批准的分配方案,提前半年实行预分配;学生毕业后再按正式计划派遣到预分配单位。1989年6月起,对于航海类专业非船员标准毕业生,采取学生填报志愿、学校推荐、用人单位择优录用的"双向选择"分配办法。

3.1998—2002年,实行"交通系统内自主择业"制度

1997年,交通部发出《关于做好1998年部属院校航海类专业毕业生就业工作的通知》,决定自1998年起逐步实行在预分配计划指导下的"交通系统内自主择业"的办法。

4.2003—2008年,实行预就业方案指导下的"双向选择"制度

2002年7月,交通部办公厅印发了《关于做好2003年航海类专业毕业生就业工作的通知》。明确规定,交通部人事劳动司不再组织制订和下达毕业生预分配计划,改为指导院校制订毕业生预就业方案。

5.2009年至今,实行国家就业政策引导下双向选择制度

2008年财政部、国家发展改革委下发了《关于公布取消和停止征收100项行政事业性收费项目的通知》,航海类专业毕业生就业取消了招聘单位缴纳培养费制度。自2009年起,基于航运业发展和航海类人才培养面临的新形势、新情况,航海

类专业实行国家就业政策引导下的"双向选择"制度。

◆（二）促进航海类专业毕业生上船就业政策

2012年教育部、交通运输部印发《教育部 交通运输部关于进一步提高航海教育质量的若干意见》(教高〔2012〕3号)，指出：促进航海类专业毕业生上船就业。鼓励航海院校加强与航运企业和海员外派服务机构的合作，实行"订单式"人才培养模式，鼓励企业采用代偿国家助学贷款、设立多种形式的奖学金和助学金、改善船员工作条件等措施，吸引航海类专业毕业生上船工作。组织研究制定相关政策，保障航海类专业毕业生权益，进一步拓宽航海类专业毕业生到境外航运企业就业的渠道。

航海类专业毕业生享受学费补偿和助学贷款代偿等政策详见前文"基层就业"内容。

◆（三）海事局相关政策

2016年11月12日，有"全球船员权利法案"之称的《2006年海事劳工公约》在我国开始生效。它的核心是保障海员权益。为响应《2006年海事劳工公约》国内适用的进程，做好船员权益的保障工作，早在2009年12月，交通运输部、中国海员建设工会、中国船东协会组成全国海上劳动关系三方协调机制，开启了构建和谐的海上劳动关系的序幕，明确三方共同协商解决海上劳动关系方面的有关问题，有力地促进《2006年海事劳工公约》在我国实施的履约准备进度，拉开了切实保护海上劳动关系各方面合法权益，特别是海员权益保障的序幕。

我国船员法规体系逐步建立健全，形成了以《中华人民共和国船员条例》为主体，以《船员培训管理规则》《海船船员适任考试和发证规则》《内河船舶船员适任考试和发证规则》《海船船员值班规则》《海员外派管理规定》等部门规章和规范性文件为支撑的船员管理法规体系，涵盖了船员注册、培训、考试、发证、值班、服务、海员外派、权益保护等各个领域。此外，我国船员保障机制逐步形成，制定《海员船上工作和生活条件管理办法》等规定，保障船员起居、膳食、工作、休息等方面的在船合法权益。

相关政策法规可以到中国海事局官网(https://www.msa.gov.cn/)查阅。

第二节 就业形势

◆（一）全国高校毕业生整体就业形势

高校毕业生就业问题涉及人数众多，关乎经济升级、民生改善和社会稳定，是"六稳、六保"的首位重点。2020年政府工作报告中39次提到了就业，就业优先政策要全面强化;促就业举措要应出尽出,拓岗位办法要能用尽用。要求千方百计稳定和扩大就业,高校要提供不断线的就业服务。

无论是国际还是国内,经济增长速度都有所放缓,这很大程度上影响了中国经济的整体情况,尤其是对互联网行业。所以,在对未来市场环境预测不利的前提下,很多企业为了生存,会采用"断尾"的方式来求生,即采用频繁裁员的方式来消减成本压力。虽然这在一定程度上伤害了就业者的感情,但也是企业转型的必然过程。与此同时,社会对毕业生的学历要求越来越高。虽然这是一种"人才高消费"的错误观念,盲目追求高学历人才,扭曲了对毕业生的需求,人为地制造就业困难。但也在一定程度上反映了一个现实:人力资源招聘考核的顺序永远是先看学历,再看能力。再者,经济发展不平衡,价值观混乱。大部分毕业生都希望留在大城市和沿海开放城市工作,因为这里的经济相对发达、薪资高、生活条件优越。然而,目前最需要毕业生的却是边远地区、中小城市、艰苦行业的基层一线中小型单位。而且去了这些地区的毕业生流失情况也特别严重,有一种说法是"要不到、分不来、用不上、留不住"。

1.毕业生规模持续增加与就业结构性矛盾仍然并存

近几年来,全国高校毕业生规模持续增长,2020 届达到 874 万人,较 2019 届增加了 40 万人。就业总量的持续增加与就业岗位相对缩减促使用人单位招聘条件不断提高,造成结构性矛盾更加深化且长期并存。

2016—2020 年全国毕业生人数和就业情况如表 5.1 所示。

表 5.1　2016—2020 年全国毕业生人数和就业率

毕业年份	全国毕业生总数(单位:万人)	就业率
2016	765	91.6%
2017	795	91.9%
2018	820	91.5%
2019	834	—
2020	874	—

2.全国硕士研究生报名人数持续增长

近年来,全国硕士研究生报名热度较高,这与我国经济处于转型发展时期有关。社会对高层次人才的需求及要求加大,为了增强就业竞争力,完善自身的知识结构、提高文化层次,许多毕业生加入了考研队伍。2020 年硕士研究生报名人数达到 341 万人。由于就业压力增大,以及非全日制招生制度逐渐完善,考研报名人数中往届生的比例也在不断增加,如表 5.2 所示。

表 5.2　2016—2020 年硕士研究生报考和录取情况

年度	报考人数(单位:万人)	录取人数(单位:万人)	考录比
2016	177	58.98	3.00
2017	201	72.22	2.78
2018	238	76.25	3.12
2019	290	91.7	3.16
2020	341	110.6	3.08

◆(二)航海类专业毕业生就业形势

全球经济增长乏力,克拉克森海运指数在 2019 年仍保持着向上的趋势,2019 前 8 个月该指数平均值较去年同期上涨 12%(2018 年全年增长 13%)。其中,油船市场整体收益同比大幅增加 75%(部分由于 2018 年同期基数较低)。LPG 市场收益在 2019 年前 8 个月上涨 60%,同时 LNG 市场仍处于扩张阶段。散货船市场在经历了艰难的 2019 年上半年之后,在 2019 年 3 季度迎来强劲反弹,更多可能是受到一些短期因素的推动(包括铁矿石供给逐步恢复,部分散货船因安装脱硫塔而暂时离开市场等)。受安装脱硫装置等非基本面因素影响,大型集装箱船租金上涨,带动整体集装箱船市场租金在 2019 年前 8 个月上升 13%。未来大型集装箱船市场走势仍会受到这些非基本面因素影响。滚装船市场增长有所放缓但邮轮市场投资保持增长。海工市场活跃度增加,租金价格和装置利用率缓慢上升,但改善进度不尽相同,海工市场挑战依然存在。

1.我国船员队伍现状

《2019 年中国船员发展报告》显示,2019 年,我国船员队伍的总体数量保持稳步增长。截至 2019 年年底,全国注册船员总数 1659188 人,同比增长 5.3%。

国际航行海船船员出生地数量前三位为山东、江苏、河南,同比增长率前三位的是山西、甘肃和四川。沿海航行海船船员按出生地数量前三位为浙江、山东、福建,同比增长率前三位的是山西、贵州和吉林。

持有适任证书的国际航行海船船员、沿海航行海船船员和内河船舶船员平均年龄分别为 36 岁、43 岁和 46 岁。

外派海员共 145922 人次,同比增长 5.1%。高级船员外派数量稳中增长。

2.我国航海类专业招生现状

2018 年,我国海船船员教育培训机构航海类专业招生 16998 人,其中驾驶专业 9248 人,轮机(含电子电气)专业 7750 人。航海类专业招生人数同比增长 32.8%,如表 5.3 所示。2014—2018 年海船船员教育培训机构航海类专业招生人数如表

5.4 和图 5.1 所示。

表 5.3　2018 年海船船员教育培训机构航海类专业招生人数

类型	招生人数			
	驾驶	轮机	电子电气	合计
本科	2825	2859	842	6526
大专(高职)	5513	3100	508	9121
中专(中职)	898	396	10	1304
非航海类工科	12	10	25	47
合计	9248	6365	1385	16998

表 5.4　2014—2018 年海船船员教育培训机构航海类专业招生人数

专业	招生人数				
	2014	2015	2016	2017	2018
驾驶	9321	8193	8229	6844	9248
轮机(含电子电气)	7832	6767	7106	5959	7750
电子电气	—	—	1041	997	1385
合计	17153	14960	15335	12803	16998

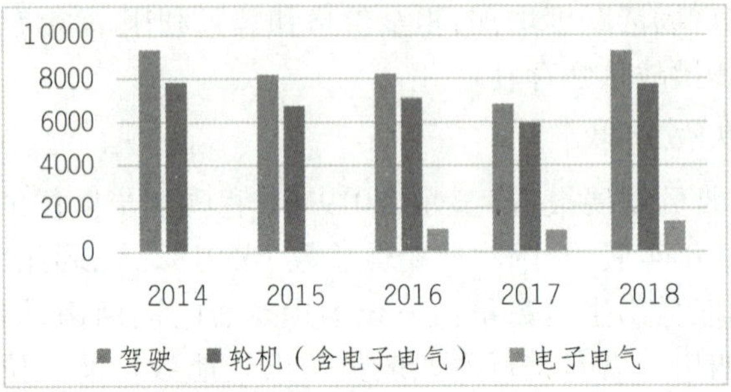

图 5.1　2014—2018 年海船船员教育培训机构航海类专业招生人数

3.我国航海类专业毕业生就业状况

根据协作组编写《全国航海类专业毕业生就业信息报告》可以看出，近年来我国航海类专业人才需求保持增长趋势，毕业生就业率始终保持较高水平。

(1)毕业生数逐年减少

近年来，全国航海类专业毕业生数量总体呈下降趋势，如图 5.2 所示。2018 届本科生较 2013 届下降 7.03%；专科生下降更为明显，为 46.67%。

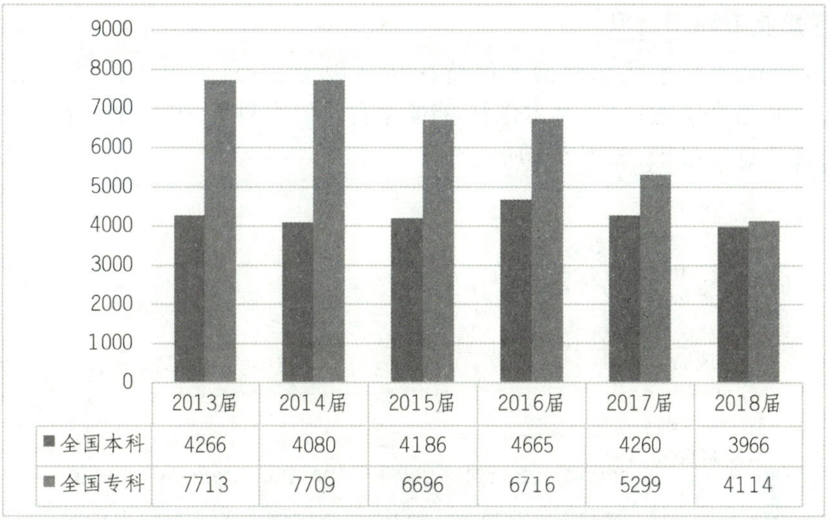

图 5.2 2013—2018 届全国航海类专业毕业生人数

（2）市场需求逐年增长

受经济下行压力增大、航运市场持续低迷影响，全国航海类专业毕业生的求人倍率有所下降，但仍维持在 2 倍左右并持续增长，保持一定的就业潜力。调查显示，全国本科生求人倍率 2018 届较 2013 届增长了 1.34；全国专科生求人倍率增长了 2.33，如图 5.3 所示。

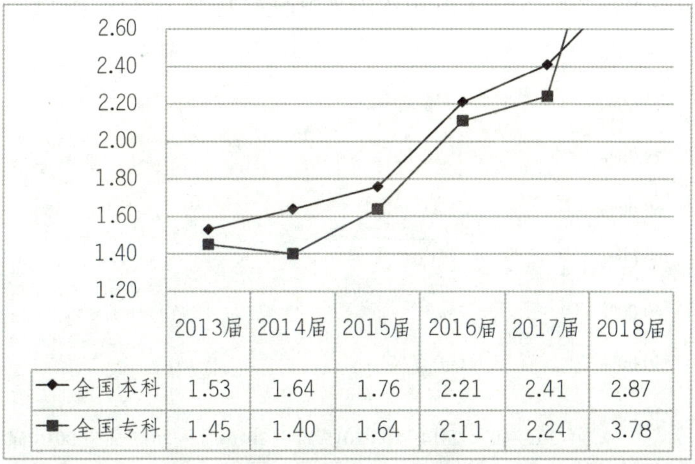

图 5.3 2013—2018 届全国航海类专业毕业生求人倍率

（3）就业率稳中有升

调查显示，本科生就业率基本保持在94%以上；专科生由于选择上船工作较多，就业率明显高于本科生，基本保持95%左右。但本科生、专科生均在2018届有所下降，成为近年最低，如图5.4所示。

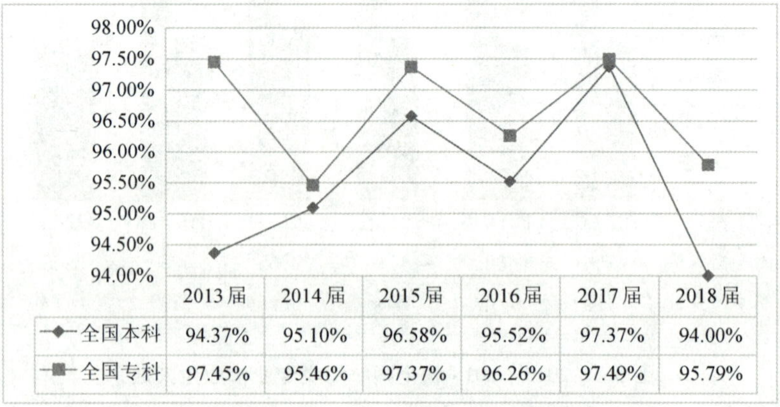

	2013届	2014届	2015届	2016届	2017届	2018届
全国本科	94.37%	95.10%	96.58%	95.52%	97.37%	94.00%
全国专科	97.45%	95.46%	97.37%	96.26%	97.49%	95.79%

图5.4　2013—2018届全国航海类专业毕业生就业率

（4）上船比例逐年下降

近年来，航海类专业毕业生择业意向趋于多元化，直接从事海上运输的毕业生比例呈逐年递减趋势，就业招聘结构性矛盾突出。调查显示，全国本科生上船比例2018届较2013届下降32.79%；专科生上船比例下降趋势相对平缓，如图5.5所示。

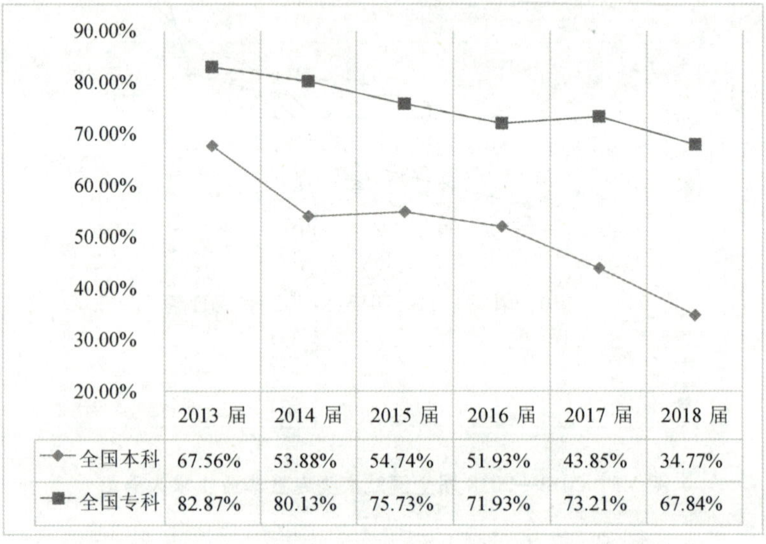

	2013 届	2014 届	2015 届	2016 届	2017 届	2018 届
全国本科	67.56%	53.88%	54.74%	51.93%	43.85%	34.77%
全国专科	82.87%	80.13%	75.73%	71.93%	73.21%	67.84%

图5.5　2013—2018届全国航海类专业毕业生上船比例

第三节 就业方向

航海类专业学生毕业后大部分从事航运相关工作，就职于航运产业链（航运产业链是以贸易需求为导向，以贸易便利化为目的，在一定的时间和空间下，航运及相关企业依据特定技术经济关系联结成的具有价值增值功能的关系网链，如图 5.6 所示）。中海上运输主链、海事服务辅链以及船舶辅链上各个节点的企业或从事海事管理、救助打捞、船舶检验等相关工作。

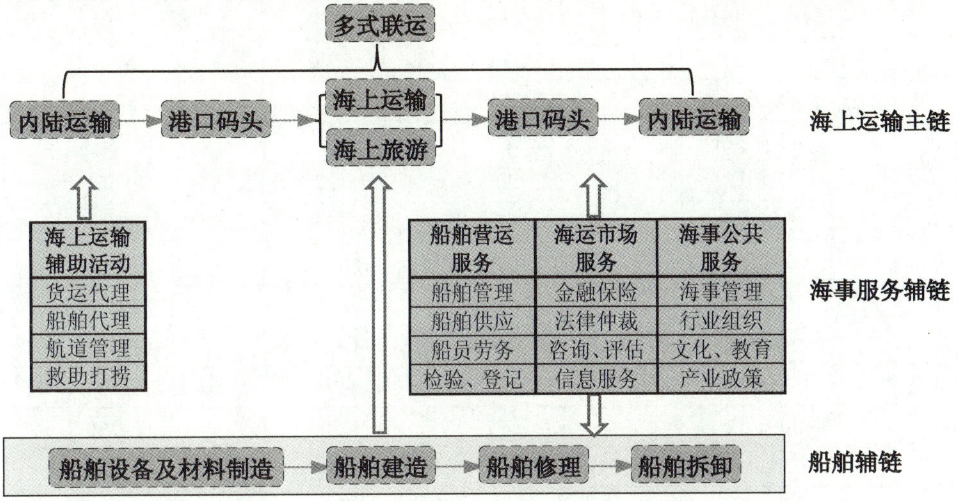

图 5.6 航运产业链框架图

一、航运产业链相关企业

1.航运公司

(1)定义

航运公司，是指船舶所有人、经营人、管理人或者光船承租人。

(2)集装箱船公司排名(见表5.5)

表5.5　集装箱船公司排名

排序	单位名称	集装箱部署数量		
		2018年TEU	2019年TEU	截至2020年4月TEU
1	Maersk	4052694	4148783	4059559
2	MSC	3251019	3700936	3790216
3	China COSCO Shipping	2759879	2911277	2882957
4	CMA CGM	2705242	2670109	2627644
5	Hapag-Lloyd	1631165	1658379	1729958
6	ONE	1535947	1555624	1557443
7	Evergreen	1206149	1289019	1259031
8	Yang Ming	629573	664055	635873
9	PIL	433200	426427	421567
10	HMM	436646	385125	413767
11	ZIM	334037	315693	290615
12	Wan Hai	277454	267825	279829
13	KMTC	157054	171917	181007
14	SITC	117508	114491	124263
15	X-Press Feeders	132091	121188	114366
16	QuanZhou Ansheng	86280	91080	91080
17	Sinokor	96442	97029	90750
18	IRISL	86872	85872	85872
19	TS Line	80763	91492	79952
20	Unifeeder	57601	88508	79832
21	Zhonggu Shipping	70814	78446	78448
22	SM Line	83127	76704	74061
23	Arkes	75136	68877	70755
24	RCL	64222	60049	61448
25	China Merchants	46433	56248	57067
26	Transworld Group	57807	55772	55619
27	Salam Pacific	48277	47078	46062
28	Nile Dutch	36804	38582	42780
29	Matson	39267	39588	39588
30	Global Feeder Shpg	13592	38381	37317

（3）散货船公司排名（见表5.6）

表5.6 散货船公司排名

散货船公司排名		船舶数量		订货	交货时间表				
		2018	2019	截至2020年4月	截至2020年4月		DWT		
(by DWT capacity)		DWT	DWT	DWT	DWT	%Flt	2020	2021	2022+
1	China COSCO Shipping	30.25	31.55	31.92	5.09	16%	1.52	2.74	0.84
2	Nippon Yusen Kaisha	16.48	15.96	15.96	0.46	3%	0.21	0.16	0.10
3	K-LIne	13.28	13.80	13.85	0.36	3%		0.31	0.05
4	Fredriksen Group	12.69	13.03	13.53	1.82	13%	1.58	0.25	
5	Star Bulk Carriers	11.75	12.92	12.92					
6	China Merchants	11.67	12.92	12.92	0.49	4%		0.24	0.25
7	Mitsui OSK Lines	11.68	11.49	11.42	0.43	4%		0.16	000
8	Berge Bulk	11.15	11.05	10.37	0.62	6%	0.62		
9	Oldendorff Carriers	8.25	9.00	9.21	2.43	26%	1.18	1.25	
10	Pan Ocean	8.30	8.87	9.18	1.99	22%	1.13	0.86	
11	Polaris Shipping	8.06	8.97	8.82	4.60	52%	2.32	1.63	0.65
12	Shoei Kisen Kaisha	8.20	8.33	8.64					
13	Angeiicoussis Group	9.17	8.32	8.57	0.42	5%	0.42		
14	NS United KK	6.73	7.75	8.05	0.80	10%	0.8		
15	Navios Holdings	8.29	7.93	8.00					
16	ICBC	6.69	7.49	7.82	2.47	32%	1.3	0.75	0.42
17	Winning Inti	5.93	6.32	6.53					
18	Nissen Kaiun	6.63	6.40	6.32	0.57	9%	0.15	0.08	0.34
19	Mitsubishi Corp	6.49	6.09	6.21	0.12	2%	0.12		
20	Cardiff Marine	6.45	6.17	6.17					

(4)油船船公司排名(见表5.7)

表5.7 散货船公司排名

邮轮公司排名		油轮船队,截至2020年4月					总船队
		VLCC 200000+	Suezmax 125199999	Aframax 85124999	Panamax 5584999	Handy 1054999	
		DWT	DWT	DWT	DWT	DWT	DWT
1	China COSCO Shipping	13.11	0.48	1.43	2.2	1.77	18.99
2	China Merchants	15.74		0.65	0.15	1.9	18.44
3	Euronav NV	13.72	3.77				17.49
4	Angelicoussis Group	12.34	1.73	21			14.28
5	Nat Iranian Tanker	11.76	1.29	0.5		0.11	13.66
6	Bahri	12.79		0.1		0.43	13.32
7	SCF Group	0.63	2.38	6.16	1.03	1.52	11.72
8	Mitsui OSK Lines	8.31		0.65	0.6	1.33	10.89
9	Dynacom Tankers Mgmt	4.81	4.5	0.11	1.17	0.1	10.69
10	Fredriksen Group	4.84	2.83	2.44			10.1
11	Petronas	4.29	1.19	3.95	0.07		9.5
12	Scorpio Group			4.19	0.89	3.88	8.97
13	Ocean Tankers	5.66	0.15	1.31	0.37	1.15	8.64
14	DHT Holdings	8.37					8.37
15	Minerva Marine	1.9	1.12	3.82		0.91	7.75
16	Tsakos Group	0.6	2.73	2.56	0.87	0.81	7.56
17	Thenamaris	2.18	1.26	3.32		0.68	7.44
18	Teekay Corporation		4.26	2.96			7.22
19	SK Shipping	6.28		0.21		0.19	6.67
20	Cardiff Marine	0.89	1.9	3.2		0.1	6.09

2.货运代理

(1)定义

货运代理是指在流通领域专门为货物运输需求和运力供给者提供各种运输服务业务的总称,是货主与承运人之间的中间人、经纪人和运输组织者。

(2)2020 年全球货代企业排名

2020 年共有 14 家中国货代公司上榜,见表 5.8。

表 5.8 2020 年全球货代企业排名

排名	公司	总部	箱量
1	德迅	瑞士	4861000
2	中外运	中国	3740000
3	DHL	德国	3207000
4	DB Schenker USA	德国	2260000
5	DSV Panalpina A/S	丹麦	1907126
6	嘉里物流	中国香港	1325000
7	华盛顿国际商贸	美国	1125137
8	罗宾逊全球物流	美国	1000000
9	赫尔曼全球物流	德国	955800
10	Fr.Meyer's Sohn	德国	850000
11	Bollore Logistics	法国	839000
12	宇森物流	日本	815000
13	法国乔达国际集团	法国	798137
14	基华物流	瑞士	786600
15	亚致力物流	瑞士	740000
16	日通国际物流	日本	703061
17	近铁国际物流	日本	700043
18	Logwin Logistics	德国	690000
19	All Cargo Logistics	印度	684000
20	东方海外物流	中国香港	650000
21	力运国际	德国	636000
22	环世物流集团	中国	630218
23	UPS	美国	620000
24	Damco/Maersk Logistics	荷兰	577084
25	远东国际货运	中国香港	556000

续表

排名	公司	总部	箱量
26	德国超捷物流	德国	536900
27	拓领	澳大利亚	533600
28	华润物流集团	中国香港	500000
29	利丰物流（香港）有限公司	中国香港	500000
30	Honour Lane Shipping	中国香港	418630
31	MalloryAlexander International Logistics	美国	400000
32	金威运输	中国	400000
33	Mainfreight Ltd.	新西兰	342741
34	Cargo-Partner	澳大利亚	314067
35	希杰物流	韩国	309851
36	百运达国际货运代理	美国	302000
37	华运国际物流集团	中国	300000
38	Noatum Logistics	西班牙	289100
39	日立物流	日本	260000
40	浙江九龙国际物流有限公司	中国	250000
41	日清	日本	230000
42	Dimerco Express Group	中国台湾	225800
43	德威集团	中国	210000
44	EFL	斯里兰卡	201958
45	OL&T	美国	200000
46	Horizon Air Freight	美国	200000
47	亚洲国际航运	巴西	195000
48	远洋集团	中国	192000
49	浙江启胜国际货运代理有限公司	中国	180000
50	CWT Ltd	新加坡	170000

(3)岗位列举

货运代理操作。

岗位职责:

①负责与国外公司保持密切联系,定期发送运价表给潜在客户;

②负责向船公司订舱、向车队安排装货、集港,目的港送货;如有需要还要安排报关;

③负责协调处理整个过程中各种意外和突发情况;

④负责具体业务操作中的费用控制;

⑤客户的拓展与维护。

3.船舶代理

(1)定义

船舶代理服务是指接受货物收货人、发货人、船舶所有人、船舶承租人或船舶经营人的委托,以委托人的名义或者自己的名义,在不直接提供货物运输劳务情况下,为委托人办理货物运输以及船舶进出港口、联系安排引航、靠泊和装卸等相关业务手续的业务活动。

船舶代理机构各国设置不一,但业务内容大体相同。有的国家在同一港口有多家代理,有的是专门代理机构,有的则设在轮船公司之内,有的国家代理机构还设有仓库等设施。

(2)岗位列举

船务外勤。

岗位职责:

①办理船舶进出港联检手续,处理船东事宜;

②协调船方与港口、海关、海事、边防等的各种事宜,保证船舶顺利装卸货物及靠泊;

③及时处理船方突发事宜,在上级领导指示下为船方提供后续帮助;

④协助船方做好船舶的配积载等工作,关注船舶作业进程等。

4.港口企业

(1)定义

港口企业是为了实现企业经营目标,运用现代科学技术、管理方法和经济手段,从事装卸、搬运、储存、代理等港口生产、流通或服务性经济活动,实行自主经营、独立核算、自负盈亏,具有法人地位的经济组织。

（2）2019 年港口吞吐量排名（见表 5.9、表 5.10、表 5.11、表 5.12）

表 5.9　2019 年 1—12 月全国港口货物吞吐量排名

2019 年 1—12 月全国港口货物吞吐量 TOP 20			
排序	港口	1—12 月	同比增幅
1	宁波—舟山港	112009	0.079
2	上海港	71877	-
3	唐山港	65674	0.031
4	广州港	60616	0.126
5	青岛港	57736	0.066
6	苏州港（内河）	52275	−0.017
7	天津港	49220	0.041
8	日照港	46377	0.06
9	烟台港	38632	0.158
10	大连港	36641	0.043
11	南通港（内河）	33620	0.264
12	镇江港（内河）	32916	1.087
13	黄骅港	28761	-
14	泰州港（内河）	28243	0.107
15	深圳港	25785	0.026
16	南京港（内河）	25689	0.046
17	北部湾港	25568	0.147
18	营口港	23818	−0.356
19	连云港港	23456	0.041
20	江阴港（内河）	22393	0.161

表 5.10 2019 年全球十大集装箱港口排名

2019 年全球十大集装箱港口排名			
排序	港口	1—12 月	同比增幅
1	上海港	433	3.1
2	新加坡港	3720	1.6
3	宁波—舟山港	2753	4.5
4	深圳港	2577	0.1
5	广州港	2283	5.7
6	釜山港	2195.5	1.3
7	青岛港	2101	8.8
8	中国香港港	1836	-6.3
9	天津港	1730	8.1
10	迪拜港	不详	不详

表 5.11 2019 年 1—12 月全国港口集装箱吞吐量排行

2019 年 1—12 月全国港口集装箱吞吐量 TOP 20			
排序	港口	1—12 月	同比增幅
1	上海港	4331	3.1
2	宁波—舟山港	2753	4.5
3	深圳港	2577	0.1
4	广州港	2283	5.7
5	青岛港	2101	8.8
6	天津港	1730	8.1
7	厦门港	1112	3.9
8	大连港	876	-10.3
9	苏州港(内河)	627	-1.4
10	营口港	548	-15.6
11	连云港港	478	0.7
12	日照港	450	12.1
13	佛山港(内河)	444	15.5

续表

2019 年 1—12 月全国港口集装箱吞吐量 TOP 20			
14	东莞港	405	26.8
15	北部湾港	382	34.6
16	福州港	354	6.0
17	南京港(内河)	331	3.1
18	烟台港	310	3.4
19	唐山港	294	-0.5
20	泉州港	258	7.3

(3)岗位列举

拖船船员。

5.造船企业

造船企业是从事船舶制造业务的企业;同时从事船舶组装、维修等经济活动,以生产或服务满足社会对民用(客运、货运)、军用船舶的需要的企业。

(1)2019 年 1—6 月世界造船企业手持订单量排名(见表 5.12)

表 5.12　2019 年 1—6 月世界造船企业手持订单量排名

评价指标 船厂	业内排名	艘数	订单总量(万吨)
三星重工	1	95	5186
大宇造船	2	67	4534
现代重工	3	78	4033
现代三湖重工	4	67	3712
芬坎蒂尼(Monfalco)	5	15	1993
现代尾浦重工	6	83	1737
外高桥造船厂	7	46	1719
梅尔造船厂(德国)	8	12	1587
大岛造船厂	9	86	1528
新时代造船厂	10	50	1499

(2)2019 年 1—6 月中国造船企业手持订单量排名(见表 5.12)

表 5.12 2019 年 1—6 月中国造船企业手持订单量排名

企业名称	所在地	国内排名	世界排名
外高桥造船厂	上海	1	7
新时代造船	江苏	2	10
江南造船	上海	3	12
广船国际南沙船厂	广东	4	14
扬子江船业	江苏	5	15
中船黄埔文冲	广东	6	18
华南造船	广东	7	19
江苏扬子鑫福造船	江苏	8	20
北海船舶重工	山东	9	22
扬州中远海运重工	江苏	10	23

(3)岗位列举

工程技术人员。

对口专业:轮机工程(船机修造)、轮机工程、船舶电子电气工程。

入职之初,公司统一安排集中培训、部门轮岗、技能培训及师徒带教等见习,主要熟悉公司造船业务、船舶建造、设计和管理流程,以及了解各部门工作职责和工作特点。轮岗见习期满,根据个人意向及公司需求进行部门分配,可从事技术研究、船舶设计、项目监造、生产管理、产品检验、技术调试、市场营销及现场管理等工作。

二、党政机关和事业单位

1.交通运输部海事局

(1)单位简介

中华人民共和国海事局(交通运输部海事局)为交通运输部直属行政机构,实行垂直管理体制,履行水上交通安全监督管理、船舶及相关水上设施检验和登记、防止船舶污染和航海保障等行政管理和执法职责。

直属单位包括:上海海事局、天津海事局、辽宁海事局、河北海事局、山东海事局、江苏海事局、浙江海事局、福建海事局、广东海事局、广西海事局、海南海事局、长江海事局、黑龙江海事局、深圳海事局、连云港海事局、北海航海保障中心、东海航海保障中心、南海航海保障中心等 18 个单位。

(2)岗位列举

海事执法。

对口专业:航海技术、轮机工程(轮机管理)、船舶电子电气工程。

(3)录取方式

国家公务员考试。

2.交通运输部长江航务管理局

(1)单位简介

长江航务管理局隶属于交通运输部,是遵照国务院国发〔1983〕50 号文件精神,根据政企分开、港航分管的原则,在原长江航运管理局的基础上于 1984 年组建的。2002 年中编办《关于交通部长江航务管理局主要职责和人员编制的批复》(中编办复字〔2002〕7 号)明确对长江干线航运行使政府行业管理职能,受交通部委托或法规授权行使长江干线(云南水富—上海长江口,干线航道里程 2838 千米)航运行政主管部门职责。

(2)岗位列举

船员(航道局)。

(3)录取方式

事业单位考试。

3.交通运输部救助打捞局

(1)单位简介

交通运输部救捞系统始建于 1951 年 8 月 24 日,是我国专业海上救助打捞队伍,是国家应急救援保障体系的重要组成部分和国防交通战备的重要力量。救捞系统主要承担着对中国管辖海域发生的海上事故的应急反应、人命救助、船舶和财产救助、沉船沉物打捞、海上消防、清除溢油污染及其他对海上运输和海上资源开发提供安全保障等多项使命,并代表中国政府履行有关国际公约和海运双边协定的义务。

救捞系统由交通运输部救捞局及其领导和管理的北海、东海、南海 3 个救助局,烟台、上海、广州 3 个打捞局,北海第一、东海第一、东海第二、南海第一 4 个救助飞行队等机构组成。截至目前,共拥有专业救捞船(艇)194 艘,救助直升机 24 架。

(2)岗位列举

船员(打捞局)。

(3)录取方式

事业单位考试。

4. 中国船级社

(1)船级社概念介绍

船级社或称验船协会,有时统称为验船机构,是一个建立和维护船舶和离岸设施的建造和操作的相关技术标准的机构,通常为民间组织。船级社主要业务是对新造船舶进行技术检验,并授予合格船舶的各项安全设施相应证书;根据检验业务的需要,制定相应的技术规范和标准;受本国或他国政府委托,代表其参与海事活动。有的船级社也接受陆上工程设施的检验业务。

船级社以其专业的船舶技术知识在保障船舶航行安全方面起着独特的作用。船级社通过对船舶的检验,使船舶达到政府和保险商要求的以及船东和公众期望的安全标准。

船级社提供的传统服务主要包括入级服务和法定服务。船级社面对的客户具有多样性。在船舶建造的不同阶段,船级社的服务对象是不同的。如:在船舶设计和建造阶段,船级社的服务对象是船厂;交船后,服务对象即转为船舶所有人或船舶管理人。船级社对不同的客户服务的依据也是不同的。

(2)中国船级社简介

中国船级社(CCS)成立于1956年,总部设在北京,是国际船级社协会的正式成员。

中国船级社为船舶、海上设施及相关工业产品提供世界领先的技术规范和标准并提供入级检验服务,同时还依据国际公约、规则以及授权船旗国或地区的有关法规提供法定检验、鉴证检验、公证检验、认证认可等服务。

经船旗国或地区政府主管机关授权,中国船级社开展法定检验和有关主管机关核准的其他业务,目前已接受了包括中国政府在内的51个国际上主要航运国家或地区的政府授权,为悬挂这些国家或地区旗帜的船舶及海上设施代行法定检验。

秉承“安全、环保,为客户和社会创造价值”的宗旨,中国船级社依托其遍布全球的120个网点,服务航运、造船、航运金融与保险、船舶配套、海洋资源开发、海洋科学考察、工业项目监理、体系认证、政府政策法规、节能减排、风险管理和评估等多个产业和领域,并不断拓展新的业务领域。

中国船级社坚持“技术立社、诚信为本、与众不同、国际一流”的建社方针,通过先进的技术和优质的服务确保其品牌声誉和价值得以不断提升，得到了国际业界的广泛和高度认可。

(3)岗位列举

现场验船师。

对口专业：船舶与海洋工程、轮机工程(轮机管理)、轮机工程(船机修造)。

岗位职责：

①从事海洋工程、船舶、船用产品等现场检验工作；

②处理检验工作中遇到的技术性问题；

③按规定及核定的资质签发检验报告及有关技术文件；

④按照要求整理检验案卷；

⑤承担上级领导交办的其他工作。

技能要求：

①熟悉船舶与海洋工程结构理论知识，熟悉船舶与海洋工程结构建造与修理工艺，了解船舶与海洋工程入级和建造规范、政府法规及国际公约的大概要求。

②熟练的英语听、说、读、写能力和计算机操作能力。

(4)录取方式

事业单位考试。

5.引航站(中心)

(1)单位简介

引航站是港口的专职引航机构，代表国家行使引航主权，负责对进出港口的国内外船舶实行强制引航，并接受远洋、近海航运公司的申请，提供引航服务。引航工作对于保证船舶安全航行、提高港口作业效率、维护航行秩序等都具有重要的作用。

(2)岗位列举

引航员。

对口专业：航海技术。

(3)录取方式

部分引航站要通过事业单位考试录取。

思考题

1.针对航海类专业毕业生,有哪些优惠的就业政策?

2.你了解哪些招聘航海类专业毕业生的用人单位?

3.你未来打算从事什么工作?

第六章

求职准备与方法

本章要点：

1. 主要介绍航海类专业毕业生在求职过程中如何调整就业心态；

2. 指导学生如何收集、整理及使用就业信息以及如何准备求职材料；

3. 主要介绍如何更好地准备用人单位的面试和笔试环节。

学习目标：

1. 掌握在求职过程中结合自身情况和专业特点，进行必要的就业心理调适，以积极的心态迎接就业；

2. 掌握航海类专业毕业生的就业信息收集渠道和方法，确保信息的有效使用；

3. 掌握航海类专业毕业生的求职准备、面试技巧等，确保顺利就业。

有准备的人生是辉煌的，有准备的人生是成功的，唯有运筹帷幄，方能决胜千里。航海人要将个人理想融入国家发展战略之中，坚定理想信念，正确地把握目前就业市场的需求形势，掌握必要的就业方法与技巧，懂得高效利用就业信息，善于调节自己心理预期，提前谋划，尽早准备，做到有备无患！下面将指引你如何得到用人单位的认可与青睐，做一个乘风破浪的航海人！

第一节　就业心理调适

就业心理是指人们在谋求或从事某一职务过程中所表现出来的心理反应，此处指大学生在考虑就业问题、为获得职业做准备及在寻求职业过程中产生的各种心理现象。

小贴士

雨后,一只蜘蛛艰难地向墙上的蜘蛛网爬去,墙壁太滑,蜘蛛爬到一定高度就掉了下来。可是,掉下来的蜘蛛又接着往上爬……屡爬屡掉、屡掉屡爬。第一个人看见了,长叹一声,自言自语:"我这一生不正如这只蜘蛛吗?忙忙碌碌而无所得。"于是,他日渐消沉萎靡。第二个人看见了,立刻被蜘蛛屡败屡战、坚持不懈的精神感动,于是,创业失败欲寻短见的他变得积极坚强起来,很快获得成功。

一、从众心理的调适

从众是指在群体的影响下,个体放弃自己的意志而采取与多数人相一致的行为。在求职的时候,有些大学生没有从自身的能力、所学专业特点和社会的需要考虑,而是盲目跟风,采取不切合自身实际的从众行为,最后导致无法找到真正适合的工作。在就业问题上,克服从众心理从根本上说还是要认清自我,了解自己的价值,弄清自己的优势和劣势,摆正自己的位置,根据自己的实际情况,形成一种脚踏实地的务实态度,而不是盲目从众;其次,克服从众心理需要适当表现自己,做回自己,跨越"从众"的矮墙,告别平庸,走向卓越。

案例分析

罗某是某高校航海技术专业2019届毕业生,在大学期间没有担任过任何学生干部,学习成绩和综合测评排名中等,英语四级通过,一心想找陆上的工作。在学校举办的航海类专业毕业生双选会上,他看到很多同学都跟某大型航运企业签约了,而自己投给非航运企业单位的求职信都没得到回音,心里开始焦急,有点坐立不安起来。于是他也带着简历找了这几家航运企业面试。负责招聘的主管在简单的交流后,都以他不适合当海员为由拒绝了他。

评析:在求职过程中,罗某求职定位不明确,看到很多同学与某个企业签约了,盲目跟风投简历和缺乏诚意地面试,最后导致求职不成功。

二、焦虑心理的调适

面临就业，很多大学生都会出现不同程度的焦虑情绪。一般来说，轻度的焦虑属于正常现象，适度的焦虑有时会使人产生压力，消除自身的惰性，增强自我的进取心，产生求胜的心理和行动。但过度的焦虑会产生压抑心理，如果长时间没有调整过来，会影响个人主观能动性的发挥，埋没人的潜能和才华。要减轻焦虑情绪，应克服自己择业心切、急于求成的思想，要客观地分析自己，下定决心确定职业方向，合理地设计求职目标，不盲目与他人攀比，摒弃从众心理，尽量减少挫折，增强求职勇气。

小贴士

冥想放松法

通过发挥自我想象和自我暗示的能力，来达到放松的目的。

具体做法：

(1)找一件真实的物件，例如橘子，凝视手中的橘子，反复仔细地观察它的形状、颜色、纹理、脉络，然后用手触摸它的表面质地，看是光滑还是粗糙，再闻闻它有什么气味。

(2)闭上眼睛，回忆或回味这个橘子都给你留下了哪些印象。

(3)放松肌肉，排除杂念，想象自己钻进了橘子里。那么，里面是什么样子？你感觉到了什么？里面的颜色和外边的颜色一样吗？然后再假想你尝了这个橘子，记住它的滋味。

(4)想象暗示自己走出了橘子的内部，恢复了原样；记住刚才橘子里面所看到的、尝到的和感觉到的一切，然后做深呼吸 5 遍，慢慢数 5 下，睁开眼睛，你会感到头脑轻松、清爽。

三、依赖心理的调适

在求职的时候，有的大学生没有积极主动地找工作，而是一味地依赖学校、朋友、社会关系给自己找门路，或依靠家长代替自己去奔波。依赖他人的帮助，大学生有可能也会找到一份好工作，但是就从长远来说，依赖的心理对大学生的社会适应是有害的。依赖的习惯会使人逐渐丧失自信、失去自我,不相信通过自己的努力会达到自己的目标。要克服依赖心理,一方面,要充分认识到依赖心理的危害,提高自己的动手能力,不要什么事情都指望别人,遇到问题要做出属于自己的选择和判断,加强自主性和创造性,学会独立地思考问题;另一方面,要在生活中树立行动的勇气,自己能做的事一定要自己做,自己没做过的事要锻炼做,通过行动上不断累积的成功来强化自己动手的习惯。

案例分析

在某高校轮机工程学院举办的小型招聘会上,毕业生周某的父母在招聘会尚未开始时,就早早地到会场打听单位的情况。招聘会开始一段时间后周某才来,在企业招聘主管集中介绍结束后,周某在父母的陪同下与招聘人员进行交流的过程中,发言的时间还没有其父母多,结果周某的应聘失败。

评析:周某的问题出在择业过程中过分依赖他人。现在的毕业生中,独生子女所占的比例越来越大,生活一帆风顺,缺乏磨炼,父母呵护备至,客观上养成了他们的依赖心理。

四、自卑心理的调适

自卑心理指大学生对自身的素质和就业竞争力评价过低,不敢主动向用人单位推销自己,不敢主动参与就业竞争,陷入不战自败的困境中。正如一句名言所说:“你之所以感到巨人高不可攀,只是因为自己跪着,不信你站起来试一试,你一定能发现,自己并不比别人矮一截。许多事情别人能做到的,你经过努力一样能做到。”因此,要消除自卑心理,至关重要的是要能够正确地评价自己,纠正过低的自我评价,多看到自己的长处。

小贴士

克服自卑心理的方法

(1)优点列举法

列举自己的诸多优点,然后请同学和父母帮你写出"同学眼中的我的优点""父母眼中的我的优点",综合后最大限度地不断挖掘自己实际存在的优点和优势。

(2)能力展示法

要克服自卑感还必须学会恰如其分地表现自己的才能,比如,学会如何平静地与人交谈,如何接近陌生人,如何同别人握手寒暄,如何进行开场白,如何使谈话继续和终止等技巧。

(3)自我暗示法

在工作时暗示自己,不要计较别人的议论,失败、成功都是自己的事,无须担心他人的议论;在应聘中暗示自己,如果此次面试不行,还会有下一个机会,这个单位不录,还有其他的单位在等着自己;在面试场上要暗示自己,面试无非是一场谈话,尽量使自己放松。

(4)成功体验积累法

可以多参加社会实践活动、实习观摩活动的组织等,通过丰富的体验获得成功的愉悦,激励自我不断认识自己的能力,提高自信心。

五、自负心理的调适

自负心理指大学生对自己的评价高出自己的实际水平。自信过了头,就成了自负。自负的人不能客观看待自己的优势,夸大了自己的优势,因此当心目中的高目标不能实现时,便会产生失望、挫折的心理。克服盲目自大的核心是正确认识和评价自我,要看到自己的优点和自身存在的不足。

小贴士

自负心理调适方法

(1)社会比较

首先,要将自己与社会上其他人做比较,要通过社会上其他人对自己的态度来认识自己。如果一个人对自己的评价与所获得的各种比较信息基本一致,那就基本可以认为自我认识发展比较好,比较客观;如果不一致,差距太大甚至相反,那就表明自我认识发展不好,不够客观,缺乏自知之明。

(2)自我静思

自我静思也叫自我反省,通过反省明确自己的专业发展方向是什么,自己的优势和劣势是什么,自己的爱好特点是什么,自己的性格气质是什么,自己最适合干什么工作,等等,使自己在择业过程中处于积极主动的位置。

(3)心理测验

可以根据自己的需要选择质量可靠的心理测验,如能力测验、人格测验、兴趣测验等对自己的能力倾向、兴趣和性格做一个客观评估,以帮助自己正确认识和评价自己。

六、嫉妒心理的调适

在求职的时候,有些大学生会因别人的特长、成就、优势等超过自己而产生既羡慕又嫉妒的情绪。嫉妒心理会使同学关系恶化、人际关系紧张,从而影响求职的结果。要克服嫉妒心理,最主要的是要加强个人自我修养,不断提高道德水平。其中,很重要的是要做到真诚待人、互爱互助,树立正确的竞争观念。如果感觉到自己有嫉妒心,就要通过自我意识的调节与控制,及时把这种不良的心理排除在自我人格之外,化嫉妒为动力。

小贴士

积极心态的养成方法

(1)按照心中的榜样行动

如果一个人暂时没有积极的心态,不要消极地等待有了一个好的心态后再去行动,而要先按照一个心中的榜样去行动,照着榜样的样子去做,有了积极的行动,必然反过来促使积极心态的形成。要知道,心态是紧跟行动的。

(2)怀着必胜的信心行动

心存疑虑必然失败,相信胜利方能成功。相信自己能克服困难的人,在他身上必然会产生强大的必胜的力量。

(3)学会称赞别人

莎士比亚曾讲过这样一句话:“赞美是照在人心灵上的一缕阳光,没有阳光,我们就不能生长。”当然我们对人的赞美应该是实事求是的,而不是夸张的;是真诚的,而不是虚伪的。这样由于大家相互赞美,慢慢地大家都形成了积极的心态。

(4)学会微笑

微笑是人类的“专利”。面对一个微笑的人,你会感到他的自信、友好,同样这种自信与友好也反过来感染自己,使自己也产生自信与友好的心态。

七、懈怠心理的调适

近年来,大学毕业生中出现越来越多的“慢就业”甚至是“不就业”一族。有些大学生干脆待在家里靠父母养活。这些人中,一类是自愿暂时选择不就业,而自身不就业是为了提高就业的质量,如选择继续考研、出国、考公、考教师或其他事业单位;另一类则是自己综合素质欠佳,人生规划不清晰,又对工作岗位、工作环境挑挑拣拣,拖沓不前,“高不成,低不就”,自动放弃就业机会,逃避就业。

第二节 求职信息收集

就业信息是指通过各种媒介传递的与就业有关的消息和情况。收集就业信息是大学生求职择业前的一项重要任务，因此，毕业生要充分利用各种渠道、运用各种手段准确收集与择业有关的各种信息，为择业决策做好充分准备。

一、就业信息的收集渠道

就业信息是求职择业的重要基础，谁能及时获取有利的信息，谁就获得了求职的主动权。航海类专业毕业生收集就业信息的来源主要有以下几个渠道：

（1）学校毕业生就业工作主管部门发布的招聘需求信息。学校毕业生就业工作主管部门是对毕业生进行就业政策咨询、就业工作指导、提供就业信息的职能部门。首先，该部门会对用人单位信息的真实性、招聘的合法性进行审核，并将通过审核的招聘需求信息发布；其次，航运企业直接与学校毕业生就业工作主管部门联系，来学校宣讲推介，发布招聘信息。因此，关注该部门的信息对毕业生来讲尤为重要。

（2）相关学院（系）发布的航运单位招聘需求信息。有些航运企业直接与航海类专业所在学院（系）联系，由学院（系）发布招聘信息并组织召开专场宣讲推介会，同时开展面试工作。

（3）用人单位在各自官方网站上发布的招聘信息。

（4）各大网络招聘平台以及各地的人才网上发布的招聘信息。

（5）通过其他渠道获得的信息。如通过老师、校友、亲朋好友或其他社会关系推荐获取就业信息。

案例分析

赵某和杨某是某高校航海技术专业2019届毕业生。在宿舍里，赵某漫无目的地正在电脑前浏览着几家航运企业网站的招聘信息。而他上铺的杨某早已握着几个单位的就业意向书，在思考自己到底选择哪家单位。

是什么让同一个专业、同一个宿舍的他们在就业的重要关头面临不同的境况呢？原来，主要在于他们掌握就业信息的情况不同。赵某只会单一地将收集就业信息定位在航运企业的网站搜索，不懂得根据自己的实际情况，对收集到的就业信息进行筛选和利用。杨某则有更多的方法，他说："我觉得自己能在就业上脱颖而出，主要是因为手头有很多就业信息可以选择。我和三四位同学组成小组，分头行动，分别负责收集、整合我们学校就业指导中心和各大网络平台的招聘信息；另外我还到自己心仪的航运企业网站上收集招聘信息，通过了解企业情况并结合自己的想法，列出自己首选航运企业和次选航运企业，然后有针对性地去投简历和准备面试，我是赢在起跑线上。”

评价：从以上赵某和杨某的案例中我们可以看到，收集并有效地利用就业信息是实现成功就业的关键。这个是非常重要但同时也容易被大家忽视的环节。

二、就业信息的整理与使用

1.就业信息的整理

对于收集到的需求信息，大学生应结合自己的实际情况，加以筛选过滤，去粗取精，有针对性地选用。只有这样，才能使获得的信息具有准确性、全面性和有效性，使之更好地为自己的求职服务。整理就业信息时要注意以下几点：

（1）筛选信息

信息可以全面收集，收集后应认真甄别真伪。在比较筛选之后，应把重点信息选出、标明并注意留存，一般信息则仅作参考。

（2）了解透彻

对于自己心仪的航运企业的信息要顺藤摸瓜、寻根究底，务求了解透彻，不能一知半解。要主动了解航运企业的文化、主营业务、船型和主要航线等信息。

（3）避免盲从

获取用人信息以后，不能一味盲从。不要未经筛选就轻率地做出选择，这样有可能会错过良机，耽误时间。

（4）适合自己

一切信息都要用来对照衡量一下，看是否适合自己。千万不要好高骛远，挑选不适合自己的工作岗位。

小贴士

就业信息的甄别

这个信息是真的吗?

除了自己亲身实践获得的信息外,其他信息原则上都要进一步的甄别。因为有些招聘者损人利己,利用毕业生求职的迫切心理,发出带有引诱性、欺骗性的信息。这就需要毕业生提高警惕,分析和甄别信息的真伪,确保信息真实可靠。

哪些信息比较重要?

在有限的时间里,面对大量的用人信息,毕业生们要去了解这个航运企业经营的类型是散货、油船、集装箱还是液化天然气等类型的船舶,还要了解该航运企业船舶运营的航区是近海的还是环球航线等。然后根据个人的实际情况,把符合个人发展方向的用人信息按重要性、紧迫性综合排队,然后分层次、有重点地了解落实。

2.就业信息的使用

由于就业信息时效快、数量大、种类多、范围广,大学生在对其进行处理和使用时必须做到:

(1)正确选择

择业的成败很大程度上取决于对就业信息如何进行选择。要选择得好,首先必须能在较短的时间内查阅大量信息,以便从中迅速发现最有用、最重要的信息;其次,要对信息的准确性、有效性和可行性进行鉴别、判断。

(2)善于挖掘

许多信息的价值往往不是直观的,必须经过深入思考,加以引证才能发现。正如常说的那样:信息的价值会用则有,不用则无。所以,大学生获得一定量的就业信息时就必须善于利用,否则仍将一无所获。

(3)迅速反馈

信息有很强的时效性,及时使用是财富,过期不用是废品。当收集到广泛的信息并加以分析处理后,应尽早决断并向用人单位反馈信息。

案例分析

某知名引航中心向某高校发布了要来校举办航海类专业毕业生专场招聘会的信息,学校就业指导中心迅速公布并电话通知了有关学院。毕业生反应不一,有的主动打电话与单位联系,推荐自己;有的则用特快专递寄出了相关的推荐材料;有的却在等待面试通知,认为该单位来校招聘还有一段时间,等来了再投资料也不迟。后来,这家单位真的来了,但负责招聘的人却非常抱歉地说:"真对不起,我们几天前就收到贵校许多毕业生的材料,经人事部门初步筛选,挑选了其中40名毕业生进入今天的笔试、面试。"刚刚闻讯而来的毕业生后悔不已,机会就这样在等待中错过了。

评析:在择业过程中,机会对每个人都是均等的,就看你如何把握。各种招聘人才的信息时刻通过各种渠道在发布、在传递,好比一条河流,信息是一朵朵浪花,你抓住了就归你所有,你错过了就无法回头。因此,只要你认准这条信息对你有用,你感兴趣,就必须主动以最快捷的方式向发出信息方做出反应,让对方知道你、了解你,才有可能看中你。机会往往就是这样被主动者把握的。

第三节 求职材料准备

在求职择业过程中,影响成败的因素很多,其中求职材料准备是非常重要的。在求职材料准备中,个人资料是关键的一部分,它是毕业生综合素质、综合能力最具说服力的证明。

一、求职简历

作为与用人单位的初次沟通,简历的质量很大程度上决定着你能否争取到面试的机会。那么,如何准备一份好简历呢?

案例分析

某高职院校轮机工程专业2019届毕业生王某在找工作的过程中感到非常郁闷:“我投出了十几份简历,都等了一段时间了,但一封都没有回应,到底是怎么回事呢?”都说简历是同学们交给用人单位的第一张“名片”,这名片人家都不理睬,就更别说给面试机会了。但是,王某周围的一些同学在投了几份简历后就有了回音,还有一些让他们去面试的。“我和他们条件也差不多,为什么我就得不到面试的机会呢?”王某感到很疑惑。

评价:毕业生求职,首先就是通过向用人单位呈送简历来介绍和推销自己。简历是用人单位了解毕业生有关情况的重要途径和方式。其次,简历切勿“千篇一律”,要结合应聘岗位要求和自己的实际经历做出调整,重点突出自己与该岗位的契合度高的特点。如果简历做得十分平庸,就难以突出个人优势,会使毕业生求职成功率大大降低。

◆ (一)简历的主要内容

1.第一部分:基本情况介绍

基本情况介绍包括姓名、年龄、性别、民族、住址、联系方式、政治面貌、户口所在地等。注意一定要保证电话或其他联系方式的畅通,以免错过好的机会。

2.第二部分:自我评价和求职意向

自我评价要符合职位要求。求职意向跟所应聘的职位是一致的。

3.第三部分:教育背景

对没有工作经验的应届毕业生来说,写完基本情况和求职意向就可以接着写教育背景了。教育背景包括学校的名称、学习的时间、所学专业和主要课程、取得的学历和学位等。

4.第四部分:培训经历

写出参加过哪些培训的经历,最好和所应聘的职业有关,如果没有可以不写。

5.第五部分:实践和实习经验

写出在校期间参加各种实践活动和与求职意向有关的实习、见习经历,如在校担任过哪些职务、是否参加过志愿者工作、做过哪些兼职等,这些经历能很好地说明你具备相关的工作能力。这对没有参加工作的大学生来说是非常重要的,可以视为工作经验。

6.第六部分:所获荣誉和证书

把在校期间获得的荣誉包括获得奖学金的情况进行列举。如果没有,这一部分可以不写。

7.第七部分:爱好特长

爱好特长可以写关于运动、艺术、技能等多方面的内容,但要具体,不要泛泛而谈,如"擅长运动",可以具体写成"擅长长跑、羽毛球"等。

◆(二)简历的有效投递

是否能获得面试机会,除了简历质量的影响外,简历投递的方式方法也有不小的影响。简历投递的途径主要有现场投递和网络投递。

1.现场投递

现场投递简历前要仔细检查各项信息的完整性,不要忘了贴照片、附上相关证明资料等。

现场投递时还应注意,不要盲目乱投简历,不看航运企业的招聘条件,放下简历就走。大部分人事主管会对在招聘会上收集到的简历,当时就做一个简单的区分:哪些是要尽快约见的,哪些是予以考虑的,哪些是不予考虑的。如果放下简历转身就走,这样的简历会被人事主管放在不予考虑的那一堆里。因此,投递完简历就要争取和现场的招聘人员做一个简单的交流,留下一个好的印象,这样才有可能争取到面试的机会。

2.网络投递

网络投递就是直接向航运企业的网站或招聘主管邮箱投递简历。有的同学在网上投几十份简历都石沉大海,有的同学投出为数不多的几份简历就有面试通知,所以网络投递是非常有技巧的:

(1)要有的放矢

首先要根据自己的实际情况,确定几家想去的航运企业。在确定的这几家航运企业中进行排序,哪家是首选,哪家是次选,依次排序进行简历投递。

(2)按招聘单位的要求投递简历

有的单位对简历格式、附件都做了特别的要求,如果没有按招聘单位的要求去做,简历再精彩也会被直接删除而错过机会。

(3)电子邮件的主题要醒目

如果没有特殊要求,一般情况下可写"×××应聘××××",千万不要空着。

二、其他求职材料

求职材料是用来向用人单位介绍本人的基本情况和全面反映大学阶段自己在德、智、体等方面情况的。

求职材料一般应包括：

(1)学校就业推荐表；

(2)学习成绩单；

(3)各种证书。

第四节　面试与笔试

面试不仅是大学生充分展现自我、成功推销自我的关键环节，也是深入了解应聘单位的一次机会。大学生必须充分认识面试的重要性，认真准备，应对挑战。

案例分析

某高校航海技术专业2019届毕业生梁某，在求职之初屡试屡败。他向学校就业指导中心的老师寻求帮助。老师让他回忆几次面试，感觉有哪些失误。他说："参加某引航中心的面试过于紧张，说话没有条理；在某船员管理公司面试中我没有想好应聘这份工作的优势；还有一次面试，用人单位认为他求职意愿不够强烈。"在反思前几次面试的不当之处后，老师让他准备下一个面试时，除了专业知识的准备，还要对着镜子练习"两分钟自我介绍"；对简历中涉及内容可能的提问，做到心中有答案；对所应聘的公司要深入了解，准备好"我为什么要来，我来了能做什么"这类问题的回答方法；面试时注意说话的语速和音调，让面试官听清楚。

一周后，他高兴地对该老师说，他参加了某海员对外技术服务公司的面试，在5位考官面前，神态自若，回答流利，得到了面试官的一致好评。又一周后，老师接到了他的电话，他被录取了。

评价：梁同学的经历告诉我们，求职前了解必要的面试常识和技巧是非常重要的。机会偏爱有准备的人，只有提前做好充分的准备，才能把握住好的工作机会。

一、面试

(一)面试的准备

面试准备有三大方面——信息准备、礼仪准备和答案准备。所有的准备都为了一个目标——以最好的表现留下最好的印象,从而赢得工作机会。

1.信息准备

面试前,通过航运企业公司网站、行业网站、招聘宣讲会等各种方式,收集尽可能多的有关单位的信息。要全面了解单位的性质、地址、船队规模、船型、主营业务、经营业绩、发展前景、应聘岗位及所要求的条件等。这样,面试时胸有成竹地谈论单位,能充分表现出你对该单位的重视和热情,给面试官留下"做得好""待得住"的印象。

针对单位信息、职位信息、预期问题,准备好对应的简历、求职信、文凭、成绩单、证书、照片、身份证件、荣誉证明、作品等必备材料。另外要记得带上一本比较正式的笔记本和一支好用的笔,以便随时做好记录。最后要问一问自己,我对招聘过程清楚吗?是否还有其他需要做的准备?如果不清楚,应立即打电话咨询一下招聘单位。

小贴士

某航运企业招聘要求

(1)热爱航海事业,有长期跑船的意愿;

(2)学习成绩优秀,专业理论知识掌握较好;

(3)英语水平较高(通过英语四级、六级者优先录用),能适应外派的工作环境;

(4)能吃苦耐劳、踏实肯干、谦虚、懂礼貌;

(5)性格开朗,心胸宽广,不斤斤计较,承压抗压能力和适应能力强。

2.礼仪准备

(1)形象礼仪

航海类专业毕业生在校期间实行半军事化管理,讲求行动统一、听从指挥、整齐划一。形象礼仪包括仪表及着装礼仪。在仪表方面,应该注意保持健康、干净、清爽、整齐的形象,不留长发,以庄重、简约、朴实、大方为主导风格。在着装方面,尽可能给人职业化的感觉。在参加面试时,可以穿上航海类专业学生统一的制服,会显得精神而帅气。

(2)仪态礼仪

仪态礼仪包括站姿、坐姿和走姿三部分。

(3)见面礼仪

与面试官见面要注意以下五个方面的问题:

①遵守时间,诚实守信。

②放松心情,沉着应战。

③以礼相待,微笑示人。

④入室敲门报告,“请”才入座。

⑤莫先伸手,递物大方。

(4)应答礼仪

面试时的应答务必谈吐表现得文明礼貌、言辞标准、语言连贯、内容简洁。

(5)告别礼仪

面试结束时,要注意告辞的礼貌。如果被当场告知被录取,不要过分惊喜,要向考官表示感谢;如果被当场告知没有希望录取,也要及时结束谈话,不要申辩理由;最后,可以表示与面试官的交谈获益匪浅,并希望今后能有机会再次得到对方进一步的指导。

(6)电话礼仪

接听用人单位电话时,应迅速接起电话,同时停止一切不必要的动作,注意礼貌用语,做好必要的记录,挂电话前对对方的来电表示感谢。

案例分析

李同学,性格开朗外向,在校期间学习成绩优秀,英语听说读写能力较好。参加某航运企业欧洲船东面试时,其穿着随意,交流时不顾礼仪,且经常打断面试官的谈话,船东最后以该毕业生不注重细节且不懂礼仪为由未录用。

评价:西班牙的伊丽莎白女王说:“礼节及礼貌是一封通向四面八方的推荐信。”礼仪是个人素质的一种外在表现形式,是面试制胜的法宝。面试礼仪这个环节又由许多小环节构成,如果礼仪知识知之甚少,或忽视礼仪的作用,在一个小环节上出现纰漏,必然会被淘汰出局,肯定失败无疑。

3.答案准备

万变不离其宗，面试中的大部分问题，实际上都是可以好好准备的。应聘者应该准备好以下问题的答案：

家庭成员情况和家庭经济状况如何？想跑几年船？我对单位的了解有哪些方面？单位哪些地方吸引了我？为什么要选择我们单位？为什么不是选择其他的单位？对应聘职位有哪些了解？能否胜任该职位？该职位的核心要求是什么？如何凸显优势，回避劣势？在该单位职业发展规划是怎样的？

◆（二）面试的类型与技巧

面试其实就是提问和回答问题。以此为基础，衍生出许多面试方式，达到更加准确地考查大学生的各方面能力的目的。熟悉面试类型，就像考试要了解考试题型一样。为了取得更好的面试成绩，首先要了解一下面试的类型：

1.一对一面试

"一对一"即指一个面试官面试一个应聘的毕业生。这种形式的面试一般是航运企业到学校宣讲推介，有意向的毕业生投简历，航运企业招聘人员在筛选简历后，采取的最常见面试类型。

小贴士

语言表达

（1）简明扼要

面试中的交谈不是平时闲聊，要求用最少量的话语传递尽可能多的信息。在与面试官交谈时，要紧扣提问回答，克服啰唆重复的毛病，戒掉口头禅。

（2）通俗朴实

在面试中的语言要通俗易懂、朴实无华，否则，主试者可能因听不懂而无法理解你谈话的内容，从而影响对你的了解和评价。片面追求语言的新奇华丽，过分雕琢，也会给人以炫耀的感觉，容易让人产生反感。

（3）实事求是

注意谈话内容及个人简历上的内容都务必是客观的，不能隐瞒欺骗。

面试开始之前，招聘人员一般都要求大学生进行自我介绍。自我介绍作为在面试过程中留给面试官的第一印象，其重要性不言而喻。自我介绍一般是1~2分钟。要重点表达从事海运工作的决心以及对该企业的了解，自己有价值的、与众不同的经历或者特长也务必要说出来，面试官很希望知道你的个人经历以及个人特点是否符合未来工作的要求。

这一类的面试都会倾向于围绕大学生的简历和申请表来进行，所以简历必须是真实的，而且要对简历上所涉及的所有事情都做到心中有数。如果过程中出现小的差错，可以不用太过介意，要坚持下去，体现出自己良好的素质。在应对这种形式的面试过程中，大学生要表现出对所申请职位的热情和浓厚的兴趣，态度太过平淡会让面试官觉得你对这个职位不太在意。另外在证明自己拥有某项能力的时候，最佳的方式就是用实例为佐证，而不是空泛地强调自己多么优秀。为了表现你的专业素质，还可以在交流的过程中适当地使用一些本领域的专业术语。

面试结束时，面试官往往会问："你有没有什么想问的问题？"这个时候你就可以跟面试官问一些跑船中的轶闻趣事、问一些各国都有哪些风土人情等等，在这样相对宽松的话题中交流，会拉近面试官与你之间的距离和感情。同时，面试官也会觉得你渴望得到这份工作，想更进一步地去了解、去思考。

2. 多对一面试

"多对一"即指 2~3 个或更多的面试官面试 1 个应聘者。每个面试官都在评估你是否适合你正在申请的这个职位。回答问题的时候，采用"洒水式技巧"，目光首先要接触提问题的人，然后在回答问题的时候，要顾全大局，你的目光要和在场的其他面试官交流，最后结束回答的时候，你的目光应该回到提问者这里。

3. 网络面试

在当前疫情影响的背景下，越来越多的用人单位更多采用网络面试的方式进行招聘，使得面试成本大大降低，面试效率提高。网络视频面试要避免的错误与技巧有以下几点：

(1) 没有询问连接是否畅通

为了避免出现技术上的问题，一定要在面试一开始的时候马上询问面试官是否能清楚地看到并听到你。如果出现技术问题，应建议面试暂停，否则面试官必将会因为听不清问题而难以给你回复，导致一场失败的面试。

(2) 看着自己，而不是面试官

要直视摄像头，而不是看着屏幕上的面试官，这样才能产生直视对方双眼的效果。太想要看到自己的表现会给双方都造成困扰，不能专注。

(3) 姿势不雅

你的姿势应该表现出你很放松但专注。因此，你要稍稍前倾，但是不要过于靠近摄像头，不要坐得过于靠近摄像头，并且要坐得端正。

(4)打断面试官讲话

连接出现延时会使人很容易犯这个错误，而这会让对话变得很不愉快。要等面试官把问题完全阐述完，你再做出回答。这也会让你在开口之前有一些时间来思考一下自己将要讲的话。

(5)忘记微笑

因为你是在对着一台电脑讲话，这就很有可能让你的行为变得很像个机器人。要时刻保持微笑，适时配合一些肢体动作，才不会显得自己特别紧张和僵硬。

(6)一上来就问薪酬问题

有些面试者尤其是大学生网络面试一开头就问薪酬问题、休息时间、保险问题等，这样的做法可能会使面试官陷入尴尬境地。最好的办法是先充分展示自己的学识、能力、经验、未来的计划等，如果回答到位，面试官或许就会主动告诉你薪酬问题，并按照你的表现来考虑薪酬等级。

4.电话面试

招聘方出于面试效率、成本等因素的考虑，采用电话对求职者进行面试的方式。在求职材料递出后，就要随时准备着目标公司的电话面试，此类面试方式在航海类专业就业面试中较少采用。

电话面试前，要准备好简历和所有相关的资料，最好准备纸和笔以便做一些必要的记录，要避免回答的内容和送出去的简历内容不吻合。陈述问题的时候表达要清晰，语速不要太快。

二、笔试

笔试通常是与面试结合进行的，笔试的目的不仅是考查文化、专业知识，也包括考核心理素质、办事效率、工作态度、修养等。所以求职者在笔试时要认真对待，将自己的认识水平、知识水平、能力水平较好地显示出来。

◆（一）笔试的分类

1.专业考试

主要检验应聘者从事某一岗位，是否能达到所要求的专业知识水平和相关的实际能力。

2.英语测试

主要是检验应聘者的英语水平。如一些劳务外派船员管理企业要求应聘者外语水平要达到相应的水平或能通过合作的国外船东的第二轮面试。

3.综合测试

主要测试应聘者发现问题的能力、综合归纳能力、思维反应能力、文字表达能力、智力水平、情商、心理能力等。

◆(二)笔试的准备

要在笔试中取得好成绩,关键是平时多学习,多练习。相对于学校的专业考试,招聘单位的笔试都有自己的特点,因此准备方式也有差异。

1.重在基础

笔试重点是常用的基础知识,不要把复习重点放在难点、怪题上,要把基础知识掌握好。

2.重在运用

笔试测试重点是知识的实际运用,要在实际运用上下功夫。

3.多实践,多总结

能力测试考查的是你的实际工作能力和知识运用能力,这不是只靠多做题就能解决的,平时应该多参加各种社会实践,多总结经验。

4.笔试前进行简单的复习

复习已学过的知识是笔试准备的重要方式。一般说来,笔试前围绕英文自我介绍、专业英语或简单的专业知识来准备复习就可以了。

5.保持良好的身心状态

临考前,一要适当减轻思想负担,二要保证充足的睡眠,三要适当参加一些文体活动,从而使高度紧张的大脑得到放松休息,以充沛的精力和良好的状态去参加考试。

思考题

1.简述你所学专业的就业方向单位的招聘要求,并了解求职过程。

2.针对应聘目标拟写一份电子求职信和个人简历,并与老师同学分享,根据他们提出的意见和建议进行修改。

3.收集三家你最感兴趣的航运企业的相关资料,内容主要包括:主要业务、生产经营状况、文化背景、发展前景、特色项目、工作条件、福利待遇、对人才的重视程度以及对毕业生的具体安排使用意图等。结合个人实际,用SWOT分析法分析自己应聘的优势和不足。

第七章

就业权益与保障

◎ **本章要点：**

1. 航海类专业毕业生就业相关的法律法规、劳动权益、择业就业过程权利。

2. 识别求职陷阱、学会自我保护、掌握维权途径和船员权益保护的相关知识。

3. 航海类专业就业管理过程，以及就业协议与就业合同等相关内容。介绍航海类专业就业管理过程，以及就业协议与就业合同等相关内容。

◎ **学习目标：**

1. 了解与就业权益相关的主要法律法规以及船员权益保护相关知识，了解维权途径，提高维权意识。

2. 熟练掌握识别求职陷阱的方法，并能在实际求职过程中运用。

3. 了解航海类专业就业管理过程，了解就业协议和劳动合同的相关知识。

就业是民生之本，实现更充分更高质量的就业，是适应我国社会主要矛盾转化、满足人民群众多层次多样化需求的必然要求，要实现更高质量就业，保障劳动者的合法权益是基础。大学生就业权益保障是一个系统工程，在强调从法律和制度层面为大学生营造良好就业环境的同时，必须注重加强对毕业生就业权益自我保护的指导，这种指导必须贯穿于学生的整个大学生活，也必须很好地体现在学校的职业生涯规划教育中。

第一节 就业权益保障

一、就业权益

(一)相关法律法规

1.中华人民共和国劳动法

该法于1994年7月5日在第八届全国人民代表大会常务委员会第八次会议上通过,自1995年1月1日起施行,旨在保护劳动者的合法权益,调整劳动关系,建立和维护适应社会主义市场经济的劳动制度,促进经济发展和社会进步。

详见:

http://www.gov.cn/banshi/2005-05/25/content_905.htm

2.中华人民共和国社会保险法

该法于2010年10月28日第十一届全国人民代表大会常务委员会第十七次会议上通过,2018年12月29日进行了修正,旨在着力保障和改善民生,更好地维护公民参加社会保险和享受社会保险待遇的合法权益,使公民共享发展成果。

详见:

http://www.mohrss.gov.cn/SYrlzyhshbzb/zcfg/flfg/fl/201601/t20160111_231408.html

3.中华人民共和国就业促进法

该法于2007年8月30日在第十届全国人民代表大会常务委员会第二十九次会议上通过,2015年4月24日进行了修正,旨在促进就业,促进经济发展与扩大就业相协调,促进社会和谐稳定。

详见:

http://www.gov.cn/flfg/2007-08/31/content_732597.htm

4.中华人民共和国劳动合同法

该法于2007年6月29日在第十届全国人民代表大会常务委员会第二十八次会议上通过,2012年12月28日进行了修正,旨在完善劳动合同制度,明确劳动合同双方当事人的权利和义务,保护劳动者的合法权益,构建和发展和谐稳定的劳动关系。

详见:

http://www.gov.cn/flfg/2012-12/28/content_2305571.htm

5. 中华人民共和国劳动争议调解仲裁法

该法于 2007 年 12 月 29 日在第十届全国人民代表大会常务委员会第三十一次会议上通过，旨在公正及时解决劳动争议，保护当事人合法权益，促进劳动关系和谐稳定。

详见：

http://www.gov.cn/flfg/2007-12/29/content_847310.htm

6. 中华人民共和国船员条例

该条例于 2007 年 3 月 28 日在国务院第 172 次常务会议上通过，自 2007 年 9 月 1 日起施行，2020 年 3 月 27 日第六次修订，旨在加强船员管理，提高船员素质，维护船员的合法权益，保障水上交通安全，保护水域环境。

详见：

http://www.gov.cn/zwgk/2007-04/29/content_602122.htm

7. 中华人民共和国海商法

该法于 1992 年 11 月 7 日在第七届全国人民代表大会常务委员会第二十八次会议上通过，自 1993 年 7 月 1 日起施行，旨在调整海上运输关系、船舶关系，维护当事人各方的合法权益，促进海上运输和经济贸易的发展。

详见：

http://www.npc.gov.cn/wxzl/gongbao/1992-11/07/content_1479260.htm

8. 2006 年国际海事劳工公约(MLC 2006)

该公约于 2006 年在第 94 届国际劳工大会上通过，2013 年 8 月 20 日，正式生效。该公约是在国际劳工组织三方框架下经政府、船东和海员三方取得共识后缔结的一部综合性海事劳工条约。公约将海员权益纳入统一的国际标准，有利于实现海员在船上的体面工作和生活。

详见：

http://www.npc.gov.cn/wxzl/gongbao/2015-11/10/content_1951872.htm

◆ (二)劳动权益

1. 劳动报酬权

劳动报酬权是指劳动者依照劳动法律关系，履行劳动义务，由用人单位根据按劳分配的原则及劳动力价值支付报酬的权利。《中华人民共和国劳动合同法》规定了试用期最低工资标准，保障了毕业生初次就业时在试用期的劳动报酬权；人力资源和社会保障部的《工资支付暂行规定》中明确规定，劳动者若因本人原因给用人单位造成损失的，用人单位每月从劳动者工资中扣除损失赔偿不得超过劳动者当月工资的20%；对于劳动者加班情况，应当给予其150%~300%的工资报酬等。这些法律、规定保障了劳动者维持生存所必需的劳动报酬权。

2.休息休假权

休息休假权是指劳动者在法律规定的工作时间以外进行休息和休养的权利。休息休假权保障了劳动者体力的恢复、保持身体健康和利用休息时间享受文化生活等需求。《中华人民共和国劳动合同法》规定了用人单位不得强迫或变相强迫劳动者加班，《职工带薪年休假条例》规定符合条件的职工均可以享受带薪年休假，以保障劳动者的休息和休假的权利。

3.劳动保护权

劳动保护权，也称为职业安全卫生权，是指劳动者在劳动过程中的安全和健康应该得到用人单位的保障，以防止其伤亡事故和职业病的权利。例如，《中华人民共和国劳动法》《中华人民共和国妇女权益保障法》《中华人民共和国残疾人权益保障法》等法律法规规定用人单位有义务对与其建立劳动关系的劳动者，特别是女性、残疾人劳动者按照其身体、生理特点，采取有效的安全和健康保障措施。对于船员的劳动保护，《中华人民共和国船员条例》中做出了明确的规定。

◆（三）择业过程中享有的权利

航海类专业毕业生在择业过程中享有以下权利。

1.就业指导权

就业指导权，是指大学毕业生有权从学校、社会、国家获得及时、有效的就业指导与就业信息服务。《中华人民共和国高等教育法》规定“高等学校应当为毕业生、结业生提供就业指导和服务”。高校应成立专门的就业服务机构，安排专业人员对毕业生进行就业指导，包括向毕业生宣传国家有关就业的政策方针、对毕业生进行择业技巧的指导、引导毕业生根据国家和社会需要，结合个人实际情况进行择业等，使毕业生通过接受就业指导，准确定位，合理择业。

2.就业信息知情权

就业信息知情权，是指大学毕业生拥有及时全面地获取各种应该公开的就业信息的权利。从广义上说，就业信息既包括与毕业生求职择业相关的国家有关方针、政策与规定，也包括国家宏观经济发展状况和各个地区与行业的发展情况，还包括用人单位的规模、性质、产品、市场、企业文化、工作环境、学习培训、福利待遇等单位的总体情况和专业需求、上岗条件、未来发展通道等工作岗位的具体信息。大学生的就业信息知情权包括三方面含义：一是信息公开；二是信息及时；三是信息全面。

3.就业推荐权

就业推荐权就是指高校毕业生拥有被学校如实、公正、及时推荐到用人单位就业的权利。学校的推荐对毕业生的就业有着重大的影响，事实证明，学校的推荐往往在很大程度上影响到用人单位对毕业生的取舍。

毕业生享有被推荐权包含这样几方面内容：

(1)如实推荐，即高校在对毕业生进行推荐时，应实事求是，根据毕业生本人的实际情况向用人单位进行介绍、推荐，不能故意贬低或随意捧高该毕业生在校表现。

(2)公正推荐，学校对毕业生进行推荐应做到公平、公正，应给每一位毕业生以就业推荐的机会，不能厚此薄彼。

(3)择优推荐，学校根据毕业生的在校表现，在公正、公开的基础上，还应择优推荐，用人单位在录用毕业生时也应坚持择优标准，真正做到优生优用、人尽其才。

4.就业选择自主权

就业选择自主权，是指在国家就业方针、政策指导下，高校毕业生有按照自己的意愿选择职业的权利。

5.平等就业权

所谓平等就业权，是指根据国家相关法律法规及政策，高校毕业生在择业过程中享有的平等的权利，不因民族、种族、性别、信仰、身体条件、社会出身等原因，受到就业歧视或被排斥、取消、损害其就业机会。这种平等不仅体现在符合招聘条件的毕业生都可以平等地接受学校推荐，参加单位公开招聘，进行公正、平等竞争，并且要求用人单位在录用毕业生和确定福利待遇时要做到公平、公正、一视同仁。

6.隐私保护权

毕业生在求职择业过程中，不可避免地要将自己的部分信息提供给用人单位，但是这些信息仅限于与应聘岗位招聘条件密切相关的范围之内。不经毕业生同意，任何单位或个人都不得将毕业生的个人信息随意发布和使用，用人单位更无权以招聘考核为名过问毕业生的各种隐私。

◆ (四)就业过程中享有的权利

航海类专业毕业生在就业过程中享有以下权利。

1.过渡期保障权

过渡期保障权，是指毕业生在实习期、试用期、见习期所应当享有的保障个人各方面利益的权利。毕业生相对用人单位来说是处于弱势地位的，由于相关法律法规还不是很健全，学生在从学校到职场的过渡期的许多权益往往会受到一些用人单位的侵害。《中华人民共和国劳动合同法》规定了试用期期限的设定和试用期工资的最低水平，在一定程度上为劳动者试用期的各种权利提供了保障。

2.就业签约权

毕业生与用人单位达成就业意向后，需要通过签订就业协议或劳动合同，将双方的劳动关系或已经达成的约定，以书面形式落实下来，并对双方的责任、权益进行明确的书面说明。不签订就业协议或劳动合同，或是协议、合同的内容和条款过于笼统甚至违法违规，都是对大学生就业权益的侵犯。法律更不允许单位或个人采取欺诈和胁迫的方式要求毕业生签订就业协议和劳动合同。

3.违约求偿权

违约求偿权，是指高校毕业生在与用人单位签订就业协议后，用人单位无故违约或解约，毕业生有权要求用人单位承担违约责任，进行相应的赔偿。

4.户口档案保存权

户口档案保存权，是指自毕业之日起两年内未能及时落实就业单位的毕业生，在择业期内将其档案、户口放在原就读学校保留两年的权利。根据国家政策规定，大学生由毕业之日起两年内，为大学生择业期。两年期满后，学校不再有对毕业生的户口档案保管的义务。目前，大多数毕业生的档案由户口所在地的人力资源保障部门免费保管。

二、就业权益保障

◆（一）识别和规避求职陷阱

航海类专业毕业生就业过程中，如果缺乏应有的警惕性，忽视了对自身权益的保护，则容易堕入到各种求职陷阱中，轻者损失钱财或劳而无酬，重者被不法分子利用乃至人身受到侵害。航海类专业毕业生要加强自身就业权益保护，主动提高防范意识非常关键，而首要的就是初步掌握识别各种求职陷阱的知识，规避就业风险。

1.就业陷阱的主要形式

（1）巧立名目，收取费用

某些用人单位在招聘时收取各种“费用”，这些名目繁多的收费项目让初涉职场的毕业生无法辨别其是否合理，更不知其是否合法。这些“费用”主要有三类：

①风险押金

有些毕业生对自身缺乏合理定位，常抱着“骑驴找马”的心态，一看到好的单位就不惜毁约跳槽，这样的做法让用人单位无法制订长远的用人计划，有部分单位就通过收取一定的风险押金来制约新员工跳槽。不知情的毕业生可能会认为，收取风险押金有一定的合理性，其实这些行为都是违法的。

案例分析

某高校轮机工程专业4名学生欲在一家公司从事文秘、翻译等兼职工作，公司要求他们交500元押金。可这些学生在交钱后，这家公司又推托说目前职位已满或暂时没有工作可做，要学生等消息，接下来就没有消息了。后来，这些学生欲上法庭起诉，才将押金追讨回来。

评价：任何招聘单位，以任何名义向求职者收取抵押金、服装费、产品押金、风险金、报名费、培训费等行为，都属非法行为。求职者遇到此类情况，要坚持拒交，并向招聘单位所在地区举报，以确保自己的合法权益不受侵害。

②报名费

有些用人单位将报名费（包括诸如信息费、登记费、资料费等）作为他们获得额外收入的途径之一。报名费的数额可能并不是很高，但一旦应聘者众多，总体收益则非常可观。

③培训费

有些用人单位会采取“放长线、钓大鱼”的方式来收取培训费。他们可能会说，通过一段时间考察，发现你还不能完全胜任目前的工作，因此公司决定对毕业生进行培训，但有关费用应当由学生自己承担。

《中华人民共和国劳动法》和《劳动力市场管理规定》有以下相关规定：用人单位在招聘时不得向求职者收取任何招聘费用；不得向被录用者收取保证金或抵押金；不得扣押被录用者的身份证等证件；不得以招聘人员为名义牟取不正当利益或进行其他违法活动。

（2）假借试用，榨取人力

一些用人单位会在与毕业生签订的合同里注明“试用期满后再签订正式劳动合同”，在试用期结束后，以“不符合录用条件”为由与毕业生解除劳动合同，或是试用期满后公司又以各种理由要求延长试用期等。这些都是假借试用期榨取大学生劳动力的表现。

（3）招聘为名，窃取成果

有些招聘单位借着招聘考试的名义，窃取应聘者的智力成果，这就是所谓的

“智力陷阱”。有些公司自身缺乏新颖的创意，而聘请高水平的工作人员又需要付出较大成本，便通过大规模招聘，要求求职者做案例、程序设计、广告设计、策划方案、文章翻译等，以此获得好的创意或方案。他们往往在面试或笔试时，把该单位遇到的问题以考题的形式要求应聘者作答，而无论应聘者表现如何，招聘的最终结果都是无一人录用。这些单位招聘是假，窃取创意才是真正目的。

用人单位的这种做法是一种侵犯知识产权的违法行为。具体防范措施为：提交方案或设计的同时，交上一份声明或协议，要求用人单位对自己的劳动成果给予保护，声明未经作者同意不得用于商业目的和用途，不得擅自使用或者允许第三方使用，违反协议应承担损害赔偿责任等。

(4)偷梁换柱，克扣工资

所谓薪酬陷阱，是指用人单位在招聘时以优厚的待遇吸引前来求职的毕业生，等到其正式上班时，招聘时的承诺则以种种理由不予以兑现；或是针对薪水中的一些不确定收入，进行虚假或模糊的承诺，由于没有以明确的合同或协议形式固定下来，其变动的空间和额度难以预估，就无法受到法律的相关保护。

毕业生求职时应根据自身情况对薪酬标准有一个合理定位，对过高的薪酬标准应警惕是否存在陷阱，不清楚的地方要问明白，否则就易上当受骗。遇到薪酬陷阱时，应先与用人单位界定薪酬的上下限，尽量减少承诺薪酬中的“软性成分”(即不确定成分)，并协商支付方式。比如，试用期待遇如何？试用期过后薪资多少？工资的支付方式和支付周期是怎样的？加班时间费用如何计算？将这些口头承诺写入劳动合同中，以法律的约束力来督促用人单位履行承诺。

2.规避就业风险的主要方法

(1)用人单位资质查验

一般到航海院校招聘的用人单位，其资质的合法性由学校审核，但也有少数非法的单位和个人，在学校双选大忙之际，乘机混入学校，私自进教室进行招聘宣讲等活动，航海类专业毕业生一般误以为是通过学校审验的合法单位，往往上当受骗。凡是在学校内举办的招聘活动，毕业生一定要向辅导员核实。

(2)警惕网络招聘机会

少数毕业生在网络上注册投递简历，被非法单位和个人欺骗，遭受损失。网络招聘的非法单位和个人一般特别热情，主动多次打电话给毕业生，声明降低对外语及相关证书的要求，同时反复赞扬投递简历的学生。遇到这种情况应提高警惕，马上告知辅导员或学校毕业生就业工作主管部门。

(3)谨慎提供证书原件

如果用人单位要求毕业生提交相关证书原件，则应高度警惕，先向辅导员核实。一般用人单位正式录用航海类专业毕业生时,因办理海员证、服务簿等情况,需要学生提供相关证书。有非法招聘单位和个人,骗取学生证书后索要钱财,毕业生要特别谨慎。

(4)拒绝交一切押金

在毕业生录用过程中,非法招聘单位和个人往往以各种名义要求学生交押金,部分合法的招聘单位和个人也违规索要押金,碰到这种情况,毕业生应主动回绝,并报告学校老师。

(5)躲避秘密招聘引诱

有些非法的招聘单位和个人,以老乡或冒充已经毕业的学长骗取毕业生信任,同时以仅招收1人为幌子,将招聘环节搞得很神秘,并明确提示参加招聘的学生,不要将自己秘密参加招聘的信息告知他人,否则将不予录用。遇到这种情况应立即中断面试,避免造成后续连环被骗,落入其设置的陷阱。

小贴士

航海类专业毕业生查验用人单位是否正规合法,可以到该用人单位所在的地方海事局网站查询,一般都有备案,无备案的为非法用人单位。此外,还可以到全国航海类专业毕业生就业工作协作组网站查询(http://www.ngec.cn),该网站对大多数航运企业有备注、情况介绍等。

◆(二)增强自我保护意识

1.法律意识

市场化的就业体制是通过市场调节来实现人力资源的合理配置。市场经济是法制经济,毕业生就业也受到法律体系的保护。因此,毕业生必须了解与就业相关的法律法规、政策制度,了解劳动用工的相关规定,并且在学习这些法律、政策、规定的过程中,逐步提高法律意识,学会使用法律武器维护自身权益。

案例分析

某高校航海技术专业2014届毕业生王某，在就业指导课上得知就业市场上陷阱重重。此后，他除了认真学好法律基础课外，还利用业余时间系统地学习了《中华人民共和国劳动法》《中华人民共和国劳动合同法》等法律法规，对劳动就业的规定有了大致的了解。毕业签约时，单位提出“试用期8个月，试用期满后签订劳动合同”的要求时，他利用掌握的法律知识，以《中华人民共和国劳动法》规定“试用期最长不得超过6个月，试用期必须包含在劳动合同期限内”与单位据理力争，最终使单位按照劳动法的规定签订了就业协议，成功地保护了自己的合法权益。

评价：大学生要加强自我保护意识，求职前对相关法律法规的条文有大致了解，在求职过程中才能合理使用法律武器保护自己。

2.契约意识

契约意识包括两个方面的内容：一是通过就业协议来保护自己合法权益的意识；二是必须严格遵守就业协议的意识。毕业生与用人单位签订的协议是一种合同，是确立双方当事人之间劳动关系的一种契约，具有法律效力。因此，毕业生要谨慎签约、积极履约。协议一旦订立，双方都必须遵守，任何一方未经对方同意都不得擅自毁约、违约等，否则将受到法律制裁。

3.维权意识

由于大学生就业市场发育还不够成熟，法律制度尚不健全，损害大学生合法权益的现象时有发生。培养维权意识，在碰到问题时能够拿起法律的武器积极保障权利，是毕业生走上自我权益保护的实质性的一步，是由观念转化成行动的重要一步。毕业生只有在掌握法律政策，养成良好的法律意识和积极的维权意识，才能够平等地与用人单位进行对话，据理力争，保障自己的权益免遭侵害。

案例分析

某高校轮机工程专业毕业生吴某毕业后到一家公司报到上班。工作一段时间后,他发现公司存在无故克扣员工工资和不缴纳社会保险费的现象。员工们对公司的这一做法感到义愤填膺,但考虑到自己的工作岗位和发展机会,没有人敢于站出来对此提出质疑。吴某知道公司的做法是违反劳动法的,强烈的维权意识使他认为一定要采取措施保护自己和同事的合法权益。于是他以匿名的方式向当地劳动监察部门举报了公司的恶劣行径。劳动监察部门接到举报后,马上在查证属实的基础上对公司进行了处罚,同时责令公司返还克扣的员工工资,并按规定补交社会保险费。吴某以自己的行动维护了自己和同事的正当权益。

4.证据意识

毕业生在求职就业过程中,应树立证据意识。

(1)搜集证据的意识,在求职时要有意识地要求用人单位出示或提供相关资料,如要求用人单位出示营业执照、要求对方出示表明身份的证件等。

(2)保存证据的意识,要注意保存现有的证据,以便将来在仲裁法庭或进行诉讼时维护权益,如招聘海报,往来传真、邮件等。

(3)运用证据的意识,要有用证据证明事实的意识,知道什么样的事实需要什么样的证据,要明确举证责任是在对方还是己方。

案例分析

某高职院校轮机工程专业2014届毕业生杨某通过网络找着了一家颇有影响力的民营企业。在正式就职之前,他来到该企业指定的培训中心交纳了相关的培训及服装费用。该企业承诺,如果职员在培训后因为企业的原因没有被录用,将退还培训中所有的费用。结果,由于企业人事调整,杨某没能进入该企业工作。当他向该企业要求退还培训等费用时,因拿不出交费的证据而被拒绝。

5.诚信意识

毕业生诚信意识的培养和权益的自我保护，主要包括两个方面：

（1）毕业生在求职过程中必须如实向用人单位介绍自己的情况，要实事求是，如果故意隐瞒自身情况、欺骗用人单位，可能导致就业协议无效，并承担缔约过失责任。

（2）要能够分辨用人单位是否诚信。目前大学毕业生就业竞争激烈，使得毕业生不敢向用人单位问太多的问题，而往往认为单位说的都是对的，单位要求的就应该去做，不知不觉中自己的权益已经遭受侵犯。

小贴士

在毕业生求职的高峰期，各招聘单位可能会收取有效简历达千万份，不少招聘单位表示："我们会在没用的招聘信息上画个符号表示废弃，之后按废纸变卖。"企业这种随意处理简历的方式会导致求职者个人信息泄露，后果令人担忧。某高校毕业生吴同学在人才市场和网站上投递大量求职简历后，经常收到一些莫名其妙的短信，如买房、购车、空中交友。求职者信息被泄露的情况屡见不鲜，由此而来的各种电话、邮件骚扰令许多人不堪忍受。

专家建议：航海类专业毕业生要加强自我保护意识，简历中尽量不要有身份证号码、毕业证书复印件等重要信息。同时，在求职简历上加注标签，如"此简历仅限于某次招聘的某单位"等，这样便于采集维权证据。一旦招聘单位造成应聘者个人信息泄露，形成损害的，受害人可通过法律途径要求其予以赔偿。

（三）维权途径

在自身权益遭受侵犯时，毕业生的维权途径有以下几种：

1.向劳动部门举报

用人单位所在区、县的劳动行政主管部门每年都会对该辖区内的单位的劳动用工情况、工资发放、社会保险金缴纳情况进行检查，一旦发现问题，便依法对单位进行处罚。因此，毕业生如发现所在单位有侵害劳动者权益的违法现象，可以向单位所在地的劳动行政主管部门举报，要求他们进行检查或处罚，维护自己的合法权益。

2.劳动争议仲裁或诉讼

如果无法通过与单位的协商来解决自己所遇到的问题，学生可以向单位所在地劳动争议仲裁委员会要求仲裁；如果对仲裁裁决不服，可以向单位所在地人民法院提起诉讼，由法院进行裁定。

第二节 就业协议与劳动合同

一、就业协议

所谓就业协议，是《全国普通高等学校毕业生就业协议书》的简称，是根据《普通高等学校毕业生就业暂行规定》的有关规定，由教育部或各省、直辖市、自治区就业主管部门统一制表。依据有关规定，毕业生在与用人单位进行双向选择、达成就业意向后，毕业生、用人单位、学校各方必须签订就业协议书。此协议经毕业生、用人单位、学校各方签署意见后生效，并以此作为学校制订就业方案和进行就业派遣的依据。未经学校同意，毕业生擅自签订的协议无效。

就业协议书主要包括以下内容：

(1)毕业生应按国家有关规定就业，向用人单位如实介绍自己的情况，了解单位的使用意图，表明自己的就业意见，在规定的时间内到用人单位报到，若遇到特殊情况不能按时报到，需征得用人单位的同意。

(2)用人单位要如实介绍本单位的情况，明确对毕业生的要求及使用意图，做好各项接收工作。凡取得毕业资格的毕业生，用人单位不得以学习成绩为由提出解约；未取得毕业资格的结业生，该协议无效。

(3)学校要如实向用人单位介绍毕业生的情况，做好推荐工作，用人单位同意录用后，经学校审核列入建议就业计划，报教育厅批准，学校负责办理派遣手续。

(4)学校应在学生毕业前安排体检，不合格者不派遣。如果用人单位对毕业生身体条件有特殊要求，原则上在签订协议前进行单独体检，否则，以学校体检为准。

(5)毕业生、用人单位、学校三方如有其他约定，应在备注栏注明，并视为该协议的一部分。

(6)协议经各方签字、盖章后生效。三方都应严格履行协议，如有一方提出变更协议，须征得另两方的同意，并承担相应违约责任。

(7)就业协议的终止：毕业生持“就业报到证”到用人单位报到，用人单位为其办理接收录用手续后终止。

二、劳动合同

劳动合同制度是1995年《中华人民共和国劳动法》颁发实施以来在各类企业中推行的一种用工制度。2008年1月1日起施行的《中华人民共和国劳动合同法》更是进一步明确规定,用人单位与劳动者依法建立劳动关系,应该订立书面劳动合同。

所谓劳动合同,就是在市场经济体制下施行劳动合同制过程中,用人单位与劳动者依法进行双向选择,确定劳动关系,明确双方权利和义务而达成的书面协议,是保护劳动者合法权益的基本依据。

《中华人民共和国劳动合同法》规定,订立劳动合同,应当遵循合法、公平、平等自愿、协商一致、诚实信用的原则。依法订立的劳动合同具有约束力,用人单位与劳动者应当履行劳动合同的约定义务。劳动合同一般应载明劳动合同期限、工作内容和工作地点、工作时间和休息休假、劳动报酬和劳动保险、劳动保护、劳动条件和职业危害防护、劳动合同终止、违反劳动合同的责任等条款,对双方当事人具有约束力。

三、就业协议与劳动合同的区别

就业协议与劳动合同均为用人单位录用毕业生时所订立的书面协议,就业协议书与劳动合同的差异,主要体现在两者订立的法律依据、适用的主体、订立的时间段、约定的内容等方面,具体来说:

1.适用的法律依据不同

劳动合同的适用依据是《中华人民共和国劳动法》《中华人民共和国劳动合同法》,而就业协议适用依据为教育部颁发的《普通高等学校毕业生就业工作暂行规定》和有关政策。

2.适用的主体不同

劳动合同是劳动者与用人单位之间确立劳动关系的协议,只要双方当事人协商一致,符合国家的法律、行政法规,无欺诈、胁迫等手段,经双方签字盖章,合同即生效。学校不是劳动合同的主体,也不是劳动合同的见证方。而目前的就业协议除毕业生与用人单位双方签字、盖章外,尚需要学校一方介入。尽管上海等地规定毕业生就业协议订立过程中,学校仅仅作为签证一方参加就业协议的订立,但也体现出与劳动合同的不同。

3.协议的内容不同

依据《中华人民共和国劳动合同法》,劳动合同的内容比较详细,劳动权利义务也更为明确，一般应载明劳动合同期限、工作内容和工作地点、工作时间和休息休假、劳动报酬和劳动保险、劳动保护、劳动条件和职业危险防护等条款，对双方当事人具有约束力。而就业协议的条款就比较简单，主要是毕业生应如实介绍自身情况，并表示愿意到该用人单位就业，用人单位表示愿意接收毕业生、学校同意推荐该毕业生并承诺将其列入就业方案办理有关就业派遣手续。一经毕业生、用人单位、高校、用人单位主管部门签字盖章，即具有一定的法律效应，是编制毕业生就业方案和将来可能发生违约情况时的判断依据。

4.适用的人员不同

依据合同有关规定，凡是与我国境内的企业、个体经济组织、民办非企业单位等，以及国家机关、事业单位、社会团体建立劳动关系的劳动者，均可适用劳动合同。而就业协议适用的人员相对单一，对签约航海类专业毕业生来说，仅适用于全国普通高校毕业生、毕业研究生（定向、委培毕业生除外）；对签约单位一方限定为必须可以接收毕业生人事档案关系，必要时解决户口的用人单位。目前大多数用人单位不接收航海类专业毕业生的户口，仅少数接收。

5.签订时间不同

就业协议是航海类专业毕业生在就业求职过程中，与用人单位双向选择达成就业意向后签订的，一般情况下是在毕业离校前签订。如果毕业生与用人单位在工资待遇、住房等方面有事先约定，可在就业协议的备注条款中约定注明。劳动合同通常情况下是毕业生到用人单位报到后订立的。《中华人民共和国劳动合同法》允许用人单位在招用劳动者进入工作岗位之前，先与劳动者订立劳动合同。对于这种情况，其劳动关系从用工之日起建立，劳动合同期限、劳动报酬、试用期、经济补偿金等，均从用工之日起计算。

小贴士

航海类专业毕业生签订就业协议一般分为三个阶段：

第一阶段：双选会前，一般在毕业前的一个学期（本科生为四年级第一学期、专科生为三年级第一学期）的 9 月—10 月，用人单位来学校作招聘宣传，并进行面试，同时与有意向的毕业生进行录用草签。

第二阶段：双选会当天，目前各航海学校举办双选会时间一般安排在 10 月—11 月，用人单位与毕业生签订正式录用协议。

第三阶段：毕业当年 7 月初，毕业生到用人单位报到，同时签署协议与劳动合同。

四、签订就业协议应注意的事项

1.查明用人单位的主体资格

签订就业协议的当事人必须具备合法的主体资格，一般而言用人单位必须具有从事各项经营或管理活动的能力，单位应有录用指标和录用自主权。一般由航海院校就业部门审核，确认资质后通知航海类专业毕业生参与招聘。

2.协议条款内容必须明确合法

航海类专业毕业生要认真审查协议书的内容。首先，要审查协议书的内容是否符合国家相关法律和政策；其次，审查和推敲双方权利和义务是否合理；最后，要审查就业协议的备注补充条款。航海类专业毕业生与用人单位在签约时，尽量采用示范条款。如确有必要进行变更或增加，内容上必须明确。

3.签订就业协议的程序、内容要合乎规定

航海类专业毕业生和用人单位经协商一致，签约时要注意完整地履行手续。首先，就业生要明确表明自己的意愿，并签署意见；其次，用人单位以及其上级主管部门必须加盖单位公章并注明时间，不能用个人签字代替单位公章；第三，航海类专业毕业生和用人单位签字后需将协议书交给学校毕业生就业主管部门备案，以便列入就业方案，并及时办理就业报到手续。

就业协议书“用人单位情况及意见”栏目中户口迁移地址和档案迁移地址是高校在毕业生毕业后为毕业生迁移户口、档案的依据，毕业生与用人单位签订协议书时，应提醒用人单位，按照档案要求填写档案迁移单位、地址、邮编和户口迁移地址，以免造成户口、档案迁移出现错误，造成损失。由于各地相关的政策不同，具体填写要求可以咨询学校就业部门。

4.注意与劳动合同的衔接

由于航海类专业毕业生就业协议签订在先，为避免在日后订立劳动合同时产生纠纷，应尽可能将劳动报酬、试用期、住房、服务期限、社会保险等劳动合同的主要条款与用人单位事先协商，体现在就业协议的约定补充条款中，并明确表示在今后订立劳动合同时应予以确认。

5.对合约的解除条件做事先约定

由于就业协议书的内容比较简单，为避免产生纠纷，建议在签订协议书时，把解除合约的条件、违约责任等内容条款在协议书备注栏事先预定。如果有双方需要相互承诺的部分，一定要在协议书或补充协议上加以说明，比如与用人单位商定的工作地点、工作岗位、培训机会、薪酬，毕业生准备升学或出国留学等。

案例分析

2014 年 11 月，某校航海专业的小王到一家企业去应聘，人力资源部的李部长认为小王的综合素质不错，批准录用。三个月后，小王与该企业签订了就业协议。

公司老总得知此事后，不同意小王入职，命令李部长立即取消与小王的就业协议。李部长告诉小王要解除协议，这个消息让小王很被动，因为这时已经过了最佳求职期，再去找新的工作面临很大困难。

小王想起就业指导老师曾讲过就业协议书的约束性，任何一方都不能随便违约，而且小王是无过错方，应据理力争。

于是小王拿着《普通高等学校毕业生就业工作暂行规定》和三方协议书的约定，找到李部长，按《普通高等学校毕业生就业协议书》中第二条："用人单位要如实介绍本单位情况，明确对毕业生的要求及使用意图，做好各项接受工作，凡取得毕业资格的毕业生，用人单位不得以学习成绩为由提出违约。"第六条："本协议经各方签字、盖章后生效。三方都应严格履行本协议，若一方提变更协议，须征得另两方同意违约，由违约方承担违约责任。"小王重申就业协议的严肃性，再次表明自己不同意单位违约。

经过交涉，借助大学生就业协议书的法律效力，最终李部长同意执行原有就业协议。小王如愿以偿地拿到了发往该公司的就业报到证。

评价：目前大学生就业市场尚不成熟，制度也不够健全和规范，导致了一些损害大学生就业权益事件的发生。小王的故事只是众多大学生维权案例中的一个。大学生应具有强烈的维权意识，在遇到问题时能够拿起法律武器积极主张自己的权利据理力争。很多大学生的维权之路也许并没有像小王这样顺利，但有一点可以证实，在就业过程中大学生只要是依法求职就有维护自己权益的权利。另外有一点要说明的是，只有毕业生掌握了法律政策、养成了良好的法律维权意识后才能够与用人单位平等对话，给自己撑起一方晴空，保障自己的权益免受侵害。

五、就业协议的解除

就业协议的解除分为单方解除和三方解除。

1.单方解除

单方解除包括单方擅自解除和单方依法或依协议解除。

单方擅自解除协议属违约行为,解约方应对另两方承担违约责任。

单方依法或依协议解除是指一方解除就业协议有法律上或协议上的依据,如学生未取得毕业资格,用人单位有权单方解除就业协议,毕业生依事先约定考取研究生后,可解除就业协议,此类单方解除,解除方无须对另两方承担法律责任。

2.三方解除

三方解除是指毕业生、用人单位、学校三方经协商一致,取消已经订立的协议,使协议不再发生法律效力。此类解除因是三方当事人真实意思一致表示的体现,三方均不承担法律责任,三方解除应在就业方案上报主管部门之前进行,如就业派遣计划下达后三方解除,还须就业主管部门批准办理调整改派。

六、就业协议的违约责任

就业协议书一经航海类专业毕业生、用人单位、学校签署即具有法律效力,任何一方不得擅自解除,否则违约方应向权利受损方支付协议条款所规定的违约金。

航海类专业毕业生违约,除造成本人承担违约责任,支付违约金这一影响外,往往还会造成其他不良的后果。主要表现在:

1.就用人单位而言

用人单位往往为录用航海类专业毕业生做了大量的工作,投入人力、物力和财力等,有的甚至对毕业生将要从事的具体工作也有所安排。同时毕业生就业工作时间相对集中,一旦毕业生因某种原因违约,用人单位若想重新选择其他毕业生,在时间上也不允许,造成的相关损失难以估算。

2.就学校而言

用人单位往往将毕业生违约行为归为学校的责任,从而影响学校和用人单位的长远合作。用人单位由于毕业生存在违约现象,而对学校的推荐工作表示怀疑。从历年情况来看,一旦发生毕业生违约,受损的用人单位在几年之内都不愿到学校来招聘。

3.就毕业生而言

用人单位到学校招聘毕业生名额有限,一旦与某位毕业生签订就业协议占用了名额，其他学生便失去了应聘该单位的机会。常有因签约的学生违约，影响其他毕业生的报到与培训进度，造成就业资源的浪费，干扰了就业秩序。

七、签订劳动合同应注意的事项

1.签订劳动合同是用人单位的法定义务，并非可有可无

劳动合同是劳动者与用人单位确立劳动关系、明确双方权利和义务的协议。在用人单位与劳动者建立劳动关系的同时，应当订立劳动合同。由于一些用人单位和劳动者法律意识淡薄，或者一些用人单位利用其优势地位，违反法律规定，故意拖延或者拒绝与劳动者签订书面劳动合同，逃避应当履行的劳动合同义务，任意解除劳动关系，极大地损害了劳动者的合法权益。对于上述情况，《中华人民共和国劳动者合同法》第10条明确规定：建立劳动关系，应当订立书面劳动合同。已建立劳动关系，未同时订立书面劳动合同的，应当自用工之日起一个月内订立书面劳动合同。用人单位与劳动者在用工前订立劳动合同的，劳动关系自用工之日起建立。用人单位自用工之日起超过一个月不满一年未与劳动者订立书面劳动合同的，应当向劳动者每月支付两倍的工资。

2.用人单位主体资格合法

用人单位主体资格合法指用人单位须经主管部门批准依法从事生产经营和其他相应的业务，享有法律赋予的用人资格或能力。

3.劳动合同内容合法

劳动合同的内容不得违反法律、行政法规的强制性规定。一些用人单位对刚参加工作的大学生规定的试用期工资，有的虽然不低于最低工资标准，但却与正式员工工资相差很大，严重侵害了劳动者的合法权益。为了防止用人单位滥用试用期，《中华人民共和国劳动合同法》对此做了明确的规定，劳动合同期限3个月以上不满1年的，试用期不得超过1个月；劳动合同期限1年以上不满3年的，试用期不得超过2个月；3年以上固定期限和无固定期限的劳动合同，试用期不得超过6个月。《中华人民共和国劳动合同法实施条例》对试用期的工资也进行了详细规定，即劳动者在试用期的工资不得低于本单位相同岗位最低档工资的80%或者不得低于劳动合同约定工资的80%，并不得低于用人单位所在地的最低工资标准。

4.当事人意愿表达真实

《中华人民共和国劳动法》第18条第2款规定，采取欺诈、威胁等手段订立的劳动合同，因为违背了当事人的真实意愿，所以是无效的。另外，如果有证据证明当事人对合同内容有重大误解，这样的劳动合同为无效合同。

5.合同订立的形式合法

《中华人民共和国劳动法》第19条明确规定，劳动合同应当以书面形式订立，以口头、录音等形式订立的劳动合同均无效。

6.劳动合同的必备条款齐全

《中华人民共和国劳动合同法》规定，劳动合同应当具备以下九项条款：

(1)用人单位的名称、住所和法定代表人或者主要负责人；

(2)劳动者的姓名、住址和居民身份证或者其他有效身份证件号码；

(3)劳动合同期限；

(4)工作内容和工作地点；

(5)工作时间和休息休假；

(6)劳动报酬；

(7)社会保险；

(8)劳动保护、劳动条件和职业危害防护；

(9)法律、法规规定应当纳入劳动合同的其他事项。

除此之外，用人单位与劳动者可以约定试用期、培训、保守秘密、补充保险和福利待遇等其他事项。

案例分析

某高校轮机工程专业2014届毕业生王某在一家船员管理公司工作了3个月，刚开始的时候公司负责人说试用2个月后转正，并给缴纳社会保险。工作2个月后这位负责人又说保险不交了，但可以每个月多给王某300元作为经济补偿(经王某打听得知，公司所有员工都没有上保险，都在领这样的“补偿”)。请问毕业生王某应当怎样面对这个问题呢？

评析：《中华人民共和国劳动法》规定，劳动者有享受社会保险和福利的权利。《中华人民共和国劳动合同法》中也明确规定，劳动合同中社会保险是必备条款，单位和员工应该依法参加社会保险。合同中无论有没有社会保险这一款，单位都应该依法缴纳。而在《中华人民共和国劳动合同法实施条例》中又明确规定，用人单位未依法为劳动者缴纳社会保险费的，劳动者可与用人单位解除劳动合同。对用人单位提供的劳动合同文本未载明本法规定的劳动合同必备条款或者用人单位未将劳动合同文本交付劳动者的，由劳动行政部门责令改正；给劳动者造成损害的，应当承担赔偿责任。

八、劳动合同的履行、变更、解除与终止

劳动合同的履行，是指劳动合同的双方当事人按照合同规定，履行各自义务的行为。依法订立的劳动合同具有法律约束力，当事人必须履行合同约定的义务，任何个人或第三方不得非法干涉劳动合同的履行。

劳动合同的变更，是指双方当事人对尚未履行或尚未完全履行的合同，依照法律规定的条件和程序，对原劳动合同进行修改或增删的法律行为。劳动合同变更应遵循平等自愿、协商一致的原则，不得违反法律法规的规定。任何一方不得擅自变更劳动合同，否则要承担相应的法律责任。劳动合同的变更一般是协议变更，双方当事人就变更的内容及条件进行协商，达成一致意见，应签订书面协议。我国劳动法规定，提出变更劳动合同的一方，给对方造成经济损失的，应当承担赔偿责任。

劳动合同的解除，是指劳动合同当事人在劳动合同期限届满之前依法提前终止劳动合同关系的法律行为。劳动合同的解除可分为协商解除、用人单位单方面解除、劳动者单方面解除以及自行解除等。

小贴士

用人单位常常在劳动合同中设定高额违约金，限制劳动者职业上的流动自由，侵害了劳动者的择业自主权。《中华人民共和国劳动合同法》对违约金条款给予了严格的限制，明确规定只有两类劳动者可以在劳动合同中约定违约金。

(1)用人单位为航海类专业毕业生提供专项培训费用，对其进行上船岗前相关培训的，并订立协议，约定服务期。如果毕业生违反服务期约定的，应当按照约定向用人单位支付违约金。但违约金的数额不得超过用人单位提供的培训费用。

(2)对负有保守商业秘密和知识产权义务的高级管理人员、高级技术人员和其他负有保密义务的人员，用人单位可以与之约定竞业限制，如劳动者违反竞业限制的约定，应当按照约定支付违约金。一般本条适合航海院校非上船实习的毕业生。

思考题

1.航海类专业毕业生就业为什么要签订就业协议书？

2.就业协议和劳动合同有何区别？签订劳动合同要注意哪些问题？

3.求职过程中可能会有哪些陷阱？怎样规避就业风险，维护自身的权益？

第八章

职业准备与展望

◎ **本章要点：**

1. 上船所需的证件的种类及用途；
2. 实习报到、船上见习与培训的方法；
3. 自我调节、人际关系处理的方法和船员发展的基本路径。

◎ **学习目标：**

1. 了解船员证件的种类及用途；
2. 了解公司实习报到与培训的流程，如何圆满地完成船上见习；
3. 学会自我调节及人际关系处理的方法等。

经过专业理论知识的学习储备和专业技能的培训提高，大家即将走向航海生涯的社会实践，要准备哪些上船工作的证件？具体实习工作的内容有哪些？实习期间要注意哪些方面的问题？长远发展的路径有哪些环节？让我们了解这些知识，做好这些准备，阔步迈向航海、挺进深蓝。

第一节　证件准备

一、上船所需证件

中国海员归口中华人民共和国交通运输部管理。《中华人民共和国船员条例》第三条规定："国务院交通主管部门主管全国船员管理工作。国家海事管理机构依照本条例负责统一实施船员管理工作。负责管理中央管辖水域的海事管理机构和负责管理其他水域的地方海事管理机构，依照各自职责具体负责船员管理工作。"2009年国务院批准的交通运输部主要职责中有"负责船员管理有关工作"。根据《中华人民共和国海上交通安全法》等法律的规定，中国海员需完成海员教育和培训，通过交通运输部海事局组织的相关证书规定考试和评估，取得如下有效证书后，方可在船上工作。

1.海员证

"中华人民共和国海员证"是我国海员出入中国国境和境外通行使用的有效身份证件，海员证由中华人民共和国海事局或其授权的海事机构颁发，颁发的对象是在国际航线航行的中国籍船舶工作的中国海员和由国内有关部门派往外国籍船舶工作的中国海员。中国船员持海员证出境入境，应当向出入境边防检查机关交验海员证，履行规定的手续，经查验准许，方可出境入境。中国船员持海员证出境，应当符合目的地国家或者地区关于入境过境证件等方面的要求。海员证由船员本人持有并负责保管，仅限持证人本人使用。

海员证和出入境边防检查机关在海员证上的出境、入境签证章如图8.1、图8.2所示。

图8.1 海员证

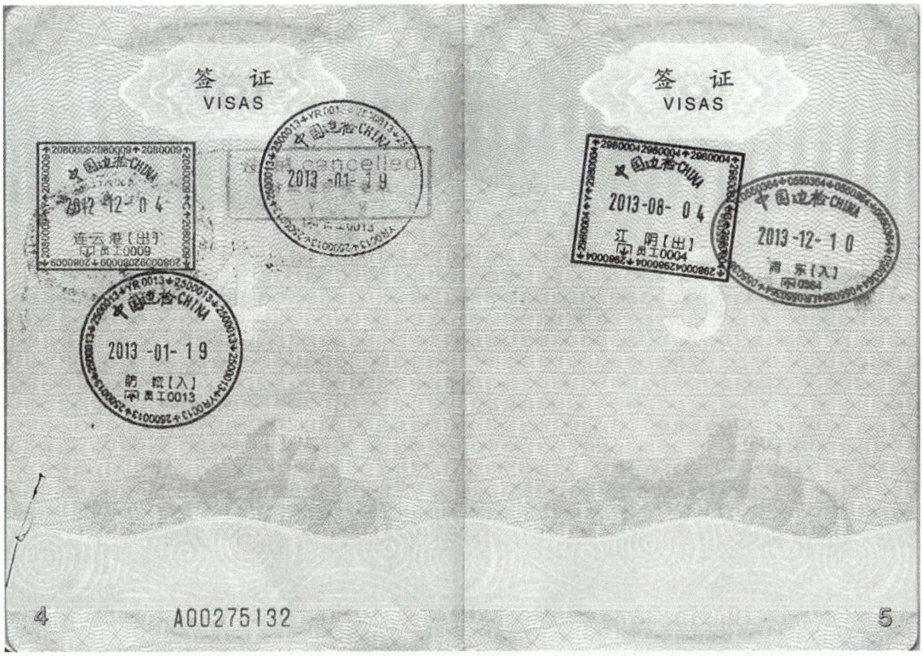

图 8.2 出入境边防检查机关在海员证上的出境、入境签证章

《中华人民共和国护照法》第二十五条规定："公民以海员身份出入国境和在国外船舶上从事工作的，应当向交通部委托的海事管理机构申请中华人民共和国海员证。"《中华人民共和国船员条例》第十一条规定："以海员身份出入国境和在国外船舶上从事工作的中国籍船员，应当向国家海事管理机构指定的海事管理机构申请中华人民共和国海员证。"该条还规定申请中华人民共和国海员证，应当符合 3 项条件：一是中华人民共和国公民；二是持有国际航行船舶船员适任证书或者有确定的船员出境任务；三是无法律、行政法规规定禁止出境的情形。

办理海员证可以直接由船员本人向签发机关申请，也可以委托海员外派机构代为申请。申请办理海员证应当具备下列材料：

(1)海员证申请表；

(2)船员服务簿；

(3)国际航线或者特殊航线船舶船员适任证书，或者确定的船员出境任务证明材料；

(4)申请人近期电子证件照片。

委托相关单位代为申请办理海员证的，除上述材料外，被委托单位还应当提供委托书。

其中第(2)项规定的船员服务簿、第(3)项规定的船员适任证书无须申请人提供。

海员证签发机关见表 8.1。

表 8.1　海员证签发机关一览表

序号	单位	代办机构管辖范围
1	上海海事局	上海市
2	天津海事局	天津市、北京市、河南省
3	辽宁海事局	吉林省、辽宁省(营口市除外)
4	营口海事局	营口市
5	河北海事局	河北省
6	山东海事局	山东省(烟台市除外)
7	烟台海事局	烟台市
8	江苏海事局	江苏省(连云港、盐城市除外)
9	镇江海事局	镇江市
10	南通海事局	南通市
11	浙江海事局	浙江省(宁波市除外)
12	宁波海事局	宁波市
13	舟山海事局	舟山市
14	福建海事局	福建省(厦门、漳州市除外)
15	厦门海事局	厦门、漳州市
16	广东海事局	广东省(深圳、汕头、湛江市除外)
17	广州海事局	广州、佛山、肇庆、河源市
18	东莞海事局	东莞、惠州、清远市
19	珠海海事局	珠海、江门市
20	中山海事局	中山市
21	湛江海事局	湛江市
22	汕头海事局	汕头市
23	广西海事局	广西壮族自治区
24	梧州海事局	梧州市
25	海南海事局	海南省
26	长江海事局	安徽省(除芜湖市)、江西省、湖北省、湖南省、四川省

续表

序号	单位	代办机构管辖范围
27	黑龙江海事局	黑龙江省、内蒙古自治区
28	深圳海事局	深圳市
29	连云港海事局	连云港、盐城市
30	重庆海事局	重庆市
31	芜湖海事局	芜湖市
32	思茅海事局	云南省(西双版纳州除外)
33	西双版纳海事局	云南省(普洱市除外)

海员证的有效期不超过5年,有效期截止日期不超过持证人65周岁生日。海员证发生遗失、被盗、损毁等情形的,可以向签发机关申请补发,并提交以下材料:

(1)海员证申请表;

(2)申请人身份证明材料;

(3)遗失、被盗、损毁的情况说明。

补发或者换发海员证的有效期不得超过原海员证的有效期;已过有效期的海员证自动失效。海员证有效期不足12个月的,可以重新申请签发。船员所持海员证在境外过期、遗失、被盗、损毁,或者船员因紧急情况需下船转乘其他交通工具回国,且本人未持有其他有效旅行证件的,可以向中国驻外使馆、领馆或者外交部委托的其他驻外机构申请旅行证。

2.船员服务簿

船员服务簿(如图8.3所示)是船员的职业身份证件。自2019年2月27日起,海事管理机构不再进行船员服务簿签发审批,对通过船员适任证书核发审查的船员直接发放船员服务簿。船员服务簿载明船员的姓名、性别、国籍、出生日期、住所、联系人、联系方式以及其他有关事项。海事管理机构在船员服务簿中记载船员的安全记录、累计记分情况和违法情况。任何单位或者个人不得冒用、出租、出借、伪造、变造或者买卖。船员在船工作期间应当携带船员服务簿。船员上船任职后和离船解职前,应当主动将船员服务簿提交船长办理船员任职、解职签注。船长应当为本船船员办理船员任职、解职签注,并在船员服务簿中及时、如实记载其服务资历和任职表现。船员服务簿服务资历记载页如图8.4所示。

船员服务簿记载页满或者损坏的,应当到管理本人注册档案的海事管理机构办理换发事宜,并提交下列材料:

(1)船员服务簿换发申请;

(2)近期直边正面5厘米免冠白底彩色照片2张；

(3)记载页满或者损坏的船员服务簿。

船员服务簿遗失的，应当到管理本人注册档案的海事管理机构办理补发事宜，并提交下列材料：

(1)船员服务簿补发申请；

(2)相应证明文件；

(3)近期直边正面5厘米免冠白底彩色照片2张。

图 8.3　船员服务簿

船员服务资历必须能真实地反映船员的水上资历，不得弄虚作假。服务簿服务资历填写页面应保持清洁、平整，不得污损。由于笔误填错时，应注明该行无效，另起一行填写。

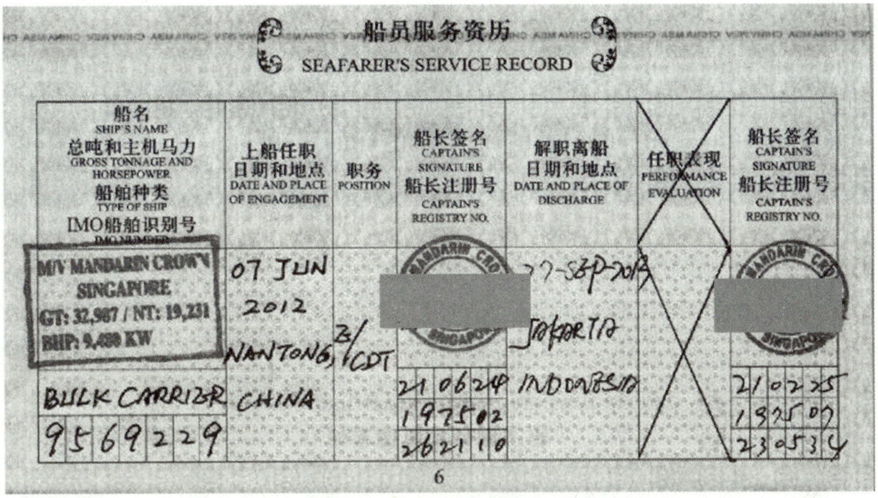

船员服务资历
SEAFARER'S SERVICE RECORD

船名 SHIP'S NAME 总吨和主机马力 GROSS TONNAGE AND HORSEPOWER 船舶种类 TYPE OF SHIP IMO船舶识别号 IMO NUMBER	上船任职日期和地点 DATE AND PLACE OF ENGAGEMENT	职务 POSITION	船长签名 CAPTAIN'S SIGNATURE 船长注册号 CAPTAIN'S REGISTRY NO.	解职离船日期和地点 DATE AND PLACE OF DISCHARGE	任职表现 PERFORMANCE EVALUATION	船长签名 CAPTAIN'S SIGNATURE 船长注册号 CAPTAIN'S REGISTRY NO.
M/V MANDARIN CROWN SINGAPORE GT: 32,987 / NT: 19,231 BHP: 9,480 KW BULK CARRIER 9569229	07 JUN 2012 NANTONG, CHINA	3/CDT	MANDARIN CROWN SINGAPORE [redacted] 21 06 24 19 75 02 26 21 10	22-SEP-2013 JAKARTA INDONESIA		MANDARIN CROWN SINGAPORE [redacted] 21 02 25 19 75 07 23 05 34

6

图 8.4 船员服务簿船员服务资历记载页

3.适任证书

适任证书是指按照相关法规的规定签发的，并准许其合法持有人在从事相关的特定航行中，在相关的种类、吨位、推进功率和方式的船舶上，以证书标明的责任等级，担任所涉及的职位和执行所涉及的职能的证书。

根据《中华人民共和国船员条例》第五条的规定，船员应当依照该条例的规定取得相应的船员适任证书。《中华人民共和国船员条例》已将厨师、服务员等不参加航行和轮机值班的船员纳入船员适任证书核发申请人员范围。申请船员适任证书，应当具备下列条件：

(1)年满 18 周岁(在船实习、见习人员年满 16 周岁)且初次申请不超过 60 周岁；

(2)符合船员任职岗位健康要求；

(3)经过船员基本安全培训。

参加航行和轮机值班的船员还应当经过相应的船员适任培训、特殊培训，具备相应的船员任职资历，并且任职表现和安全记录良好。

根据《中华人民共和国海船船员适任考试和发证规则》的规定，持证人适任的航区分为无限航区和沿海航区，但无线电操作人员适任的航区分为 A1、A2、A3 和 A4 海区。

船员职务分为：

(1)参加航行和轮机值班的船员：

①船长；

②甲板部船员：大副、二副、三副、高级值班水手、值班水手，其中大副、二副、三

副统称为驾驶员；

③轮机部船员：轮机长、大管轮、二管轮、三管轮、电子电气员、高级值班机工、值班机工、电子技工，其中大管轮、二管轮、三管轮统称为轮机员；

④无线电操作人员：一级无线电电子员、二级无线电电子员、通用操作员、限用操作员。

(2)不参加航行和轮机值班的船员。

船长、驾驶员、轮机长、轮机员适任证书分为：

(1)船长、大副、轮机长、大管轮无限航区适任证书分为两个等级：

①一等适任证书：适用于3000总吨及以上或者主推进动力装置3000千瓦及以上的船舶；

②二等适任证书：适用于500总吨及以上至3000总吨或者主推进动力装置750千瓦及以上至3000千瓦的船舶。

(2)二副、三副、二管轮、三管轮无限航区适任证书适用于500总吨及以上或者主推进动力装置750千瓦及以上的船舶。

(3)船长、大副、轮机长、大管轮沿海航区适任证书分为三个等级：

①一等适任证书：适用于3000总吨及以上或者主推进动力装置3000千瓦及以上的船舶；

②二等适任证书：适用于500总吨及以上至3000总吨或者主推进动力装置750千瓦及以上至3000千瓦的船舶；

③三等适任证书：适用于未满500总吨或者主推进动力装置未满750千瓦的船舶。

(4)二副、三副、二管轮、三管轮沿海航区适任证书分为两个等级：

①一等适任证书：适用于500总吨及以上或者主推进动力装置750千瓦及以上的船舶；

②二等适任证书：适用于未满500总吨或者主推进动力装置未满750千瓦的船舶。

高级值班水手、高级值班机工适任证书适用于500总吨及以上或者主推进动力装置750千瓦及以上的船舶。

值班水手、值班机工适任证书等级分为：

(1)无限航区适任证书适用于500总吨及以上或者主推进动力装置750千瓦及以上的船舶；

(2)沿海航区适任证书分为两个等级：

①一等适任证书：适用于500总吨及以上或者主推进动力装置750千瓦及以上的船舶；

②二等适任证书：适用于未满 500 总吨或者主推进动力装置未满 750 千瓦的船舶。

电子电气员和电子技工适任证书适用于主推进动力装置 750 千瓦及以上的船舶。

在拖船上任职的船长和甲板部船员所持适任证书等级与该拖船的主推进动力装置功率的等级相对应。

不参加航行和轮机值班的船员适任证书不分等级。

各证书如图 8.5 至图 8.10 所示。

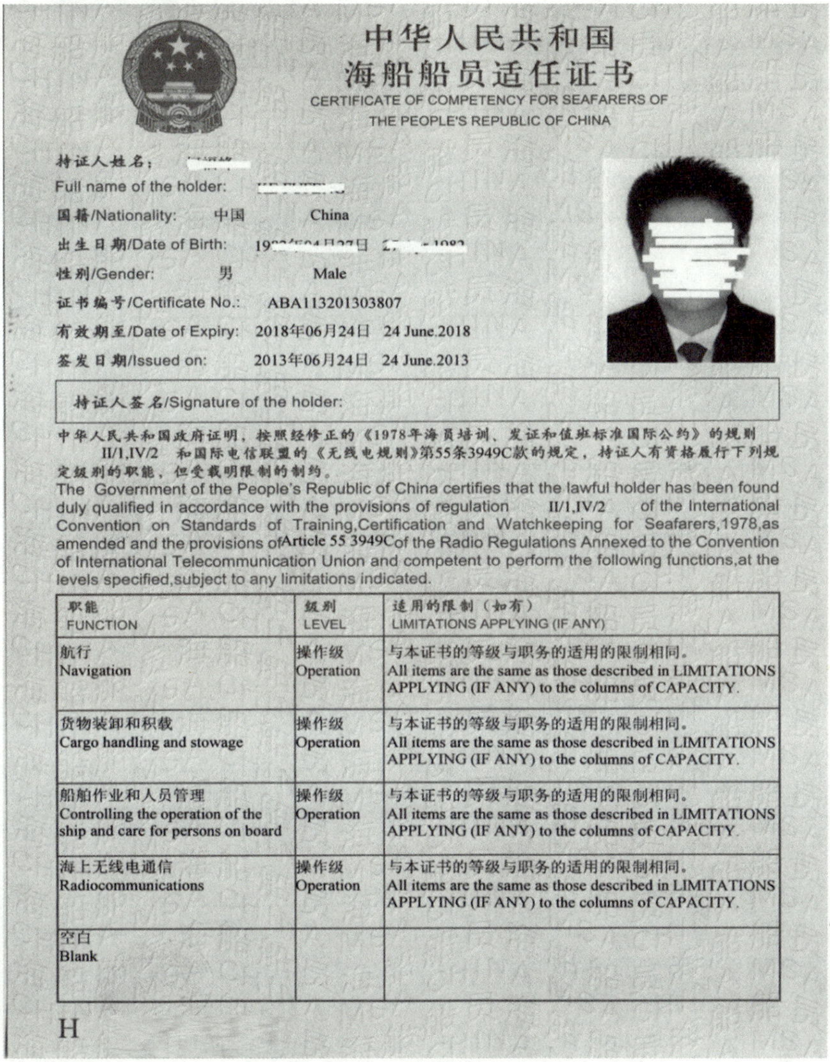

中华人民共和国
海船船员适任证书
CERTIFICATE OF COMPETENCY FOR SEAFARERS OF
THE PEOPLE'S REPUBLIC OF CHINA

持证人姓名：[redacted]
Full name of the holder: [redacted]
国籍/Nationality: 中国 China
出生日期/Date of Birth: [redacted]
性别/Gender: 男 Male
证书编号/Certificate No.: ABA113201303807
有效期至/Date of Expiry: 2018年06月24日 24 June.2018
签发日期/Issued on: 2013年06月24日 24 June.2013

持证人签名/Signature of the holder:

中华人民共和国政府证明，按照经修正的《1978年海员培训、发证和值班标准国际公约》的规则 II/1,IV/2 和国际电信联盟的《无线电规则》第55条3949C款的规定，持证人有资格履行下列规定级别的职能，但受载明限制的制约。

The Government of the People's Republic of China certifies that the lawful holder has been found duly qualified in accordance with the provisions of regulation II/1,IV/2 of the International Convention on Standards of Training,Certification and Watchkeeping for Seafarers,1978,as amended and the provisions of Article 55 3949C of the Radio Regulations Annexed to the Convention of International Telecommunication Union and competent to perform the following functions,at the levels specified,subject to any limitations indicated.

职能 FUNCTION	级别 LEVEL	适用的限制（如有） LIMITATIONS APPLYING (IF ANY)
航行 Navigation	操作级 Operation	与本证书的等级与职务的适用的限制相同。 All items are the same as those described in LIMITATIONS APPLYING (IF ANY) to the columns of CAPACITY.
货物装卸和积载 Cargo handling and stowage	操作级 Operation	与本证书的等级与职务的适用的限制相同。 All items are the same as those described in LIMITATIONS APPLYING (IF ANY) to the columns of CAPACITY.
船舶作业和人员管理 Controlling the operation of the ship and care for persons on board	操作级 Operation	与本证书的等级与职务的适用的限制相同。 All items are the same as those described in LIMITATIONS APPLYING (IF ANY) to the columns of CAPACITY.
海上无线电通信 Radiocommunications	操作级 Operation	与本证书的等级与职务的适用的限制相同。 All items are the same as those described in LIMITATIONS APPLYING (IF ANY) to the columns of CAPACITY.
空白 Blank		

H

图 8.5 高级船员适任证书（正面）

中华人民共和国
海船船员适任证书
CERTIFICATE OF PROFICIENCY FOR SEAFARERS OF THE PEOPLE'S REPUBLIC OF CHINA

持证人姓名： [redacted]

Full name of the holder: [redacted]

国籍/Nationality: 中国 China

出生日期/Date of Birth: [redacted]1973

性别/Gender: 男 Male

证书编号/Certificate No.: ABA145201303829

有效期至/Date of Expiry: 2038年04月14日 14 Apr.2038

签发日期/Issued on: 2013年06月25日 25 June.2013

持证人签名/Signature of the holder:

中华人民共和国政府证明，按照经修正的《1978年海员培训、发证和值班标准国际公约》的规则 II/4 的规定，持证人有资格履行下列规定级别的职能，但受载明限制的制约。

The Government of the People's Republic of China certifies that the lawful holder has been found duly qualified in accordance with the provisions of regulation II/4 of the International Convention on Standards of Training,Certification and Watchkeeping for Seafarers,1978,as amended,and competent to perform the following functions,at the levels specified,subject to any limitations indicated.

职能 FUNCTION	级别 LEVEL	适用的限制（如有） LIMITATIONS APPLYING (IF ANY)
航行 Navigation	支持级 Support	与本证书的等级与职务的适用的限制相同。 All items are the same as those described in LIMITATIONS APPLYING (IF ANY) to the columns of CAPACITY.
以下空白 Blank below		

I

图 8.6　参加值班的普通船员的适任证书（正面）

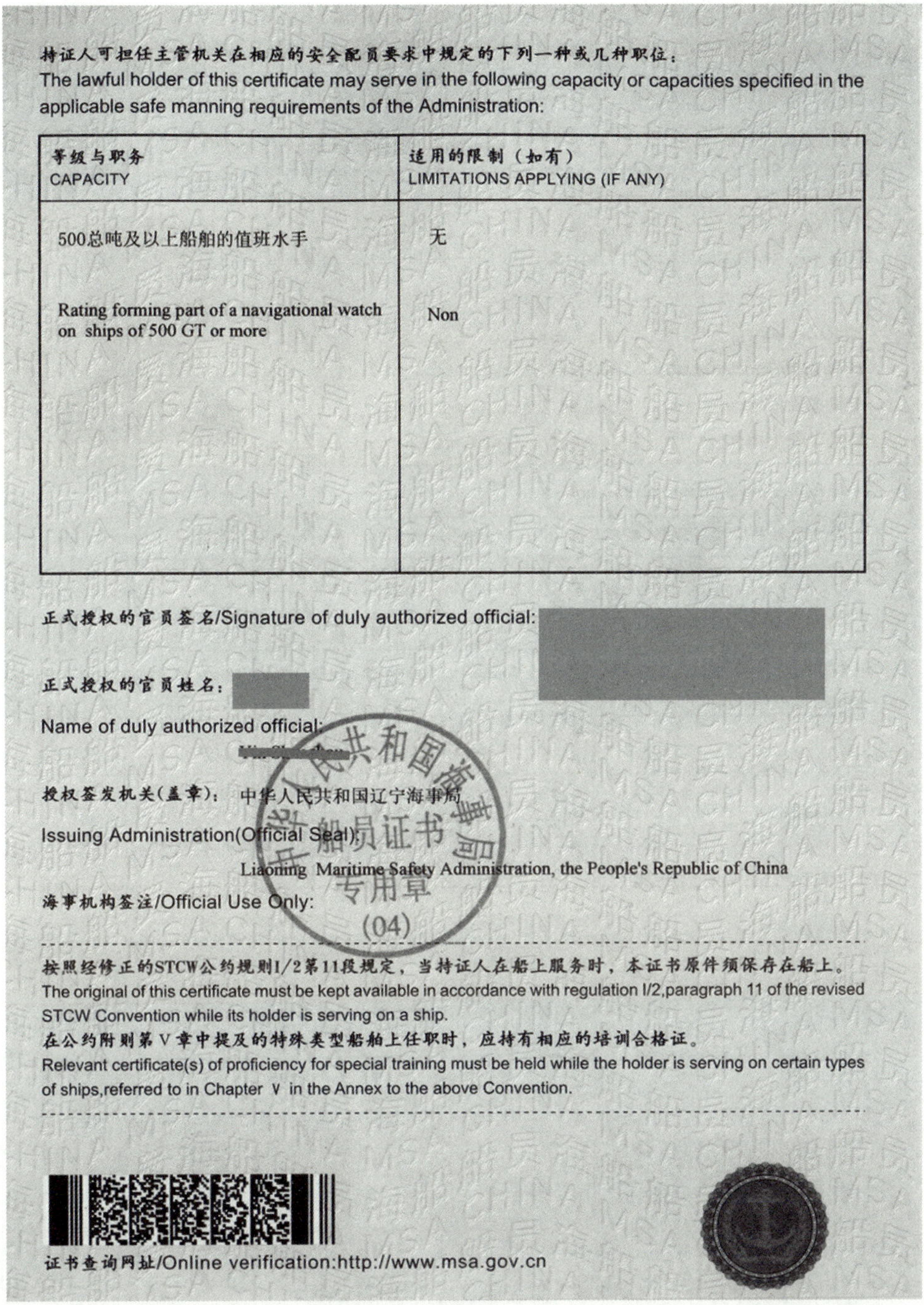

持证人可担任主管机关在相应的安全配员要求中规定的下列一种或几种职位：
The lawful holder of this certificate may serve in the following capacity or capacities specified in the applicable safe manning requirements of the Administration:

等级与职务 CAPACITY	适用的限制（如有） LIMITATIONS APPLYING (IF ANY)
500总吨及以上船舶的值班水手 Rating forming part of a navigational watch on ships of 500 GT or more	无 Non

正式授权的官员签名/Signature of duly authorized official: [redacted]

正式授权的官员姓名：[redacted]

Name of duly authorized official: [redacted]

授权签发机关(盖章)： 中华人民共和国辽宁海事局

Issuing Administration(Official Seal):

Liaoning Maritime Safety Administration, the People's Republic of China

海事机构签注/Official Use Only:

按照经修正的STCW公约规则I/2第11段规定，当持证人在船上服务时，本证书原件须保存在船上。
The original of this certificate must be kept available in accordance with regulation I/2,paragraph 11 of the revised STCW Convention while its holder is serving on a ship.
在公约附则第Ⅴ章中提及的特殊类型船舶上任职时，应持有相应的培训合格证。
Relevant certificate(s) of proficiency for special training must be held while the holder is serving on certain types of ships,referred to in Chapter Ⅴ in the Annex to the above Convention.

证书查询网址/Online verification:http://www.msa.gov.cn

图 8.7　参加值班的普通船员的适任证书(反面)

持证人可担任主管机关在相应的安全配员要求中规定的下列一种或几种职位：
The lawful holder of this certificate may serve in the following capacity or capacities specified in the applicable safe manning requirements of the Administration:

等级与职务 CAPACITY	适用的限制（如有） LIMITATIONS APPLYING (IF ANY)
3000总吨及以上船舶的二副 Second Mate on ships of 3000GT or more	不适用于客船。 Not valid for service on passenger ships.
GMDSS通用操作员 GMDSS General Operator	

正式授权的官员签名/Signature of duly authorized official:

正式授权的官员姓名：[redacted]
Name of duly authorized official:

授权签发机关(盖章)：中华人民共和国辽宁海事局
Issuing Administration(Official Seal):
Liaoning Maritime Safety Administration, the People's Republic of China

中华人民共和国海事局 船员证书专用章 (04)

海事机构签注/Official Use Only:

按照经修正的STCW公约规则I/2第11段规定，当持证人在船上服务时，本证书原件须保存在船上。
The original of this certificate must be kept available in accordance with regulation I/2,paragraph 11 of the revised STCW Convention while its holder is serving on a ship.
在公约附则第Ⅴ章中提及的特殊类型船舶上任职时，应持有相应的培训合格证。
Relevant certificate(s) of proficiency for special training must be held while the holder is serving on certain types of ships,referred to in Chapter Ⅴ in the Annex to the above Convention.

证书查询网址/Online verification:http://www.msa.gov.cn

图 8.8　高级船员适任证书(反面)

中华人民共和国
海船船员适任证书
CERTIFICATE FOR SEAFARERS OF THE PEOPLE'S REPUBLIC OF CHINA

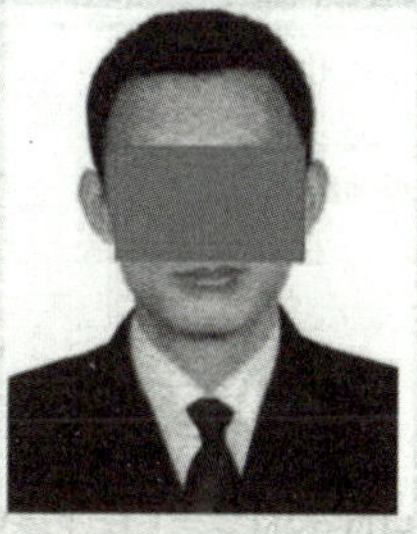

持证人姓名： [redacted]

Full name of the holder: [redacted]

国籍/Nationality: 中国 China

出生日期/Date of Birth: 1970年05月07日 7 May.1970

性别/Gender: 男 Male

证书编号/Certificate No.: [redacted]

有效期至/Date of Expiry: 2035年05月07日 7 May.2035

签发日期/Issued on: 2020年03月02日 2 Mar.2020

持证人签名/Signature of the holder: [redacted]

本证书依据《中华人民共和国海船船员适任考试和发证规则》的规定签发，证明持证人具备在海船船舶上任职的资格。

This certificate is issued in accordance with the Regulations on Examination and Certification for Seafarers of the People's Republic of China as the evidence of the holder's qualification to work onboard of seagoing ships.

S

图 8.9 非值班普通船员适任证书(正面)

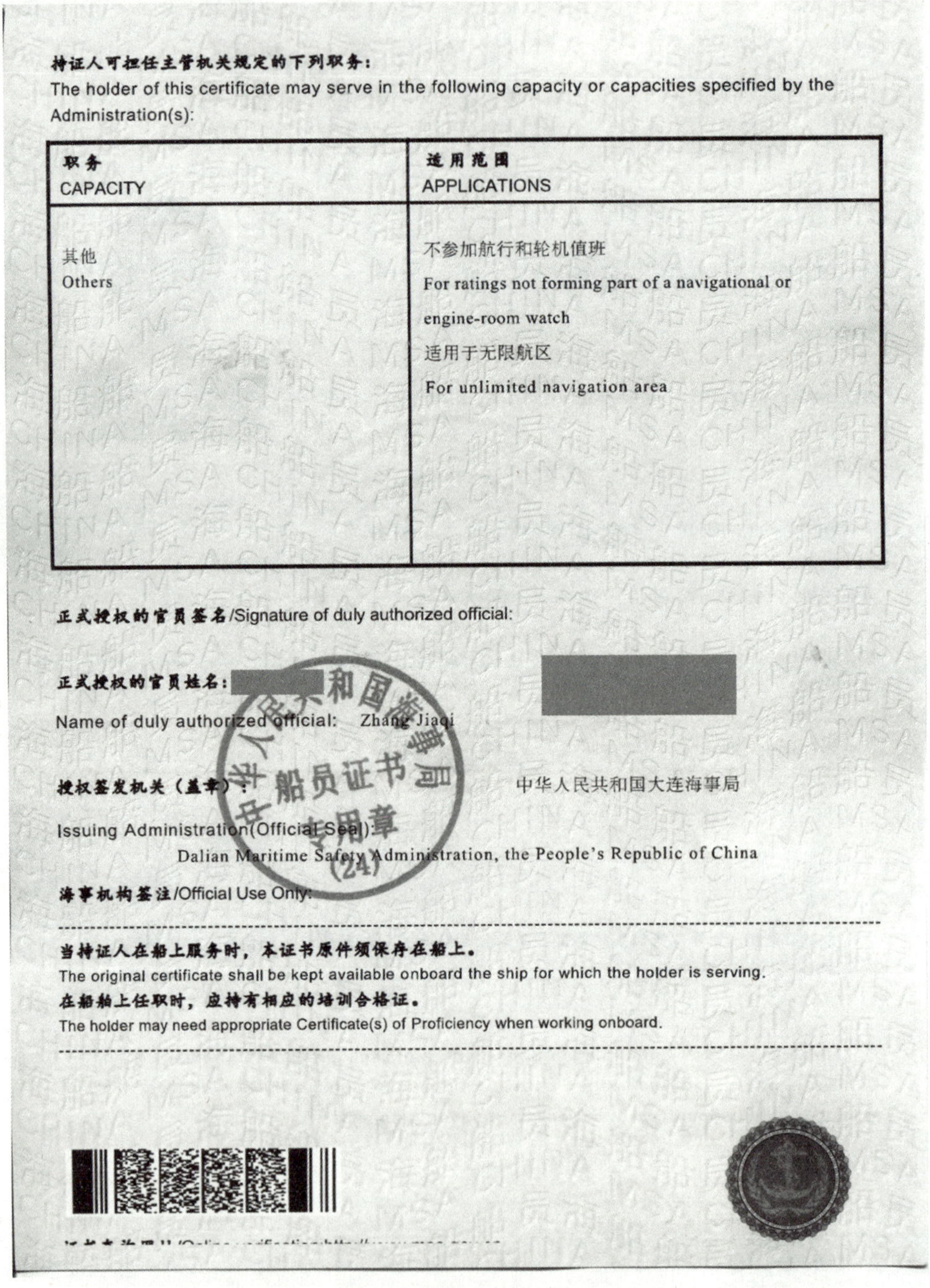

持证人可担任主管机关规定的下列职务：

The holder of this certificate may serve in the following capacity or capacities specified by the Administration(s):

职务 CAPACITY	适用范围 APPLICATIONS
其他 Others	不参加航行和轮机值班 For ratings not forming part of a navigational or engine-room watch 适用于无限航区 For unlimited navigation area

正式授权的官员签名/Signature of duly authorized official: [redacted]

正式授权的官员姓名：[redacted]

Name of duly authorized official: Zhang Jiaqi

授权签发机关（盖章）：中华人民共和国大连海事局

Issuing Administration(Official Seal):

Dalian Maritime Safety Administration, the People's Republic of China

海事机构签注/Official Use Only:

当持证人在船上服务时，本证书原件须保存在船上。

The original certificate shall be kept available onboard the ship for which the holder is serving.

在船舶上任职时，应持有相应的培训合格证。

The holder may need appropriate Certificate(s) of Proficiency when working onboard.

图 8.10　非值班普通船员适任证书(反面)

4.培训合格证书

培训合格证书指向海船船员签发的除按《中华人民共和国船员条例》规定的适任证书以外的,表明符合经修正的《1978 年海员培训、发证和值班标准国际公约》有关培训、适任或海上服务资历相关要求的证书。培训合格证书共有 29 种,各证书项目、代码及有效期见表 8.2,培训合格证书如图 8.11、图 8.12 所示。海员在海上服务时,必须按照其所任职务需要,完成规定专业培训,并持有相应培训合格证才能上岗。海船船员培训合格证相关持证要求见表 8.3。

表 8.2 海船船员培训合格证书项目、代码及有效期对照表

序号	海船船员培训合格证书项目	代码	最长有效期
1	基本安全培训合格证	Z01	5 年
2	精通救生艇筏和救助艇培训合格证	Z02	5 年
3	精通快速救助艇培训合格证	Z03	5 年
4	高级消防培训合格证	Z04	5 年
5	精通急救培训合格证	Z05	长期
6	船上医护培训合格证	Z06	长期
7	保安意识培训合格证	Z07	长期
8	负有指定保安职责船员培训合格证	Z08	长期
9	船舶保安员培训合格证	Z09	长期
10	油船和化学品船货物操作基本培训合格证	T01	5 年
11	油船货物操作高级培训合格证	T02	5 年
12	化学品船货物操作高级培训合格证	T03	5 年
13	液化气船货物操作基本培训合格证	T04	5 年
14	液化气船货物操作高级培训合格证	T05	5 年
15	客船船员特殊培训合格证Ⅰ	T06-1	5 年
16	客船船员特殊培训合格证Ⅱ	T06-2	5 年
17	客船船员特殊培训合格证Ⅲ	T06-3	5 年
18	大型船舶操纵特殊培训合格证	T07	长期
19	高速船船员特殊培训合格证(全垫升气垫船)	T08-1	2 年
20	高速船船员特殊培训合格证(水面效应船)	T08-2	2 年
21	高速船船员特殊培训合格证(水翼船)	T08-3	2 年
22	高速船船员特殊培训合格证(单体船)	T08-4	2 年
23	高速船船员特殊培训合格证(多体船)	T08-5	2 年
24	船舶装载散装固体危险和有害物质作业船员特殊培训合格证	T09	长期

续表

序号	海船船员培训合格证书项目	代码	最长有效期
25	船舶装载包装危险和有害物质作业船员特殊培训合格证	T10	长期
26	使用气体或其他低闪点燃料船舶船员基本培训合格证	T11	5 年
27	使用气体或其他低闪点燃料船舶船员高级培训合格证	T12	5 年
28	极地水域船舶操作船员基本培训合格证	T13	5 年
29	极地水域船舶操作船员高级培训合格证	T14	5 年

注：上述海船船员培训合格证书有效期截止日期均不超过持证人 65 周岁生日。

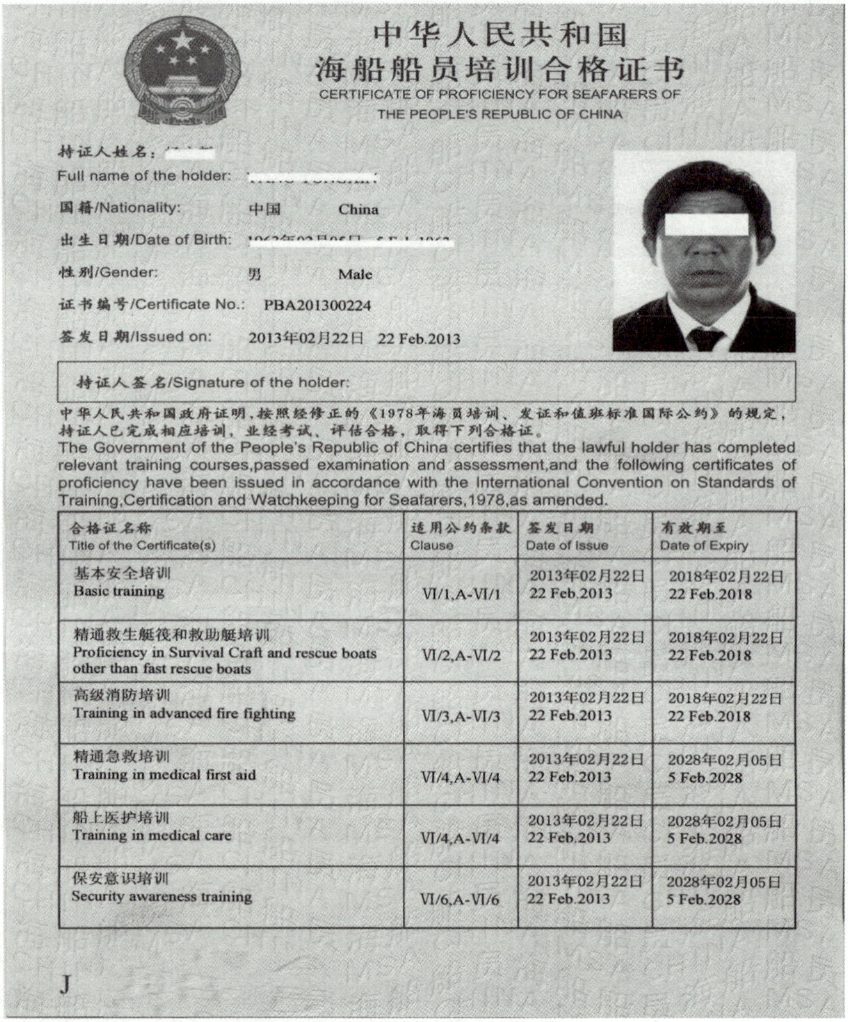

中华人民共和国
海船船员培训合格证书
CERTIFICATE OF PROFICIENCY FOR SEAFARERS OF
THE PEOPLE'S REPUBLIC OF CHINA

持证人姓名：[redacted]
Full name of the holder: [redacted]
国籍/Nationality: 中国 China
出生日期/Date of Birth: [redacted]
性别/Gender: 男 Male
证书编号/Certificate No.: PBA201300224
签发日期/Issued on: 2013年02月22日 22 Feb.2013

持证人签名/Signature of the holder:

中华人民共和国政府证明，按照经修正的《1978年海员培训、发证和值班标准国际公约》的规定，持证人已完成相应培训，业经考试、评估合格，取得下列合格证。
The Government of the People's Republic of China certifies that the lawful holder has completed relevant training courses,passed examination and assessment,and the following certificates of proficiency have been issued in accordance with the International Convention on Standards of Training,Certification and Watchkeeping for Seafarers,1978,as amended.

合格证名称 Title of the Certificate(s)	适用公约条款 Clause	签发日期 Date of Issue	有效期至 Date of Expiry
基本安全培训 Basic training	VI/1,A-VI/1	2013年02月22日 22 Feb.2013	2018年02月22日 22 Feb.2018
精通救生艇筏和救助艇培训 Proficiency in Survival Craft and rescue boats other than fast rescue boats	VI/2,A-VI/2	2013年02月22日 22 Feb.2013	2018年02月22日 22 Feb.2018
高级消防培训 Training in advanced fire fighting	VI/3,A-VI/3	2013年02月22日 22 Feb.2013	2018年02月22日 22 Feb.2018
精通急救培训 Training in medical first aid	VI/4,A-VI/4	2013年02月22日 22 Feb.2013	2028年02月05日 5 Feb.2028
船上医护培训 Training in medical care	VI/4,A-VI/4	2013年02月22日 22 Feb.2013	2028年02月05日 5 Feb.2028
保安意识培训 Security awareness training	VI/6,A-VI/6	2013年02月22日 22 Feb.2013	2028年02月05日 5 Feb.2028

J

图 8.11　培训合格证书（正面）

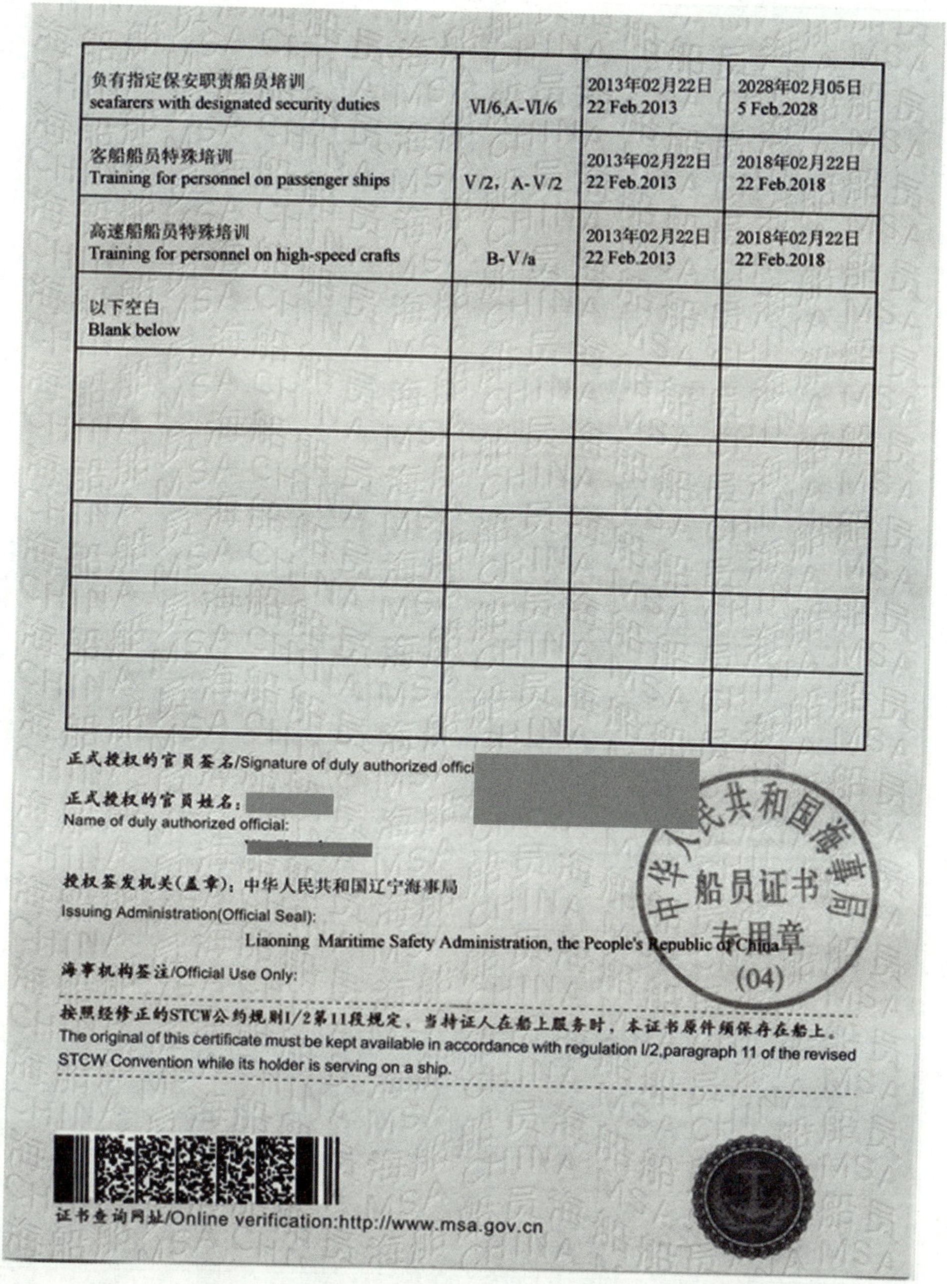

负有指定保安职责船员培训 seafarers with designated security duties	VI/6,A-VI/6	2013年02月22日 22 Feb.2013	2028年02月05日 5 Feb.2028
客船船员特殊培训 Training for personnel on passenger ships	V/2，A-V/2	2013年02月22日 22 Feb.2013	2018年02月22日 22 Feb.2018
高速船船员特殊培训 Training for personnel on high-speed crafts	B-V/a	2013年02月22日 22 Feb.2013	2018年02月22日 22 Feb.2018
以下空白 Blank below			

正式授权的官员签名/Signature of duly authorized offici[redacted]

正式授权的官员姓名：[redacted]

Name of duly authorized official:

[redacted]

授权签发机关(盖章)：中华人民共和国辽宁海事局

Issuing Administration(Official Seal):

Liaoning Maritime Safety Administration, the People's Republic of China

中华人民共和国海事局 船员证书专用章 (04)

海事机构签注/Official Use Only:

按照经修正的STCW公约规则I/2第11段规定，当持证人在船上服务时，本证书原件须保存在船上。

The original of this certificate must be kept available in accordance with regulation I/2,paragraph 11 of the revised STCW Convention while its holder is serving on a ship.

证书查询网址/Online verification:http://www.msa.gov.cn

图 8.12 培训合格证书(反面)

表 8.3　海船船员培训合格证相关持证要求对照表

船舶等级	职务	船舶种类												
		普通	油船	化学品船	液化气船	客船	滚装客船	高速船（全垫升气垫船）	高速船（水面效应船）	高速船（水翼船）	高速船（单体船）	高速船（多体船）	使用气体或低闪点燃料船舶	极地水域航行船舶
500 总吨（或 750 千瓦）及以上船舶船员	船长	Z01、Z02、Z04、Z05、Z06、Z07、Z08	Z01、Z02、Z04、Z05、Z06、Z07、Z08、T01、T02	Z01、Z02、Z04、Z05、Z06、Z07、Z08、T01、T03	Z01、Z02、Z04、Z05、Z06、Z07、Z08、T04、T05	Z01、Z02、Z04、Z05、Z06、Z07、Z08、T06-2	Z01、Z02、Z04、Z05、Z06、Z07、Z08、T06-2、T06-3	Z01、Z02、Z04、Z05、Z06、Z07、Z08、T08-1	Z01、Z02、Z04、Z05、Z06、Z07、Z08、T08-2	Z01、Z02、Z04、Z05、Z06、Z07、Z08、T08-3	Z01、Z02、Z04、Z05、Z06、Z07、Z08、T08-4	Z01、Z02、Z04、Z05、Z06、Z07、Z08、T08-5	Z01、Z02、Z04、Z05、Z06、Z07、Z08、T11、T12	Z01、Z02、Z04、Z05、Z06、Z07、Z08、T13、T14
	驾驶员	Z01、Z02、Z04、Z05、Z06（仅限大副）、Z07、Z08	Z01、Z02、Z04、Z05、Z06（仅限大副）、Z07、Z08、T01、T02	Z01、Z02、Z04、Z05、Z06（仅限大副）、Z07、Z08、T01、T03	Z01、Z02、Z04、Z05、Z06（仅限大副）、Z07、Z08、T04、T05	Z01、Z02、Z04、Z05、Z06（仅限大副）、Z07、Z08、T06-2	Z01、Z02、Z04、Z05、Z06（仅限大副）、Z07、Z08、T06-2、T06-3	Z01、Z02、Z04、Z05、Z06（仅限大副）、Z07、Z08、T08-1	Z01、Z02、Z04、Z05、Z06（仅限大副）、Z07、Z08、T08-2	Z01、Z02、Z04、Z05、Z06（仅限大副）、Z07、Z08、T08-3	Z01、Z02、Z04、Z05、Z06（仅限大副）、Z07、Z08、T08-4	Z01、Z02、Z04、Z05、Z06（仅限大副）、Z07、Z08、T08-5	Z01、Z02、Z04、Z05、Z06（仅限大副）、Z07、Z08、T11	Z01、Z02、Z04、Z05、Z06（仅限大副）、Z07、Z08、T13、T14（仅限大副）

续表

船舶等级	职务	船舶种类												
		普通	油船	化学品船	液化气船	客船	滚装客船	高速船（全垫升气垫船）	高速船（水面效应船）	高速船（水翼船）	高速船（单体船）	高速船（多体船）	使用气体或低闪点燃料船舶	极地水域航行船舶
500 总吨（或 750 千瓦）及以上船舶船员	轮机长	Z01、Z02、Z04、Z05、Z07、Z08	Z01、Z02、Z04、Z05、Z07、Z08、T01、T02	Z01、Z02、Z04、Z05、Z07、Z08、T01、T03	Z01、Z02、Z04、Z05、Z07、Z08、T04、T05	Z01、Z02、Z04、Z05、Z07、Z08、T06-2	Z01、Z02、Z04、Z05、Z07、Z08、T06-2、T06-3	Z01、Z02、Z04、Z05、Z07、Z08、T08-1	Z01、Z02、Z04、Z05、Z07、Z08、T08-2	Z01、Z02、Z04、Z05、Z07、Z08、T08-3	Z01、Z02、Z04、Z05、Z07、Z08、T08-4	Z01、Z02、Z04、Z05、Z07、Z08、T08-5	Z01、Z02、Z04、Z05、Z07、Z08、T11、T12	Z01、Z02、Z04、Z05、Z07、Z08
	轮机员	Z01、Z02、Z04、Z05、Z07、Z08	Z01、Z02、Z04、Z05、Z07、Z08、T01、T02	Z01、Z02、Z04、Z05、Z07、Z08、T01、T03	Z01、Z02、Z04、Z05、Z07、Z08、T04、T05	Z01、Z02、Z04、Z05、Z07、Z08、T06-2	Z01、Z02、Z04、Z05、Z07、Z08、T06-2、T06-3	Z01、Z02、Z04、Z05、Z07、Z08、T08-1	Z01、Z02、Z04、Z05、Z07、Z08、T08-2	Z01、Z02、Z04、Z05、Z07、Z08、T08-3	Z01、Z02、Z04、Z05、Z07、Z08、T08-4	Z01、Z02、Z04、Z05、Z07、Z08、T08-5	Z01、Z02、Z04、Z05、Z07、Z08、T11、T12	Z01、Z02、Z04、Z05、Z07、Z08

续表

船舶等级	职务	船舶种类												
		普通	油船	化学品船	液化气船	客船	滚装客船	高速船（全垫升气垫船）	高速船（水面效应船）	高速船（水翼船）	高速船（单体船）	高速船（多体船）	使用气体或低闪点燃料船舶	极地水域航行船舶
500 总吨（或 750 千瓦）及以上船舶船员	电子电气员	Z01、Z02、Z04、Z05、Z07、Z08	Z01、Z02、Z04、Z05、Z07、Z08、T01	Z01、Z02、Z04、Z05、Z07、Z08、T01	Z01、Z02、Z04、Z05、Z07、Z08、T04	Z01、Z02、Z04、Z05、Z07、Z08、T06-2	Z01、Z02、Z04、Z05、Z07、Z08、T06-2、T06-3	Z01、Z02、Z04、Z05、Z07、Z08	Z01、Z02、Z04、Z05、Z07、Z08	Z01、Z02、Z04、Z05、Z07、Z08	Z01、Z02、Z04、Z05、Z07、Z08	Z01、Z02、Z04、Z05、Z07、Z08	Z01、Z02、Z04、Z05、Z07、Z08、T11	Z01、Z02、Z04、Z05、Z07、Z08
	值班水手、值班机工	Z01、Z07、Z08	Z01、Z07、Z08、T01、T02	Z01、Z07、Z08、T01、T03	Z01、Z07、Z08、T04、T05	Z01、Z07、Z08、T06-1	Z01、Z07、Z08、T06-1	Z01、Z07、Z08	Z01、Z07、Z08	Z01、Z07、Z08	Z01、Z07、Z08	Z01、Z07、Z08	Z01、Z07、Z08、T11	Z01、Z07、Z08
	高级值班水手、高级值班机工	Z01、Z02、Z07、Z08	Z01、Z02、Z07、Z08、T01、T02	Z01、Z02、Z07、Z08、T01、T03	Z01、Z02、Z07、Z08、T04、T05	Z01、Z02、Z07、Z08、T06-1	Z01、Z02、Z07、Z08、T06-1	Z01、Z02、Z07、Z08	Z01、Z02、Z07、Z08	Z01、Z02、Z07、Z08	Z01、Z02、Z07、Z08	Z01、Z02、Z07、Z08	Z01、Z02、Z07、Z08、T11	Z01、Z02、Z07、Z08

续表

船舶等级	职务	船舶种类												
		普通	油船	化学品船	液化气船	客船	滚装客船	高速船（全垫升气垫船）	高速船（水面效应船）	高速船（水翼船）	高速船（单体船）	高速船（多体船）	使用气体或低闪点燃料船舶	极地水域航行船舶
500总吨（或750千瓦）及以上船舶船员	电子技工	Z01、Z02、Z07、Z08	Z01、Z02、Z07、Z08、T01	Z01、Z02、Z07、Z08、T01	Z01、Z02、Z07、Z08、T04	Z01、Z02、Z07、Z08、T06-1	Z01、Z02、Z07、Z08、T06-1	Z01、Z02、Z07、Z08	Z01、Z02、Z07、Z08	Z01、Z02、Z07、Z08	Z01、Z02、Z07、Z08	Z01、Z02、Z07、Z08	Z01、Z02、Z07、Z08、T11	Z01、Z02、Z07、Z08
	其他船员	Z01、Z07	Z01、Z07、T01	Z01、Z07、T01	Z01、Z07、T04	Z01、Z07、T06-1	Z01、Z07、T06-1	Z01、Z07	Z01、Z07	Z01、Z07	Z01、Z07	Z01、Z07	Z01、Z07、T11	Z01、Z07
未满500总吨（或未满750千瓦）船舶船员	船长	Z01、Z07、Z08	Z01、Z02、Z04、Z05、Z07、Z08、T01、T02	Z01、Z02、Z04、Z05、Z07、Z08、T01、T03	Z01、Z02、Z04、Z05、Z07、Z08、T04、T05	Z01、Z02、Z04、Z05、Z07、Z08、T06-2	Z01、Z02、Z04、Z05、Z07、Z08、T06-2、T06-3	Z01、Z02、Z04、Z05、Z07、Z08、T08-1	Z01、Z02、Z04、Z05、Z07、Z08、T08-2	Z01、Z02、Z04、Z05、Z07、Z08、T08-3	Z01、Z02、Z04、Z05、Z07、Z08、T08-4	Z01、Z02、Z04、Z05、Z07、Z08、T08-5	Z01、Z02、Z04、Z05、Z07、Z08、T11、T12	Z01、Z02、Z04、Z05、Z07、Z08、T13、T14

续表

船舶等级	职务	船舶种类												
		普通	油船	化学品船	液化气船	客船	滚装客船	高速船（全垫升气垫船）	高速船（水面效应船）	高速船（水翼船）	高速船（单体船）	高速船（多体船）	使用气体或低闪点燃料船舶	极地水域航行船舶
未满500总吨（或未满750千瓦）船舶船员	驾驶员	Z01、Z07、Z08	Z01、Z02、Z04、Z05、Z07、Z08、T01、T02	Z01、Z02、Z04、Z05、Z07、Z08、T01、T03	Z01、Z02、Z04、Z05、Z07、Z08、T04、T05	Z01、Z02、Z04、Z05、Z07、Z08、T06-2	Z01、Z02、Z04、Z05、Z07、Z08、T06-2、T06-3	Z01、Z02、Z04、Z05、Z07、Z08、T08-1	Z01、Z02、Z04、Z05、Z07、Z08、T08-2	Z01、Z02、Z04、Z05、Z07、Z08、T08-3	Z01、Z02、Z04、Z05、Z07、Z08、T08-4	Z01、Z02、Z04、Z05、Z07、Z08、T08-5	Z01、Z02、Z04、Z05、Z07、Z08、T11	Z01、Z02、Z04、Z05、Z07、Z08、T13、T14（仅限大副）
	轮机长	Z01、Z07、Z08	Z01、Z02、Z04、Z05、Z07、Z08、T01、T02	Z01、Z02、Z04、Z05、Z07、Z08、T01、T03	Z01、Z02、Z04、Z05、Z07、Z08、T04、T05	Z01、Z02、Z04、Z05、Z07、Z08、T06-2	Z01、Z02、Z04、Z05、Z07、Z08、T06-2、T06-3	Z01、Z02、Z04、Z05、Z07、Z08、T08-1	Z01、Z02、Z04、Z05、Z07、Z08、T08-2	Z01、Z02、Z04、Z05、Z07、Z08、T08-3	Z01、Z02、Z04、Z05、Z07、Z08、T08-4	Z01、Z02、Z04、Z05、Z07、Z08、T08-5	Z01、Z02、Z04、Z05、Z07、Z08、T11、T12	Z01、Z02、Z04、Z05、Z07、Z08

续表

船舶等级	职务	船舶种类												
		普通	油船	化学品船	液化气船	客船	滚装客船	高速船（全垫升气垫船）	高速船（水面效应船）	高速船（水翼船）	高速船（单体船）	高速船（多体船）	使用气体或低闪点燃料船舶	极地水域航行船舶
未满500总吨（或未满750千瓦）船舶船员	轮机员	Z01、Z07、Z08	Z01、Z02、Z04、Z05、Z07、Z08、T01、T02	Z01、Z02、Z04、Z05、Z07、Z08、T01、T03	Z01、Z02、Z04、Z05、Z07、Z08、T04、T05	Z01、Z02、Z04、Z05、Z07、Z08、T06-2	Z01、Z02、Z04、Z05、Z07、Z08、T06-2、T06-3	Z01、Z02、Z04、Z05、Z07、Z08、T08-1	Z01、Z02、Z04、Z05、Z07、Z08、T08-2	Z01、Z02、Z04、Z05、Z07、Z08、T08-3	Z01、Z02、Z04、Z05、Z07、Z08、T08-4	Z01、Z02、Z04、Z05、Z07、Z08、T08-5	Z01、Z02、Z04、Z05、Z07、Z08、T11、T12	Z01、Z02、Z04、Z05、Z07、Z08
	值班水手、值班机工	Z01、Z07、Z08	Z01、Z07、Z08、T01、T02	Z01、Z07、Z08、T01、T03	Z01、Z07、Z08、T04、T05	Z01、Z07、Z08、T06-1	Z01、Z07、Z08、T06-1	Z01、Z07、Z08	Z01、Z07、Z08	Z01、Z07、Z08	Z01、Z07、Z08	Z01、Z07、Z08	Z01、Z07、Z08、T11	Z01、Z07、Z08
	其他船员	Z01、Z07	Z01、Z07、T01	Z01、Z07、T01	Z01、Z07、T04	Z01、Z07、T06-1	Z01、Z07、T06-1	Z01、Z07	Z01、Z07	Z01、Z07	Z01、Z07	Z01、Z07	Z01、Z07、T11	Z01、Z07

续表

船舶等级	职务	船舶种类											
		普通	油船	化学品船	液化气船	客船	滚装客船	高速船（全垫升气垫船）	高速船（水面效应船）	高速船（水翼船）	高速船（单体船）	高速船（多体船）	使用气体或低闪点燃料船舶	极地水域航行船舶
无线电操作员	无线电电子员或通用操作员	Z01、Z02、Z05、Z07、Z08	Z01、Z02、Z05、Z07、Z08、T01	Z01、Z02、Z05、Z07、Z08、T01	Z01、Z02、Z05、Z07、Z08、T04	Z01、Z02、Z05、Z07、Z08、T06-2	Z01、Z02、Z05、Z07、Z08、T06-2、T06-3	Z01、Z02、Z05、Z07、Z08	Z01、Z02、Z05、Z07、Z08	Z01、Z02、Z05、Z07、Z08	Z01、Z02、Z05、Z07、Z08	Z01、Z02、Z05、Z07、Z08	Z01、Z02、Z05、Z07、Z08、T11	Z01、Z02、Z05、Z07、Z08
	限用操作员	Z01、Z07、Z08	Z01、Z02、Z05、Z07、Z08、T01、	Z01、Z02、Z05、Z07、Z08、T01	Z01、Z02、Z05、Z07、Z08、T04	Z01、Z02、Z05、Z07、Z08、T06-2	Z01、Z02、Z05、Z07、Z08、T06-2、T06-3	Z01、Z02、Z05、Z07、Z08	Z01、Z02、Z05、Z07、Z08	Z01、Z02、Z05、Z07、Z08	Z01、Z02、Z05、Z07、Z08	Z01、Z02、Z05、Z07、Z08	Z01、Z02、Z05、Z07、Z08、T11	Z01、Z02、Z05、Z07、Z08

5.健康证明

健康证明是指用以表明海船船员身体状况符合船员任职岗位健康要求的职业医学证明，如图 8.13、图 8.14 所示。开展健康证明发放服务的体检机构（以下简称“体检机构”）及其主检医师具体负责海船船员职业健康体检及健康证明的发放工作。

健康证明至少包含以下内容：

（1）持证人的姓名、性别、出生日期、国籍、船上任职部门、持证人签名及照片；

（2）证明编号；

（3）有关国际公约的适用条款；

（4）主检医师声明；

（5）发证日期和有效期截止日期；

（6）管理机构名称；

（7）体检机构名称和主检医师签名。

海船船员在船工作应持有有效的健康证明。海船船员申请健康证明，应当到海事管理机构公布的具备船员职业健康状况鉴定能力的体检机构（以下简称“体检机构”）进行健康体检。

健康证明的有效期不超过 2 年；对年龄小于 18 周岁的海船船员，健康证明有效期不超过 1 年。健康证明在航行途中有效期期满的，在到达下一个有《1978 年海员培训、发证和值班标准国际公约》缔约国认可的主检医师的停靠港之前，该健康证明仍然有效，但为期不得超过 3 个月。

在紧急情况下，海事管理机构可允许持有近日过期的健康证明的海船船员工作至下一个具有《1978 年海员培训、发证和值班标准国际公约》缔约国认可的主检医师的港口，但为期不得超过 3 个月。健康证明损坏或遗失的，由原发放的体检机构负责补发。补发的健康证明有效期截止日期与原健康证明的有效期截止日期相同。

6.国际旅行健康检查证明书

“国际旅行健康检查证明书”是证明持证人员健康状况符合国际旅行卫生安全要求的证件，如图 8.15 所示。2018 年，出入境检验检疫管理职责和队伍划入海关总署。自 2018 年 4 月 20 日起，出入境检验检疫系统统一以海关名义对外开展工作，原来由各地海关的国际旅行卫生保健中心签发。“国际旅行健康检查证明书”的格式由海关总署统一制定。

中华人民共和国
海船船员健康证明

MEDICAL CERTIFICATE FOR SEAFARERS OF THE PEOPLE'S REPUBLIC OF CHINA

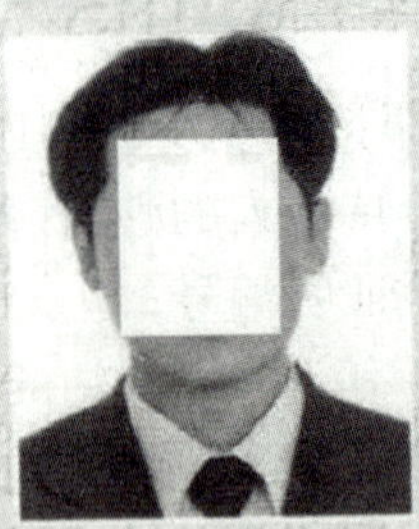

持证人姓名：[redacted]
Full name of the holder:

国籍/Nationality: 中国 China

出生日期/Date of Birth: [redacted]

性别/Gender: 男 Male

部门/Department: 餐饮服务及其他 Catering and others

证书编号/Certificate No.: MGA024201913296

有效期至/Date of Expiry: 2021年7月4日 4 July.2021

签发日期/Issued on: 2019年7月4日 4 July.2019

持证人签名/Signature of the holder: [redacted]

兹证明持证人按照经修正的《1978年海员培训、发证和值班标准国际公约》规则I/9的规定和《2006年海事劳工公约》规则1.2的相关规定体检合格，但受载明限制的制约。

This is to certify that the lawful holder has been found duly qualified in accordance with the provisions of regulation I/9 of the International Convention on Standards of Training,Certification and Watchkeeping for Seafarers,1978,as amended and the provisions of Regulation 1.2 of Maritime Labour Convention,2006,subject to any limitations or restrictions indicated.

主检医师声明： Declaration of the recognized medical practitioner:	
身份证明文件在健康检查时是否经过核实？ Confirmation that identification documents were checked at the point of examination?	Yes
听力是否达到《STCW规则》第A-I/9节的标准？ Hearing meets the standards in section A-I/9 of STCW Code?	Yes
裸耳听力是否符合要求？ Unaided hearing satisfactory?	Yes
视敏度是否达到《STCW规则》第A-I/9节的标准？ Visual acuity meets standards in section A-I/9 of STCW Code?	Yes
辨色力是否达到《STCW规则》第A-I/9节的标准？ Colour vision meets standards in section A-I/9 of STCW Code?	Yes

图 8.13 健康证明(正面)

上一次辨色力测试日期 Date of last colour vision test.	2019年7月3日 3 July.2019
是否适合承担了望职责? Fit for look-out duties?	Yes
海员是否不存在下列身体状况：由于海上服务而使健康恶化，或可能使海员不适合该服务，或使其他船上人员的健康受到危害? Is the seafarer free from any medical condition likely to be aggravated by service at sea or to render the seafarer unfit for such service or to endanger the health of other persons on board?	Yes
对适于职责有无限制? 若有限制，具体说明何种限制。 Any limitations or restrictions on fitness?If "Y",specify limitations or restrictions. No	

授权机关：
Authorizing authority: 中华人民共和国上海海事局
Shanghai Maritime Safety Administration, the People's Republic of China

主检医师签名/Signature of the recognized medical practitioner:

主检医师姓名： [redacted]
Name of the recognized me[redacted] Chen Jianming

签发机构(印章)：
Issuing Authority(Seal): [redacted]
SHANGHAI CHANGHANG HOSPITAL

上海长航医院 SHANGHAI CHANGHANG HOSPITAL 2019.7.04 海员体检专用章 SEAMAN PHYSICAL EXAMINATION STAMP

按照经修正的STCW公约规则I/2第11段规定，当持证人在船上服务时，本证书原件须保存在船上。
The original of this certificate must be kept available in accordance with regulation I/2,paragraph 11 of the revised STCW Convention while its holder is serving on a ship.

若在航行中健康证书有效期期满，则本健康证书在到达下一个有缔约方认可的从业医生的停靠港之前仍然有效，但为期不得超过3个月。
If the period of validity of a medical certificate expires in the course of a voyage,then the medical certificate shall continue in force until the next port of call where a medical practitioner recognized by the Party is available,provided that the period shall not exceed three months.

证书查询网址/Online verification:http://www.msa.gov.cn

图 8.14 健康证明(反面)

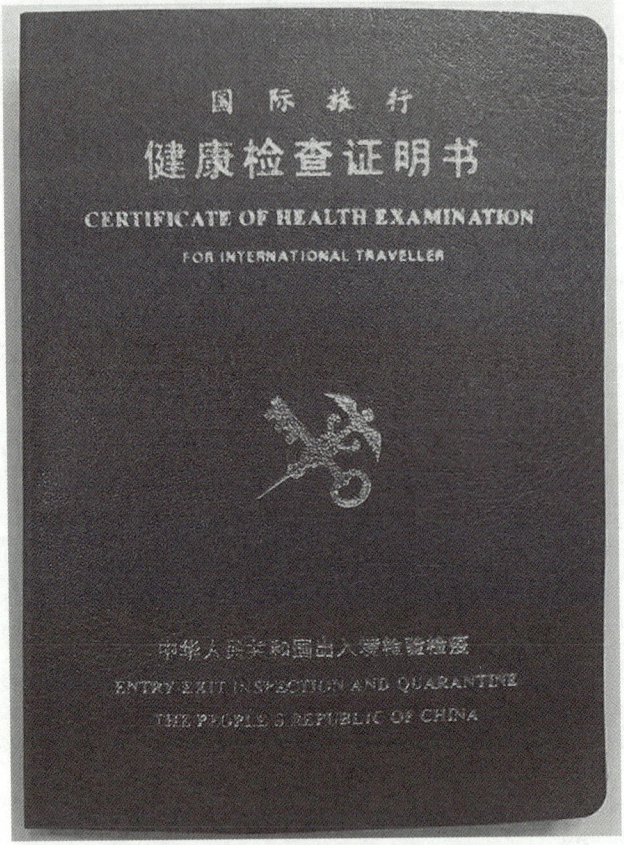

图 8.15　国际旅行健康检查证明书

7.疫苗接种或预防措施国际证书

“疫苗接种或预防措施国际证书”是表明疫苗接种历史和经历的证明，如图 8.16 所示，其目的是防止传染病的流行及国际传播。根据《中华人民共和国国境卫生检疫法》第十六条的规定，国境卫生检疫机关有权要求入境、出境的人员出示某种传染病的预防接种证书，健康证明或者其他有关证件。《中华人民共和国国境卫生检疫法实施细则》第六十六条规定国务院卫生行政部门认为必要时，可以要求来自国外或者国外某些地区的人员在入境时，向卫生检疫机关出示有效的某种预防接种证书或者健康证明。新版证书仅用作国际旅行时向当局表明疫苗接种史之用，并且只有使用经世界卫生组织批准的疫苗或预防措施，证书才有效。同时，新版证书上必须有监督疫苗接种或预防措施的执业医师或经授权的卫生人员签名和海关的印章，方为有效。根据有关要求，新版证书要用中、英文填写完整，贴有本人近期 2 寸免冠彩色照片。预防接种的项目主要有：黄热疫苗、霍乱疫苗、甲型肝炎、乙型肝炎、麻风腮、流感、精白破疫苗等。国际海员前往某些国家和地区需要持有“疫苗接种或预防措施国际证书”。

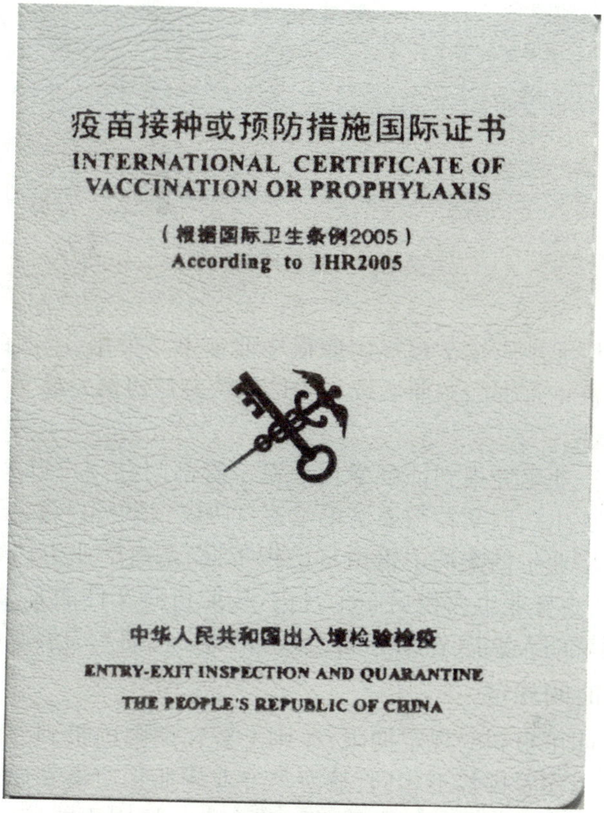

图 8.16 疫苗接种或预防措施国际证书

第二节 实习常识

一、公司报到与培训

1.公司报到

（1）报到必备的材料

报到时必需的材料有报到证、毕业证、户口迁移证，如图 8.17 所示。

①报到证

毕业生前往用人单位报到，必须持有“全国普通高等学校本专科毕业生就业报到证”，用人单位凭报到证办理接收手续和接转档案、户口关系等迁移手续。

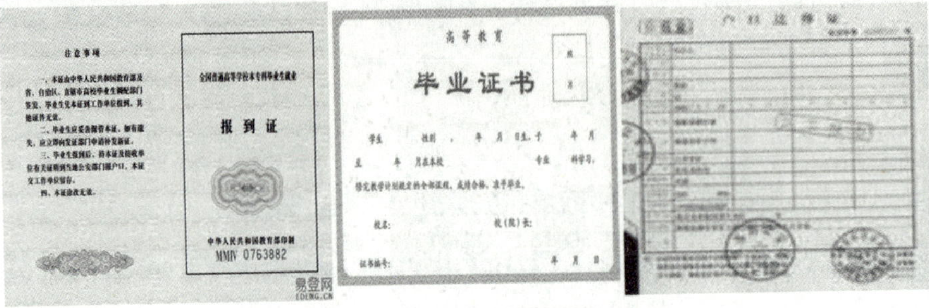

图 8.17　报到所需材料

②毕业证

航海类专业毕业生应按学校规定取得毕业证书。委培、定向的毕业生的毕业证和学位证由学校主管部门按照学校与委培单位签订协议发放。

③户口迁移证

航海类专业毕业生凭报到证到学校户籍主管部门办理户口关系的迁移手续，委培和定向的毕业生按照学校与委培单位签订协议到学校户籍主管部门办理。

航海类专业毕业生档案均不得由自己携带，而是由毕业生档案具体管理部门进行认真审核后，在毕业生离校后一个月内，按照机要文件的有关要求，统一寄送到工作单位所归属的人事档案管理部门或户籍所在地的人力资源局。

(2)报到的时间规定

报到证上注明了报到的规定期限，原则上要在期限内报到。由于各个单位的性质、组织形式、工作安排各不相同，航海类专业毕业生应事先通过电话联系后确定确切的报到时间、主管部门、经办人等。确有特殊原因不能按时报到，应提前告知用人单位，并征得单位同意。

小贴士

航海类专业毕业生一般毕业后上船实习，下船一般为毕业 1 年后，而报到证的开具是学校学工部门，在毕业生离校当年 6 月底或 7 月初到当地的教育厅办理。若毕业生就业单位无寄送要求，学生下船时间显然错过时限，对于转户籍的学生来说，需到学校学工部门申请，由学校统一到教育厅改签。若航海类专业毕业生不需要迁移户籍，则不需要改签报到证时间。此外，报到证标注了学生档案所在的存放机构，若航海类专业毕业生查询档案，可直接从报到证上看到明确的存放地点。

(3)报到可能遇到的问题及其处理方法

①报到证的遗失或损毁

如果发生了报到证遗失或损毁的情况,毕业生应及时向学校就业主管部门提出申请,并按照规定要求携带相关材料到上级就业主管部门补发。

②毕业生报到时接收单位拒收

毕业生本人与用人单位的签约具有法律效力,双方均有义务遵守。但是,如果由于用人单位发生了严重变故,如企业破产、削减编制、转产等原因,而无法继续接收毕业生时,则用人单位必须向学校出具退回毕业生的公函,毕业生可重新签订就业单位。

(4)报到的形式

鉴于航海类专业毕业生毕业的特殊性(航海类专业毕业生提前半年毕业,到公司实习,此时还不能办理正式报到证),须携带学校就业部门出具的预就业报到证明或函件提前到单位报到;而正式的报到是在完成毕业实习,取得毕业证后,携带报到证、户口迁移证、档案等相关材料才能到单位正式报到。

2.公司培训

到公司报到后,公司将进行上船前的安全培训,包括企业文化、职业道德、政治思想、安全环保、法律法规、劳动纪律、业务技术、外事纪律及礼仪等方面的教育和培训。公司培训的主要内容如下:

(1)爱国、爱党、爱海等基本素质的教育

热爱祖国、忠于祖国是中华民族的传统美德,是我国船员的光荣传统,要倾心关注祖国的命运,对祖国忠心耿耿,处处维护民族尊严,不做损害祖国的事情。毕业生公司培训要接受爱国、爱党、爱海等基本素质的教育。

(2)英语技能,尤其是口语的教育与培训

STCW 公约中要求,船员的英语知识要达到的标准是“足够的英语知识,使高级船员具有使用海图和其他航海出版物、理解气象资料和有关船舶安全和操纵的信息,并能在和他船或岸台和 VTS 中心通信,以及与使用多种语言的船员一起工作履行高级船员职责,其中包括使用并理解《IMO 标准海事通信用语所代替的标准航海用语》的能力”。从公约的要求可以看出,不再以能掌握多少词汇、多少语法为衡量标准,而把英语的综合运用能力作为目标,注重的是英语的使用,在实际的工作当中能够自如运用英语进行各种交流。

(3)心理学的教育与培训

通过培训让毕业生学会排解压力和平衡心态的方法,使毕业生在海上工作生活中保持积极乐观的态度。关于心理素质的培训方法可以进行航海模拟训练。通过模拟训练，提高毕业生的心理承受力，培养毕业生正确判断和处理错综复杂局面的能力，有效地对抗各种不良因素，尽快适应特定环境，同时也可以进行生存训练。

(4)相关法律法规的学习

由于航运业的特点，新的法律法规或对已有的法律法规进行的修订不断出现，因此在培训过程中应当适当加强对相关法律法规等知识的学习。

(5)计算机操作知识的培训

现代化的先进船载航海设备和岸基设备自动化程度很高，如全球定位系统(GPS)、电子海图显示与信息系统(ECDIS)、自动雷达标绘仪(ARPA)、全球遇险与安全系统(GMDSS)、船舶交通管理系统(VTS)、船载自动识别系统(AIS)、航行数据记录仪(VDR)等设备都需要电脑控制。此外，船员利用电脑进行船岸沟通以及利用互联网了解国际航运业的发展或进入英语学习网站自学英语，都需要掌握必要的计算机操作知识。

第三节 实习安排

一、实习工作安排

(一)实习注意事项

(1)依据海事局规定，航海类专业毕业生毕业实习期为12个月海龄，可以一次性完成，也可以分两次或多次见习完成。如果一次没有完成要求的海龄，公司要安排再次实习，直到完成海事局规定的实习计划，完成船上培训记录簿中所规定的船上培训项目和内容，并且达到海船船员体检标准的要求，才可以申领海船船员适任证书。

(2)为了换取无限航区一等适任证书，航海类专业毕业生要在500总吨或者750千瓦及以上船舶上，在船长或者合格的高级船员的指导下履行了不少于6个月的驾驶台或者机舱值班职责。实习结束后，立即回公司述职，按各个公司规定时间报到并把证书交回公司管理，进行实习的考核、考试和实习报告评估，取得实习成绩。实习成绩是航海类专业毕业生未来任职安排方向的主要根据。如果实习成绩不合格，将被重新安排实习(重新实习期间无任何待遇)。述职时，航海类专业毕业生应该注意核实毕业证有无到位、有无填报换证申请表、有无提交给公司适任考试成绩单等。

(3)在船实习接近12个月时，要尽早与公司联系离船事宜，得到公司明确指示后方可提出离船休假申请。

(4)如需返校答辩才能取得毕业证书，应该提前向公司申报，便于在合适的时间离船返校。

(5)航海类专业毕业生上船后应按学校的要求，按时保质递交实习报告，以便尽早取得毕业证书。无毕业证书将无法换取适任证书，无法上岗任职三副/三管轮。毕业证书能否按期到位对航海类专业毕业生个人的前途有很大影响。

◆(二)如何圆满完成船上实习

实习生如何才算是圆满地完成了船上实习呢？衡量圆满地完成了船上实习的标准就是完成“船上见习/培训记录簿”(如图8.18所示)中的所有培训计划，经公司考核后提交给海事管理机构，并成功地换取了相应的三副/三管轮/电子电气员适任证书。“船上见习/培训记录簿”样式由主管机关统一制定和发布，是实习生船员按照结构化的培训计划，充分利用海上航行时间，在船上教员的指导下，完成预定的见习任务集(俗称“作业本”)。该记录簿将提供完成有组织的船上培训计划的唯一证据，并作为签发见习职务适任证书的重要证据。公司如自行编制“船上见习/培训记录簿”，其内容不得低于主管机关发布的“船上见习/培训记录簿”规定的要求。

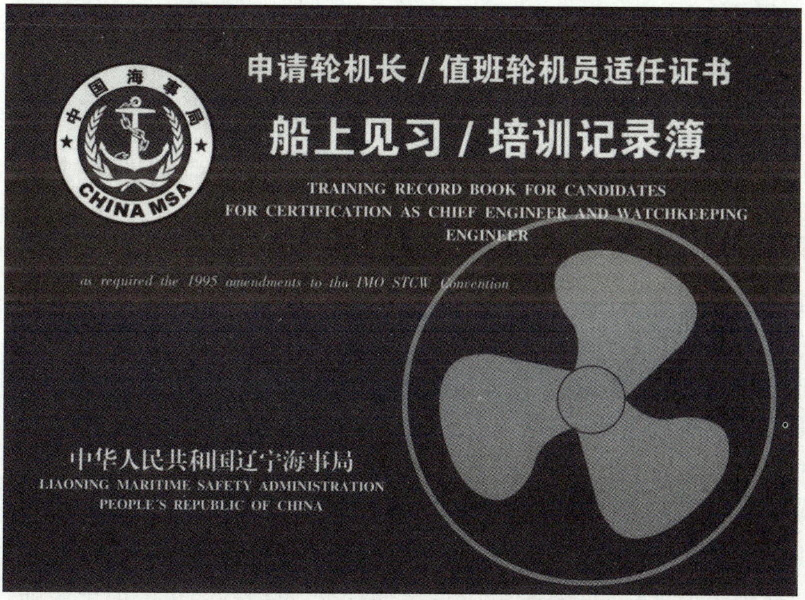

图8.18 “船上见习/培训记录簿”样本

“船上见习/培训记录簿”的内容包括七部分，分别是：第一部分“使用指南”，用以提请船长、指定的船上培训师和实习生船员需注意的事项；第二部分“资料与检查表”，包括个人资料、船舶资料、船上培训师检查见习进程、船长/轮机长检查见习记录簿，公司检查见习记录簿；第三部分“见习任务和要达成的适任目标”；第四部分“见习科目”；第五部分“任务摘要图”；第六部分“见习记录簿附页”；第七部分“评价报告”（如图 8.19 所示）。

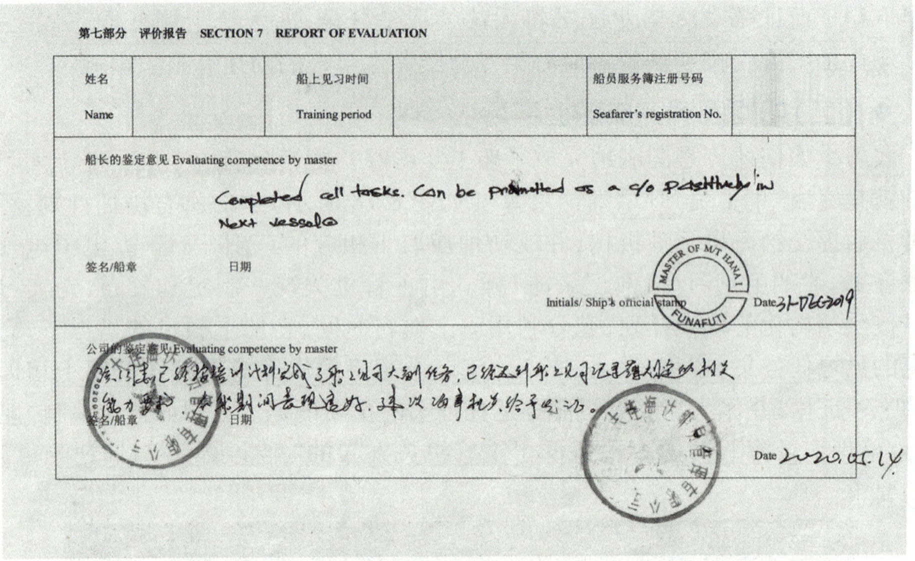
第七部分　评价报告　SECTION 7　REPORT OF EVALUATION

姓名 Name		船上见习时间 Training period		船员服务簿注册号码 Seafarer's registration No.	
船长的鉴定意见 Evaluating competence by master 签名/船章　日期 Initials/ Ship's official stamp　Date 31-DEC-2019					
公司的鉴定意见 Evaluating competence by master 签名/船章　日期 Date 2020.05.14					

图 8.19　船上见习/培训记录簿的评价报告页

为了圆满地完成“船上见习/培训记录簿”，向实习生提如下建议：

（1）实习生应加强对《中华人民共和国海船船员船上培训管理办法》的学习，认真领会船上见习的目的、目标以及如何开展船上见习等内容，为开展船上见习做好准备性工作，对自身是否满足船上见习的条件做到心中有数，领取或在主管机关门户网站上自行下载相应的“船上见习/培训记录簿”并熟悉要完成的见习任务、职责等内容，询问公司并通过“中国海事综合服务平台（http://csp.msa.gov.cn）”自行查询船上见习是否已向海事管理机构报送（即是否见习开封），如果没有开封则及时督促公司及时报送。

（2）当加入船舶开始实施船上见习时，见习生船员应填写“船上见习/培训记录簿”中的有关信息，本人负责保管记录簿。见习船员应根据船舶的实际情况，在船上培训师的指导下，制订相应的见习计划，并按见习计划分阶段地完成见习任务。只要航行情况允许，见习船员应每星期提交“船上见习/培训记录簿”给船上培训师检查，每个月应提交给船长检查。见习船员在每船结束见习任务后，应将“船上见习/培训记录簿”提交给公司检查。

(3)见习船员应检查自己的船上见习时间是否满足、见习内容是否全部完成、“船上见习/培训记录簿”记载等是否达到规定的要求等,确保各项要求均符合规定,否则将影响到船上见习资历是否有效或影响到见习目标的完成,进而影响换证。

小贴士

适任证书等级划分

(一)船长、驾驶员、轮机长和轮机员适任证书等级分为:

1.无限航区适任证书分为两个等级:

(1)一等适任证书:适用于3000总吨及以上或者主推进动力装置3000千瓦及以上的船舶;

(2)二等适任证书:适用于500总吨及以上至3000总吨或者主推进动力装置750千瓦及以上至3000千瓦的船舶。

2.沿海航区适任证书分为三个等级:

(1)一等适任证书:适用于3000总吨及以上或者主推进动力装置3000千瓦及以上的船舶;

(2)二等适任证书:适用于500总吨及以上至3000总吨或者主推进动力装置750千瓦及以上至3000千瓦的船舶;

(3)三等适任证书:适用于未满500总吨或者主推进动力装置未满750千瓦的船舶。

(二)高级值班水手、高级值班机工适任证书适用于500总吨及以上或者主推进动力装置750千瓦及以上的船舶。

(三)值班水手、值班机工适任证书等级分为:

1.无限航区适任证书适用于500总吨及以上或者主推进动力装置750千瓦及以上的船舶。

2.沿海航区适任证书分为两个等级:

(1)一等适任证书:适用于500总吨及以上或者主推进动力装置750千瓦及以上的船舶;

(2)二等适任证书:适用于未满500总吨或者主推进动力装置未满750千瓦的船舶。

(四)电子电气员和电子技工适任证书适用于主推进动力装置750千瓦及以上的船舶。

在拖船上任职的船长和甲板部船员所持适任证书等级与该拖船的主推进动力装置功率的等级相对应。

◆（三）自我保护意识与安全生产措施

根据国际海事组织调查，绝大多数的海损事故与人为因素有关。国内主要航运企业的调查也显示：任何事故，归结到人为因素，都是与安全、与人为行动息息相关，排除不安全因素，实现安全生产是企业和海员的一致目标，自我保护是安全工作的重中之重。

1.自我保护意识

从安全角度说，自我保护意识就是主动的安全意识，这就是通常所说的“不是要我安全，而是我要安全”的意识。在目前情况下，除关键性作业和较大规模作业外，常常需要海员单人作业，在没有他人监督的情况下，应严格遵守安全操作规程，因此掌握安全作业方法是航海类专业毕业生在作业中做好自我保护的重要保证。

在从事某项作业时，应根据工作环境和工作性质来确定选用的个人防护用品，在易燃易爆场所作业，须穿防静电衣服和鞋或棉布工作服；在有可透性粉尘的场所作业，除穿着棉布工作服外，还应戴防毒口罩；低温作业中，应穿防寒服、防滑鞋，戴防寒帽和手套；进入封闭舱室或缺氧有毒气体舱室作业的人员，在进入舱室前，必须进行充分的自然或人工通风，通过仪器测试，确认不存在有害气体或缺氧气团，进入封闭舱室采样检测的人员必须使用隔离式呼吸器，禁止戴过滤式防毒面具；高空、舷外作业人员须戴安全帽、使用安全带、穿救生衣和防滑鞋；在噪声超过 100 分贝以上场所作业人员应佩戴听力保护装置、耳塞、耳罩或防噪声帽；有碎屑飞溅的作业场所，须戴防异物伤害护目镜、防护面罩；涉水作业应穿防水服、防水靴；进入火场探索火源或救助火场中人员须穿阻燃防护服、戴防热辐射面罩、使用空气呼吸器等。了解个人防护装备正确使用、保管、贮存、检验方法，了解装备的使用期限，掌握报废原则，是自我保护的保障。我们在使用个人防护装备前，应认真仔细地检查装备是否完好无损，有无重大缺陷，尤其对易耗损、重磨蚀作业中用过的装备，如安全帽、安全带等。同时了解它们的安全使用期限，符合要求方可使用，并按规定正确使用，每一动作到位，每一步骤不可缺少。掌握个人防护装备保管贮存方法，注意防挤压、防高温、防潮湿、防霉变，不另做他用。在使用或保管贮存期内遭到损坏或超过有效使用期，经检查未达到规定的有效防护功能最低指标的，应予以报废，禁止再次使用。

2.安全生产的有效措施

(1)航行值班时，应该认真瞭望、正确判断、谨慎驾驶、合理避让、坚守岗位、按时巡查等。

(2)对甲板安全机械进行定期维护保养，通告剪贴、卡片登记、图书改正等都要及时改正到最新。

(3)应按避碰规则驾船,不能麻痹大意,不能强行追越、横越。临近港口时操作得当,听从 VTS 指挥,防止走错航道。

(4)长时间锚泊时经常启动主机、活动锚机,使所有设备时刻处于能动状态,随时准备在大风浪来袭时起锚、动车抗风。主机吊缸前应请示船长,防止在天气恶劣的情况下失去动力。

(5)装重大件、易动件、危险品时,要能够熟悉货物特性,了解积载要求,严格监装,装后重视绑扎加固。防止风浪来袭时发生货移船倾的情况。

(6)船舶的应急设备,如救生艇、筏、圈、应急消防泵、固定灭火系统等,应经常检查、维修、保养,按规定进行使用演练。

二、实习自我调节

(一)海上工作心理健康

1.心理问题的主要类型

(1)紧张心理

航海工作事务的突发性,在一定程度上会引起无思想准备船员的极度注意,这种注意会导致船员处于僵直的紧张状态。

(2)急躁心理

在航海工作环境中,船员往往受应激状态影响,并在心理和躯体层面试图尽快摆脱,容易导致其产生急躁心理。

(3)悲恐心理

航行过程中复杂的事务和危机处置,使船员心理活动在特定时刻处于不规则和矛盾状态。因事务和危机处理不能自由选择,产生悲恐心理。

(4)侥幸心理

面对突然出现的险情或将要经历的风险,有些船员会茫然、不知所措,更因害怕出差错而缩手缩脚,只在心理祈愿危险会自动过去,或者完全依靠他船采取行动来避免事故,存在侥幸心理。

2.心理问题的主要行为

(1)失措行为

航行问题出现后,情况的突发性、复杂性和紧迫性,造成船员的心理平衡被打破,表现为情绪不稳、思维混乱、行为举止失常等。

(2)盲目行为

在发生较大航行事故时,由于急躁心理驱使,船员自我控制能力受到严重阻碍和影响,不容易正确评价自己行为的意义及其后果,带有很大的盲目性。

(3)慌乱行为

航行危险情景使船员感到惧怕、无助和悲观等。船员操作时易做出错误判断,表现出异常的慌乱行为,偶尔还会出现愤怒、憎恨、忧愁、悲伤、恐惧和痛苦等消极情绪。

3.心理问题的自我调节

(1)正确评估自己,对自身的价值观要有正确定位,不攀不比,心态要放平。要有意识地锻炼提高自己的承受能力,正确对待自己的得与失。

(2)善于和自己的同事交朋友,敢于将自己的困难或隐私向朋友吐露,赢得朋友的理解和帮助。

(3)多和同事在一起娱乐,少独自想心事。当独自一人时,可听听音乐,也可看书,尽可能找自己喜爱的事情做。

(4)当遇到棘手的问题或困难时,不妨找一个自己最信任的领导,向他倾诉,请他帮助分析一下或出出点子。

(5)经常进行放松训练(如两腿交叉盘坐,两眼轻轻合拢,两手掌相叠,手心向上,位于小腹下,全身放松,做深呼吸)。

(6)从上船时开始,自选一项特殊爱好,若能坚持下来,自然就有成就感,这样可以丰富自己的业余生活。

(7)刚上船时要仔细阅读《船员指南》,尽快熟悉船舶,融入船舶大家庭。

(8)通过阅读公司的《新上岗船员问答》,尽快熟悉船舶运行体系。

◆(二)实习期间常识与心理调节方法

1.实习期间的常识

(1)甲板实习生

按照英语舵令操舵:主要是使用磁罗经和陀螺罗经,并根据舵令进行自动舵与人工操舵的互换。要求在公认的限度内稳定地操舵以保持航向,注意航行区域和当时海况。平稳地控制航向的改变;在任何时候语言交流清楚简明,并以海员的方式确认有关指令。

用视觉和听觉保持正规的瞭望:主要是能用度或罗经点报告声号、灯号或其他目标的大致方位。能迅速地探测到声号、灯号和其他目标,并以度数或罗经点数向值班高级海员报告其大致方位。

致力于监测和控制安全值班：主要是使用相应的船上内部通信和报警系统，懂得舵令并能就有关值班职责的事宜与值班高级海员进行语言交流，接班、值班和交接班程序；保持安全值班所需的信息，基本的环境保护程序。要求语言交流清楚简明，在未明确理解值班信息或指示时，向值班高级海员寻求建议和（或）说明；值班、交班和接班符合公认的原则和程序。

操作应急设备与应用应急程序：主要是知晓应急职责和报警信号的知识，烟火遇险信号、卫星应急无线电示位标和搜救应答器的知识；防止虚假报警和一旦误报警时采取的行动。在得知紧急或异常情况后采取的初步行动符合所确定的做法和程序。在任何时候语言交流清楚简明，以海员的方式确认有关指令；始终保持紧急和遇险报警系统的完整性。

（2）值班水手

致力于安全的航行值班：懂得舵令并具有就有关值班职责的事宜与值班高级海员进行交流的能力；接班、值班和交接班程序。保持安全值班所需的信息，语言交流是清楚简明的；值班、交接班和接班符合公认的做法和程序。

致力于靠泊、锚泊和其他系泊操作：具有系泊系统和相关程序的实际知识，有关系泊单浮筒或多浮筒的程序和指令的实际知识。按照已建立的安全做法和设备操作规程进行操作。

致力于货物和物料的装卸：具有关于安全装卸、积载和系固货物和物料的程序的知识，包括危险、有害固体和液体；了解与特定种类货物和识别《国际海运危险货物规则》标签有关的基本知识和要遵循的预防措施。按照已建立的安全程序和设备操作规程进行货物和物料操作；危险和有害货物或物料的装卸符合已建立的安全做法。

致力于甲板设备和机械的安全操作：具有甲板设备的知识，包括阀、泵、升降机、起重机、吊臂和相关设备的功能和使用等，以及升旗和行旗礼以及主要单旗信号的知识。按照已建立的安全做法和设备操作规程进行操作。

采取职业健康和安全预防措施：掌握安全工作做法和人员在船安全的实用知识，包括高空作业、舷外作业、封闭场所作业等。始终遵守为保护人员和船舶而制定的程序；始终遵守安全工作做法并正确使用适合的防护设备。

采取预防措施和致力于防止海洋环境污染：具有采取措施防止海洋环境污染的知识、防污染设备的使用和操作的知识、处置海洋污染物的经认可方法的知识。始终遵循保护海洋环境的程序。

操作救生艇筏和救助艇：具有操作救生艇筏和救助艇及其释放装置和布置以及艇筏的设备的知识、海上求生技术的知识。弃船和求生情况下的应急行动适合于当时环境和条件，并符合公认的安全做法和标准。

致力于船上维护和修理：具有使用油漆、润滑和清洁材料和设备的能力，理解和执行常规维护和修理程序的能力，表面处理技术的知识；懂得制造商的安全导则和船上规程。按照技术、安全和程序规范进行维护和修理活动。

(3)机舱实习生

执行适合于参加机舱值班：了解机器处所使用的术语及机器和设备名称、机舱值班程序、有关机舱操作的安全工作做法、基本的环境保护程序；了解相应的船上内部通信系统的使用方法和机舱报警系统；具有识别各种报警，特别是关于灭火气体报警的能力。语言交流清楚简明，在未能清楚地理解值班信息或指示时，能从高级值班海员处获得建议或澄清；值班、交班和接班符合公认的原则和程序。

值锅炉班：了解锅炉的安全操作；对锅炉状况的评估是准确的，并基于从现场和遥测指示器以及实体检查获得的有关信息；调整的顺序和定时能保持安全和最佳实效。

操作应急设备和应用应急程序：了解应急职责的知识、从机器处所逃生的路线，熟悉机器处所的灭火设备的位置及其使用方法。得知紧急或异常情况后采取的初始行动符合确定的程序，语言交流始终清楚简明并以海员的方式确认指令。

(4)电子电气实习生

对电气、电子和控制系统的监控：基本理解机械工程系统的运行，有关传热、力学和流体力学的基本知识。设备和系统的操作与操作手册一致，性能等级与技术规范一致。

监控推进装置和辅助机械自动控制系统的运行：推进装置和辅助机械控制系统的运行准备，对主推进装置和辅助机械系统的监控足以保持安全运行状态。

发电机和配电系统的操作：发电机并车、负载分配和切换，开关板和配电盘之间的连接与断开。按照操作手册、已建立的规定和程序计划执行操作，以确保操作安全，通过图纸/说明书理解和解释配电系统。

维护和修理生活设备的控制和安全系统：易燃区域电气和电子系统的运行，执行安全维护和修理的程序，探查机械故障、确认故障点和防止机械损坏的措施。准确识别相关机械和系统的故障的影响，正确解读船舶的技术图纸，正确使用测量和校准仪表并采取正确的行动；装置和设备的隔离、拆卸和装复符合制造商的安全导则、船上须知、法规和安全规范。根据适合当时的环境和状况采取最合适的和恰当的行动使生活设备的控制和安全系统恢复原状。

2.实习期间心理调节方法

(1)心理波动的调节

实习船员的心理波动主要突出表现在三个特定时间——互相交接班时、靠港前、接到休假通知时。

①互相交接班:想着能快速离开岗位休息,注意力容易分散,应坚守岗位,不能松懈。

②靠港前:想着上岸后的情形,在仪器设备操作等方面,容易出现用力过猛、幅度过大等情形,需要严格执行操作规定。

③接到休假通知时:心理波动最为剧烈,而且影响较为持久,异常兴奋的举动表现在各个方面,需要进行自我心理暗示,舒缓自己过于激动的心情,提示自己站好最后一班岗。

(2)心理压力的调节

实习船员的心理压力主要是新仪器设备的操作、新的人际关系的处理。刚刚上船工作,一切都是陌生的,所接触到的仪器设备与书本理论学习的有一定的差异,担心出错,而惴惴不安。新的人际关系的处理也有一定的压力,与在校学习的人际关系截然不同,学校的人际关系主要是老师、同学、老乡,相互关系是在学习和活动过程中建立的,较为轻松舒适;上船工作的人际关系是因工作分工而建立的,实习船员一般是接受指令展开工作,担心自己做不好,使上级或同伴不满意。要学会坦然、从容,虚心请教学习,努力营造和谐的氛围。

(3)心理对抗的调节

实习船员的心理对抗主要来自两个方面,一是上级临时安排的其他任务,二是工作操作的争议。对于上级临时安排的其他任务,心理对抗较为激烈,心想:“好不容易休息了,还得在命令下干活。”心里极其不情愿,这时应当坦然接受,并认真完成工作。对于工作操作方面的争议,主要是看到有的长期工作的船员,不按规定做一些操作,自己也学着做,被批评时不理解,心想:“为什么他能做,而我不能做?”应当严格按操作规定执行,不能凭经验主义处置,对于批评,应当欣然接受,并虚心请教学习。

(4)心理思过的调节

实习船员心理思过主要是来自外在和内在两个方面,外在的是突发某一事件,觉得是不是自己做错了,才造成的后果;内在的是因为自己操作不当,而思维久久停留在某一特定场景中,不能摆脱。对于来自外在的心理思过影响,应该学会接受事实,并力求避免自己犯类似的过错;对于内在自身过错的心理思过影响,应当警醒并暗示自己“一切会好起来,下次一定认真细心对待”即可,快速走出心理自责的纷扰。

◆（三）海上工作生理卫生保健

1.海上工作产生生理卫生问题的原因及表现形式

（1）对时差和温差的不适应，生物钟被打乱，容易引起生理机能的紊乱，导致食欲不振，烦躁失眠，精神怠倦。

（2）长时间在茫茫无际的大海上航行，既看不到令人心旷神怡的绿洲，又见不到绚丽多彩的外部世界，总是生活在一个有限的活动空间内，感到生活单调寂寞，莫名的乏味和厌烦感由此而生。

（3）信息匮乏、闭塞，长时间无法与家人通信联络，容易造成烦躁不安、孤寂感增加，常会导致失眠、易怒、情绪不稳。

（4）连续的跨洋长途航行，船舶经常处于颠簸、摇摆之中，使船员头晕、劳累，疲乏感增加。

（5）新鲜食品尤其是新鲜蔬菜（水果）因采购不便而缺乏，使人感到胃口不佳，食欲减弱。

（6）航行时间长，下地机会少，易导致心情烦躁、腿脚疲软。

2.船上保健措施

（1）传染病预防

应认真学习预防传染病知识。所到国家港口如有传染病疫情，要事先提出切实可行的防范措施。应进行预防接种。如在同事中发现传染病，应立即采取紧急医疗预防措施，并进行严格的消毒、隔离，防止扩散与流行。

（2）积极预防与救治外伤

在作业中，有时会发生各种意外损伤，应认真学习船医或主管人员的预防示范。积极参加救治演练，学会避害的防范措施和在无船医情况下的外伤包扎、固定与搬运，以便一旦发生外伤，及时救治。

（3）强化自身健康保护意识

应在船医的指导下经常进行航海保健学、环境医学、航海心理学等保健知识的学习，增强对晕浪、严寒酷暑、噪声振动等的防护的自身健康保护意识。在特定的作业与生活中，懂得一般增强体质的卫生保健方法，养成良好的卫生习惯。

（4）对毒性物品注意医学防护

船舶所载化学物品及含毒的油料、涂料、农药、燃料、原料等货物，在装卸、运输时应严格执行安全操作规定。一旦发生伤害事故，应针对有毒物质伤害的救治原则和方法，进行紧急的医学处置。应掌握必要的避毒、防毒、除毒、解毒或染毒后的救护知识与方法。

(5)对水下生物伤害的防护

凡具有捕鱼、打捞、采集、勘探、侦察等水面或水下作业任务的船员,要懂得能对人体造成伤害的水下生物种类、可能形成的伤情以及它的危险性和后果。注意主动地规避和防范,并掌握遇到伤害时的急救治疗原则和方法。

(6)营养防护

合理的营养对维护船员的健康、防止疾病、保证作业安全、提高作业耐力都具有积极意义。膳食中热量和各种营养素的摄入量,不仅要满足一定劳动条件下作业的生理需要,还要保持各营养素之间的平衡。平衡膳食的基本原则是:控制热量摄取,减少动物性脂肪、糖、胆固醇、盐和酒精的摄入量,增加矿物质、维生素、膳食纤维素、蛋白质等。这对防治肥胖、心血管疾病,预防癌肿,防止某些微量元素缺乏,提高机体免疫功能均有良好效果。

(7)体能维护

缺乏体育锻炼,是造成身心健康水平较低的一个重要因素。应掌握科学锻炼身体的知识、方法,养成自觉锻炼身体的习惯,积极运动,保持合适体重。

(8)戒烟少酒

这是船员身体保健的重要措施。据统计调查,30 岁以上的船员,吸烟喝酒对身体造成极大损害。

(9)保证充足的睡眠

睡眠不足属于睡眠障碍,常表现为烦躁、激动或精神萎靡、注意力分散、记忆力减退等症状。剥夺睡眠对大脑神经系统功能有严重伤害,最初是倦怠想睡、注意力不集中、记忆困难、情绪不稳定、工作效率低;继续则兴趣低落、反应迟钝、思维活动难以进行,强烈地渴望睡眠;严重的甚至会影响船上的工作。一般来说,充足睡眠时间应为每天 6~8 小时。

第四节 船员发展

一、国内外船员职业发展趋势

1. 中国海员整体情况

中华人民共和国交通运输部新闻办公室 2020 年 6 月发布的《2019 年中国船员发展报告》公布了中国海员信息,具体如下:

截至2019年年底，全国注册船员总数1659188人，同比2018年底增长5.3%，其中女性船员250706人。海船船员784355人，同比增长6.3%；内河船舶船员874833人，同比增长4.4%。2019年，活跃海船船员377016人，占海船船员总数的48.1%。国际航行海船船员数量按出生地前三位为山东、江苏、河南，同比增长率前三的是山东、辽宁和河南。持有适任证书的国际航行海船船员、沿海航行海船船员和内河船舶船员平均年龄分别为36岁、43岁和45岁。外派海员共155449人次，同比增长6.5%。高级船员外派数量稳中有增，同比增长2.7%。船员教育培训机构航海类专业招生19526人，同比增长12.5%。

2.中国海员持证情况

截至2019年年底，我国持有国际航行海船适任证书的船长17048人，持有国际航行海船适任证书的轮机长、大副、大管轮、二副、二管轮、三副、三管轮等高级船员96012人，值班水手、值班机工、高级值班水手、高级值班机工146357人。持有国际航行海船适任证书的船员共计259446人，同比增长3.8%。三副持证人数同比下降18.0%，三管轮持证人数同比下降19.0%，三副活跃人数同比下降20.7%，三管轮活跃人数同比下降23.3%。同时持有高级船员适任证书和值班水手、值班机工适任证书的，仅统计在高级船员数量中。

（1）持有客船、液货船等国际航行海船适任证书船员

截至2019年年底，我国具有在国际航行海船上任职资格的客船船长399人，轮机长、大副、大管轮、二副、二管轮、三副、三管轮等高级船员1784人；油船船长2227人，轮机长、大副、大管轮、二副、二管轮、三副、三管轮等高级船员13710人；化学品船船长1082，轮机长、大副、大管轮、二副、二管轮、三副、三管轮等高级船员6219人；液化气船船长277人，轮机长、大副、大管轮、二副、二管轮、三副、三管轮等高级船员1902人。

（2）外派船员

2019年，我国共有船员外派机构242家，外派海员共155449人次，同比增长6.5%，高级船员外派数量增长2.7%。外派人次分别为：船长7421、大副7598、二副7986、三副6991、轮机长419、大管轮6226、二管轮6770、三管轮6343、值班水手10187、高级值班水手11032、值班机工6213、高级值班技工7188、电子电气员1497、电子技工9、其他（主要包括船上厨师、膳食辅助人员、海上乘务员等船员）48869。

（3）沿海航行海船船员

我国新增注册沿海航行海船船员16752人。截至2019年年底，我国共有注册沿海航行海船船员208532人，同比增长8.7%，其中，女性为6422人。

我国具有沿海航行海船船员适任证书的船长17658人，轮机长、大副、大管轮、

二副、二管轮、三副、三管轮等高级船员 66437 人，值班水手、高级值班水手和值班机工、高级值班机工 74946 人。2019 年活跃沿海航行海船船员 133006 人，占沿海航行海船船员的 83.6%。沿海航行船舶三副持证人数同比下降 13.8%，三管轮持证人数同比下降 14.4%，三副活跃人数同比下降 14.1%，三管轮活跃人数同比下降 15.0%。

二、船员职业资格

2017 年，人力资源社会保障部研究制定了《国家职业资格目录》，经国务院同意向社会公布。该目录涵盖了船员职业，将船员纳入了专业技术人员职业资格。根据人力资源社会保障部 2017 年 9 月 12 日发布的《人力资源社会保障部关于公布国家职业资格目录的通知》（人社部发〔2017〕68 号）文件精神，设置准入类职业资格，其所涉职业（工种）必须关系公共利益或涉及国家安全、公共安全、人身健康、生命财产安全，且必须有法律法规或国务院决定作为依据。船员资格（此处不含渔业船员）是依据《中华人民共和国海上交通安全法》《中华人民共和国船员条例》设定的，属于准入类职业资格。

船员专业技术资格证书及内容如图 8.20、图 8.21、图 8.22 所示。

为了适应经济社会发展对船舶专业技术人员提出的新要求，2020 年 6 月 29 日，人力资源社会保障部和交通运输部联合印发了《关于深化船舶专业技术人员职称制度改革的指导意见》（人社部发〔2020〕54 号，以下简称《指导意见》），对 100 总吨及以上海船、内河船舶、海上非自航一、二、三等工程船舶的驾驶和船舶电子专业技术人员，主推进动力装置 220 千瓦及以上海船、主推进动力装置 75 千瓦及以上内河船舶、海上非自航一、二、三等工程船舶的轮机专业技术人员，以及海港（内河）引航员的船舶专业技术人员职称评审做出了详细的规定。

《指导意见》将船舶专业技术人员职称划分为船舶驾驶、船舶轮机、船舶电子和船舶引航四个专业类别。其中，为适应船舶电子电气技术发展，设立船舶电子专业，将原电机、报务专业一并纳入船舶电子专业。增设正高级职称，船舶专业技术人员职称设初级、中级、高级，初级职称分设员级和助理级，高级职称分设副高级和正高级。员级、助理级、中级、副高级和正高级职称名称依次为驾驶员（轮机员、船舶电子员、引航员）、助理驾驶员（助理轮机员、助理船舶电子员、助理引航员）、中级驾驶员（中级轮机员、中级船舶电子员、中级引航员）、高级船长（高级轮机长、高级船舶电子员、高级引航员）和正高级船长（正高级轮机长、正高级船舶电子员、正高级引航员）。船舶专业技术人员职称按照初级、中级、副高级、正高级的设置，进一步拓展船舶专业技术人员职业发展空间。

图 8.20　船员专业技术资格证书

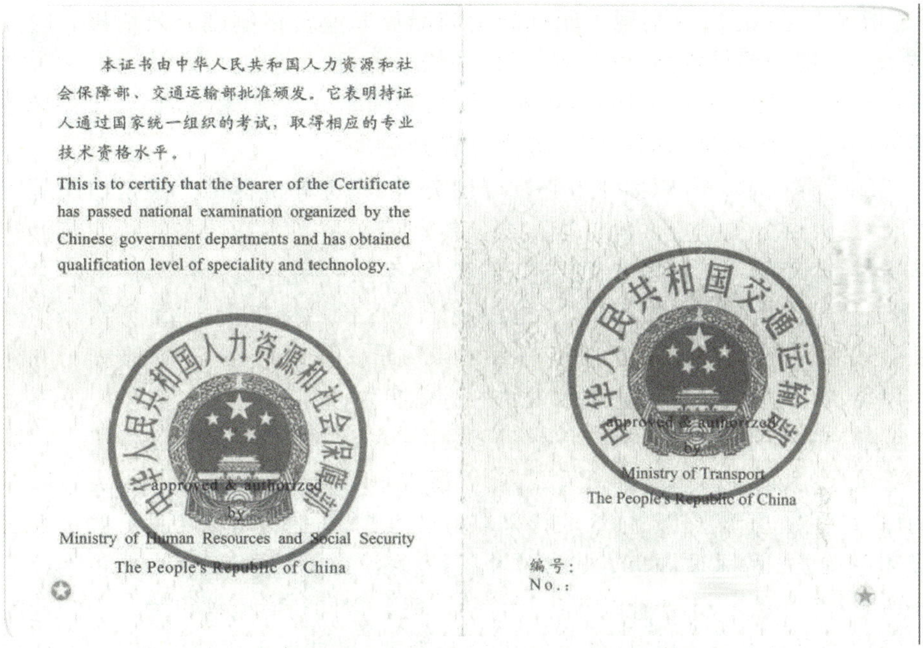

本证书由中华人民共和国人力资源和社会保障部、交通运输部批准颁发。它表明持证人通过国家统一组织的考试，取得相应的专业技术资格水平。

This is to certify that the bearer of the Certificate has passed national examination organized by the Chinese government departments and has obtained qualification level of speciality and technology.

中华人民共和国人力资源和社会保障部

approved & authorized by

Ministry of Human Resources and Social Security

The People's Republic of China

中华人民共和国交通运输部

approved & authorized by

Ministry of Transport

The People's Republic of China

编号：
No.:

图 8.21　船员专业技术资格证书颁发单位及编号页

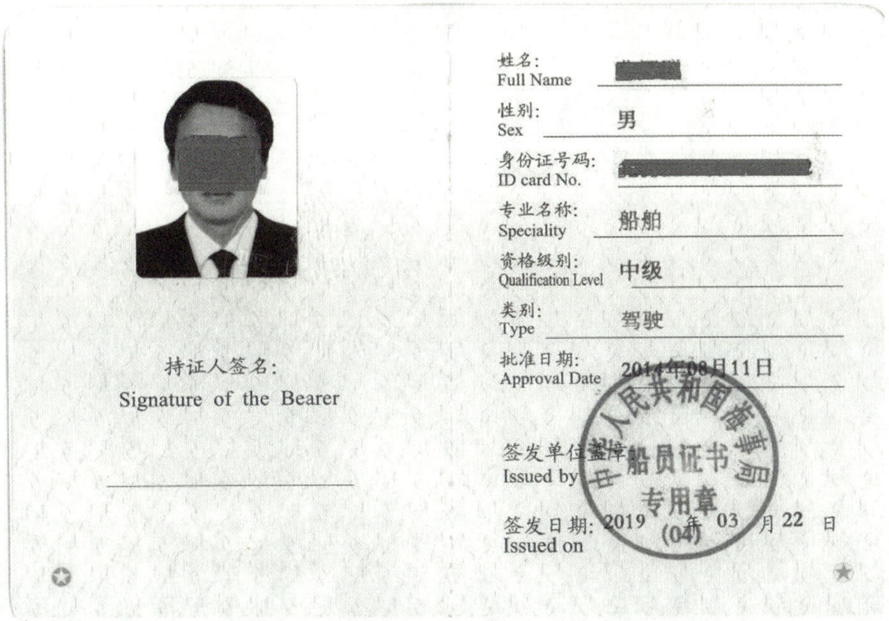

持证人签名：
Signature of the Bearer

姓名：
Full Name [redacted]

性别：
Sex 男

身份证号码：
ID card No. [redacted]

专业名称：
Speciality 船舶

资格级别：
Qualification Level 中级

类别：
Type 驾驶

批准日期：
Approval Date 2014年08月11日

签发单位盖章：
Issued by

中华人民共和国海事局 船员证书专用章 (04)

签发日期：2019 年 03 月 22 日
Issued on

图 8.22　船员专业技术资格证书相关信息页

《指导意见》的出台实现了职称制度与船员职业资格制度有效衔接。船舶专业技术人员取得船员资格,可对应初级、中级职称,围绕船舶专业技术人才服务未来发展方向,按照STCW公约和《中华人民共和国船员条例》相关规定,动态调整船舶系列初级、中级职称与船员职业资格对应关系。

船舶专业技术人员职称评审坚持分层分类,完善评价标准。根据船舶等级及航区特点,分层分类制定评价标准。充分体现船舶系列实操性强的职业特点和船员队伍长远发展需要,将安全记录、工作实绩、实践经历和贡献作为评价的主要内容,增加技术创新、专利、技术推广、标准制定等评价指标权重,注重考察经济效益和社会效益;推行代表作制度,重点考察成果质量。强化船员实际操作能力和综合素质评价,客观反映船舶专业技术人才的适任能力。

船舶专业技术人员职称评审是综合采用多种评价方式,创新评价机制。综合采用考试、专家评审等多种评价方式,建立适应不同层级船舶专业技术人员职业特点的评价机制。船舶初级、中级职称采取考试方式,与船员资格考试合并进行。副高级和正高级职称采取评审方式,坚持同行专家评审,注重对船舶专业技术人员的职业道德、能力素质、工作业绩等进行评价。完善以同行专家评审为基础的业内评价机制和评审专家遴选机制,建立评审公开制度,提高评审工作的科学性、针对性和客观公正。船舶专业技术人员职称与船员适任证书对应关系详见表8.4。

表 8.4 船舶专业技术人员职称与船员适任证书对应表

职称等级		职称名称/船员适任证书		备注
初级	员级	驾驶	无限航区、沿海航区二等及以上三副	
			沿海航区三等三副、二副	100 GT 及以上
			内河一类三副	
			内河二类、三类驾驶员	100 GT 及以上
			海上非自航工程船舶一等三副、二副	
			海上非自航工程船舶二等三副、二副、大副	
			海上非自航工程船舶三等船长	
			沿海公务船一等三副、二副,二等驾驶员	
		轮机	无限航区、沿海航区二等及以上三管轮	
			沿海航区三等三管轮、二管轮	220 kW 及以上
			内河一类三管轮	
			内河二类、三类轮机员	75 kW 及以上
			海上非自航工程船舶一等三管轮、二管轮	
			海上非自航工程船舶二等三管轮、二管轮、大管轮	
			海上非自航工程船舶三等轮机长	
			沿海公务船一等三管轮、二管轮,二等轮机员	
		船舶电子	通用操作员	
	助理级	驾驶	无限航区、沿海航区二等及以上二副	
			沿海航区三等大副	100 GT 及以上
			内河一类二副	
			内河三类船长	100 GT 及以上
			海上非自航工程船舶一等大副	
			海上非自航工程船舶二等船长	
			沿海公务船一等大副、二等船长	
		轮机	无限航区、沿海航区二等及以上二管轮	
			沿海航区三等大管轮	220 kW 及以上
			内河一类二管轮	
			内河三类轮机长	75 kW 及以上
			海上非自航工程船舶一等大管轮	
			海上非自航工程船舶二等轮机长	
			沿海公务船一等大管轮、二等轮机长	
		船舶电子	二级无线电电子员	
			电子电气员	
		引航	海港、内河三级引航员	

续表

职称等级	职称名称/船员适任证书		备注
中级	驾驶	无限航区、沿海航区二等及以上大副、船长	
		沿海航区三等船长	100 GT 及以上
		内河一类大副、船长	
		内河二类船长	
		海上非自航工程船舶一等船长	
		沿海公务船一等船长	
	轮机	无限航区、沿海航区二等及以上大管轮、轮机长	
		沿海航区三等轮机长	220 kW 及以上
		内河一类大管轮、轮机长	
		内河二类轮机长	
		海上非自航工程船舶一等轮机长	
		沿海公务船一等轮机长	
	船舶电子	一级无线电电子员	
		电子电气员	实际担任满 42 个月
	引航	海港、内河二级、一级引航员	

备注：本表由交通运输部根据船员（引航员）适任证书有关类别、等级、职务设置变化情况做相应调整，经人力资源社会保障部备案后发布。

根据《指导意见》，进一步改进了管理服务方式。合理下放船舶系列职称评审权限，以确保评审质量为前提，正高级职称由交通运输部组织评审。发挥用人单位在职称评审中的主导作用，逐步将副高级职称评审权下放至有条件有意愿的大型企事业单位。畅通职称评审渠道，探索选择具备条件的行业协会或学会、公共人才服务机构等社会组织，为民营企业船员以及社会船员提供职称申报服务，确保其公平公正参与申报和评审。加强职称管理信息化建设。结合船员职业特点，具有船员适任证书即可视为具有船舶系列中、初级职称，发放相应专业技术资格证书。逐步实行电子化证书，逐步实现职称网上申报、受理、结果查询、证书查验等。

这里突出说明一下取得船员职业资格证书的重要性，是因为它和大家的切身利益有关，也与今后的职业发展有关。比如说，大学毕业后到单位报到，就正式参加工作了。有的人可能就把家安在单位所在的城市，这就涉及户口管理，也就是通常讲的落户。有的城市对落户有一些特殊的政策，恰好因你工作后取得一定职务的适任证书，可以符合落户的政策条件。例如大连引进人才落户材料中就有一条

“具有中级以上职称的专业技术人才须提交‘专业技术资格证书’……船员还须提交‘船员服务簿’‘海船船员适任证书’”。很多人可能还不知道这些优惠政策，故在此略做说明。

三、船员职务晋升资历要求

(1)航海类专业专科以上毕业生，通过三副、三管轮适任考试，在船见习满12个月后申请换发三副、三管轮证书；部分本科院校利用优质资源培养的航海类专业学生通过考试和船上实习后直接申请换发二副、二管轮证书。

(2)三副、三管轮晋升二副、二管轮需要担任三副、三管轮满12个月，二副、二管轮晋升大副、大管轮需要担任二副、二管轮满12个月，大副、大管轮晋升船长、轮机长需要担任大副、大管轮满18个月。

(3)三副、三管轮可以在低一航区或低一等级船舶见习，大副、大管轮可以在低一等级船舶见习，而船长、轮机长需要同航区、同等级船舶见习。

(4)申请电子技工适任证书要求具有不少于6个月的海上服务资历，其中至少应有3个月是在船上合格的高级船员或者合格的支持级船员的直接监督之下履行了职责。

(5)电子技工晋升电子电气员要求担任电子技工满18个月，而且在相应等级的船舶上完成不少于6个月的船上见习。

(6)GMDSS通用操作员晋升GMDSS二级无线电电子员要求担任GMDSS通用操作员满12个月。

(7)GMDSS二级无线电电子员晋升GMDSS一级无线电电子员要求担任GMDSS二级无线电电子员满18个月。

第五节　职业发展

一、航海职业发展路径

选择从事船员工作，是否一辈子都要做船员，是否还有别的发展机会？这个疑问是许多航海类专业学生就业时共同面对的，根据目前的许多船员职业的发展路径来看，船员职业发展呈现多元化，主要为“就业岗位”到“发展岗位”到“迁移岗位”的特点。

航海技术专业学生职业发展路径如图8.23所示。

从图中可以看出，航海技术专业学生的职业发展主干线为在船舶上做到船长后再转为陆地发展，这要比仅仅做到二副甚至三副就下船工作的发展空间和薪资待遇都要好很多。

轮机管理专业学生的职业发展路径如图 8.24 所示。

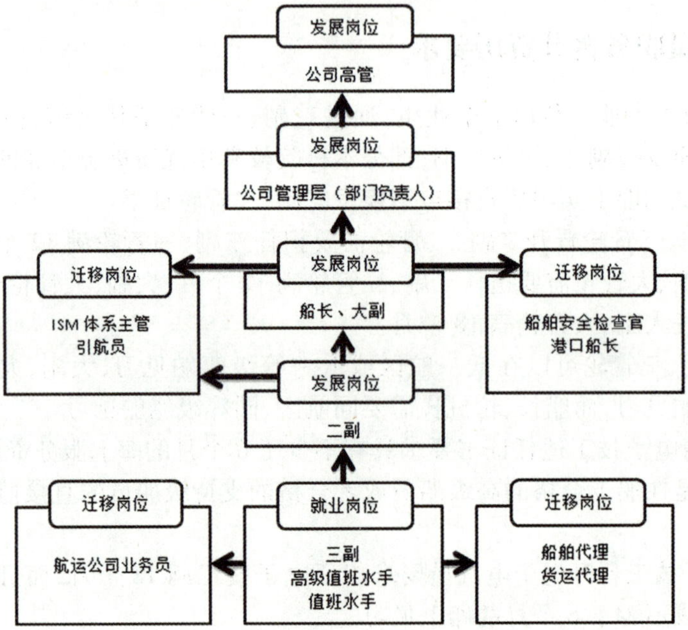

图 8.23　航海技术专业学生职业发展路径

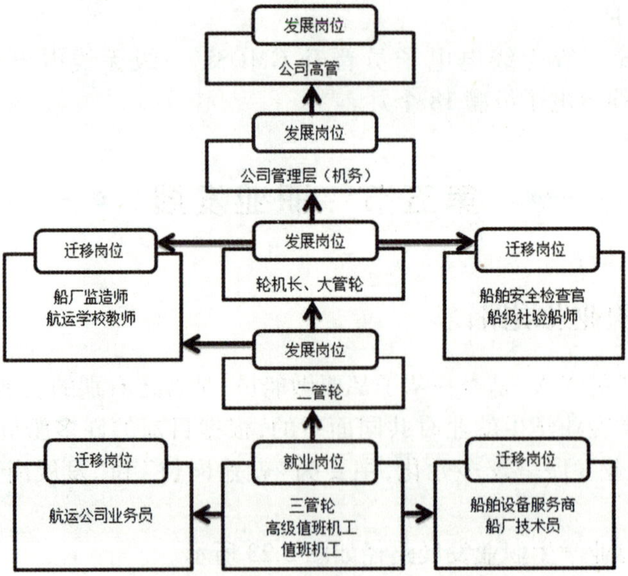

图 8.24　轮机管理专业学生职业发展路径

从图中可以看出，轮机管理专业学生的职业发展主干线为在船舶上做到轮机长后再转为陆地发展，尤其是船级社验船师和航运公司机务等高级职位，更是明确要求具备轮机长资历。

船舶电子电气工程专业学生的职业路径如图 8.25 所示。

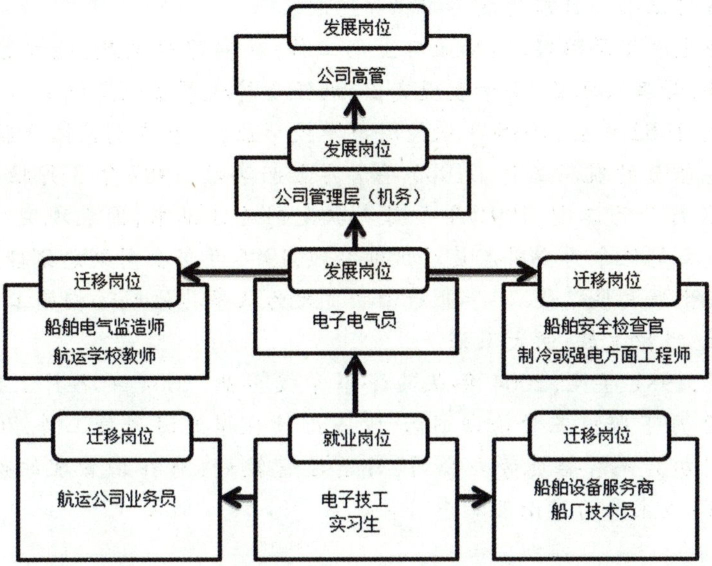

图 8.25 船舶电子电气工程专业学生职业发展路径

从图中可以看出，船舶电子电气工程专业学生的职业发展主干线为在船舶上做到电子电气员后再转为陆地发展，其中大部分电子电气员下陆地就业的主要从业方向是强电方面的企业、船公司的冷箱技术部门、大型制冷设备公司等。

从以上各图例中我们不难发现，船员就业的路径在整个海运环境下还是有着很大发展空间的。因为船员尤其是高级船员，在陆上从事与海运相关的事业比未上过船的人更具优势，更加了解船舶，也更加了解航海。他们曾经在船上工作过，有较好的业内人际关系，这就是一个巨大的人脉市场，工作起来将更加方便。

案例分析

职业生涯发展路径一：毕业后上船工作，从实习生做起，逐步晋升到操作级职务，管理级职务，高级船长。

葛某，1967 年生，1989 年从某海事学校毕业，一直在南京油运股份有限公司从事船员的航海工作。1989 年 7 月上船实习,1991 年 3 月担任三副,1992 年 11 月升为二副,1994 年 8 月考取大副适任证书,1998 年 4 月考取远洋船长适任证书。目前为该公司指导船长。

职业生涯发展路径二:毕业后上船工作,从实习生做起,逐步晋升到操作级职务,管理级职务,由于表现突出,调任公司从事管理岗位。

季某,1962 年生,1985 年从某海事学校毕业,一直在南京远洋股份有限公司从事船员的航海工作。1985 年 7 月上船实习,1987 年 3 月担任三副,1989 年 8 月升为二副,1991 年 5 月考取大副适任证书,因表现突出,1994 年 2 月被公司任命为公司船员培训部经理,1996 年任公司副总经理。

职业生涯发展路径三:毕业后由船员改为从事其他航运相关工作,具备行业背景,很快发展,做大做强。

王某,1981 年生,2004 年从某海事学校毕业,2004 年 7 月上船实习,2006 年 2 月下船换三管轮证书后,没有继续从事航海船员工作,2007 年 4 月自己创办了一家船员劳务公司,目前运营较好,有在籍管理的船员 230 人,业务路线主要为东南亚和中日韩。

案例分析

中华人民共和国第一代远洋船长——贝汉廷

1926 年 4 月 23 日出生的贝汉廷,1949 年 6 月毕业于上海吴淞商船学校航海系,先后在海鹰轮船公司、华南海运局、上海海运局,中捷海运公司,

广州远洋运输公司，上海航道局，上海远洋运输公司工作，1958 年起从事远洋运输事业。1962 年起任远洋船长，1979 年 3 月加入中国共产党，1984 年 7 月担任上海远洋运输公司指导船长，1979 年和 1981 年两次荣获“上海市劳动模范”称号，1979 年 9 月被国务院授予“全国劳动模范”称号，1982 年当选为第六届全国人民代表大会代表。

1961 年，中国远洋运输公司广州分公司成立，贝汉廷调到该公司工作。1962 年，贝汉廷被任命为船长，成为中华人民共和国培养的第一代远洋船长。1964 年，贝船长指挥“友谊”轮抵达阿尔巴尼亚都拉斯港，正在那里访问的周恩来总理亲切接见了全体船员并合影留念。就在这次周总理接见时，贝汉廷向总理说：“我一辈子不离开船，不离开海洋！”“文革”期间，贝汉廷船长因莫须有的罪名被调离远洋船，到上海航道局，在挖泥船上任三副。1974 年，贝汉廷回到中国远洋运输公司上海分公司，重返远洋船。他热爱祖国的航海事业，刻苦钻研业务，并以非凡的毅力自学了英语和法语。30 多年里，他先后驾驶了 15 艘远洋轮船，到过 40 多个国家，80 多个港口，为发展祖国的远洋运输事业，倾注了全部心血，做出了不平凡的贡献。

“人有人的风度，船有船的风度，国有国的风度。”这是贝汉廷船长的名言。过去的航海家风度是以顽强不挠的精神探索新的航路，追求新的地理发现，开拓新的贸易。中国航海家的风度是“投身航海，立志报国”。贝汉廷年轻时立下誓言：“要把我最大的力量贡献给祖国的航海事业。”此后，不论是在沿海航行的小吨位船上，还是在万吨远洋船上，不论是“文革”时被调离他热爱的远洋事业，还是拥有了各种荣誉称号后，贝汉廷时时刻刻都尽自己最大的力量为祖国奉献着。

1978 年 4 月，贝汉廷船长指挥汉川轮抵达德国汉堡港，准备装运国内急需的成套化纤设备回天津。然而，这套设备总共 44 个大件，近 5000 立方米，其中最高的 4.3 米，最长的 37.8 米，外形不规则，装卸运输中不能碰、不能压，属于超长、超大、贵重货物。以“汉川”轮的情况，若想装上这批货物，无疑是要用一艘船装一船半货。德国人根本不相信中国人能一次装回这批货，他们只相信自己的船员，只相信德国式的精确，严谨的工作作风，他们说：“这套设备任何一条船也装不下。”

贝汉廷船长拿出了一份合理的配载图，并讲解了本船的技术状况，对返航沿途的气象水文情况的综合分析，配载图精确的数据、准确的计算。贝船长全面系统的讲解让德国人折服了。这是贝船长率领船上的技术人员在卸货的27个日夜里，前往码头堆场实地测量核对每一件货物的实际尺寸，回船后根据船舱甲板所有部位的不同形状、结构及负荷，把货舱、甲板1∶100比例的布置图纸贴在木板上，再把货物按同样比例缩小做成硬纸模型，反复组合，反复在船图上模拟装载，给每件货物在舱内或甲板上都找到最佳装载位置，再计算这样的装载是否符合稳性要求，一切都令人满意后制订出的配载图和装货计划。而综合分析是贝船长根据多年航海经验，同时搜集所有有关资料，精心地拟定的装货回航计划。这是"汉川"轮所有船员心血的结晶，也是贝船长作为一个航海家智慧与指挥能力的代表作。当"汉川"轮奇迹般地装完成套设备时，古老而以严格节奏运行的汉堡港轰动了，港口当局、装卸公司、港内停靠的其他船舶船员，都前来实地考证参观。装卸公司拍下了装货全过程照片存档，电视台三次到船采访拍摄新闻。德国人赞叹："杂货船把货物装到这种水平，在汉堡港还是第一次。""这是汉堡港一百多年没有过的。"

1981年3月，贝汉廷在荷兰鹿特丹港，把净体积6000多立方米的34大件成套设备，有条不紊地装在甲板舱盖上，创造了"汉川"轮装货最高纪录，再一次震惊了荷兰海运界和新闻界。过去的航海家在开创了一条新航路之后，航行资料在一段时间内对其他人是保密的，而贝汉廷船长在国外每开创一次"前所未有"之后都要求对中国船同样对待。中国从南斯拉夫进口四条"川"字号船的冷藏舱多次出现水渍货损，船开进船厂，查不出原因，厂方拒绝保修。贝汉廷仔细查阅设计图纸，找出了设计上存在的问题，向厂方争得70多万美元保修费，从根本上解决了货损问题。其他三艘"川"字号船也得到了保修。这四艘"川"字号船在荷兰鹿特丹装卸货物，装卸公司每次都要收取冷藏舱9000多美元的"困难作业费"。1980年，贝汉廷指挥的"汉川"轮抵达该港后据理力争，使对方同意今后不再收取四条船的"困难作业费"，为此公司给他记二等功一次。

英国伦敦港的装卸工人们根据一则报上的消息认为滑石粉会致癌，装卸工会决定不卸滑石粉。贝汉廷的船到港后，他找到装卸工会的负责人，以幽默的话语，真实的分析说服了负责人，负责人向工人们转述了贝船长的话，装卸工们觉得中国贝船长说得对，他们卸货了，并且同意凡是中国船运来的滑石粉只要包装不破都给卸。

航海是一项古老而又要创新的艰苦行业，是一项英雄才能从事的事业。航海家，应该像大海一样渊博，应该既是探险家，又是科学家，还是艺术家、外交家。1979年3月25日，贝船长指挥“柳林海”轮从上海港出发，横跨浩瀚的太平洋，于4月18日抵达美国西雅图港，中断30年的中美海上运输航线以这艘悬挂着五星红旗的中国船的到来恢复了。西雅图港务局局长丁斯莫尔先生对当年中国“柳林海”轮船长贝汉廷说：“虽然你们开来的是空船，但却装满了友谊。”贝汉廷受命指挥柳林海轮完成首航任务后，他为这次特殊航行做了精心而充分的准备，把能想到的地方都想到了。“柳林海”轮前往美国途中，美国有关方面发来电报，询问“柳林海”轮的英文名称是什么。这本来是一件简单的事情，但工作严谨的贝船长找船上的翻译一同仔细地探讨船名准确的翻译，回报中还专门附文，介绍了中国船名的命名规律以及船名所在的地点——河南柳林的情况。

贝船长认为，国外很多人根本没有来过中国，他们从来不知道中国是什么样，中国人民是什么样。挂五星红旗的中国船就代表着中国。我们在国外工作得好坏，对国家的影响是很大的。我们把工作做好了，就是为国争光；做不好，就会给国家丢脸。为了让船员们掌握更多的知识，他专门主持讲座，详细地给大家介绍美国的情况、美语的特点、各种交际的礼仪等等，使船员们在美期间表现出有素质、有风度的中华人民共和国海员形象。

“柳林海”轮停靠西雅图港期间，贝汉廷船长拜访了港口和当地许多政府部门的重要官员，接待了一批又一批来访者。他还通过电视向美国观众表达了中国人民对美国人民的友好情谊。他流利的英语、独特的人格魅力使美国人叹服。“中国”、“柳林海”和“贝汉廷”成为当时媒体最热门的名词。当地人称赞贝船长、中国船员“具有中华民族优美的风格”“不但是海员，而且是友好使节”“你们这次首航西雅图港太成功了，我们也分享了你们的荣誉。西雅图的电台、报纸、电视台这几天是为你们办的。这里的人都向着你们”。

1985年3月，贝汉廷带着7种药和英文的病症说明，飞往德国接收集装箱船“香河”轮。抵达德国后，贝船长立即投入到紧张繁忙的接船工作中，早已把自己的病情抛在了脑后。4月9日，“香河”轮驶出了船厂，贝船长指挥船从汉堡到奥斯陆，再到伦敦、安特卫普，穿梭于西欧各港满载货物后开始返航。4月23日，“香河”轮航经西班牙拉科罗尼亚港附近海面，贝船长忽然感到不适，他吃力地对政委说："我吃不下饭，不想吃了……我讲不动了……"话没说完，他就靠着沙发倒下了。船医采取了人工呼吸等急救措施，西班牙的直升机飞来将他送往医院。可是，贝船长还是走了。西班牙法医对贝汉廷的遗体进行了解剖，死因结论是"疲劳过度，心力衰竭"。4月23日，正是贝汉廷船长59岁的生日。他用生命实践了对周总理、对祖国的诺言。

案例分析

深沪第一位远洋船长——记黄俊人航海教学与航海生涯

深沪地处东南沿海，自古以来以海为生者众。长年纵横于沿海之驶船能手高手可谓千万计，然敢于跨大洋闯荡世界者却凤毛麟角；更何况当一名战风斗浪，从容驾驶万吨巨轮，驰骋五大洲三大洋经历的远洋船长是何等不易。是谁实现了零的突破？正是他——沪东垵村民黄骏人。

黄骏人，1943年出身于华侨家庭。四岁时日本侵华，侨汇断绝，至1945年父亲病逝于菲律宾，他的童年，少年到青年生活都是在穷困中度过。因而他从小就以海为乐，常与伙伴们破蚝挑螺。在东垵沙摸爬滚打，在白鱼石宫仔边游水戏闹，任凭风吹日晒，不怕艰难险阻。长年累月鱼腥滋养，咸水沐浴，油然而生对海的憧憬，志向将来当一名走南闯北的海员。于是，当他读完初中，南侨毕业就毅然投考集美航海学校，果然梦想成真，海滨的弄潮儿，成了嘉庚弟子航海生。

集美航海学校被誉为"航海家的摇篮"。青年黄骏人如鱼得水，暗自下定决心：唯有奋发图强，方可不负江东父老。因而在学业上刻苦努力、专心致志，各科成绩名列前茅；在政治上积极向上，走又红又专道路，就读期间当上了学生会主席。1955年中专毕业又以品学兼优被校方留校担任团委书记，从事政教业务及工会主席等职，1955年他光荣入党。

为了全面提高师资水平，1959年青年教师黄骏人受学校选送至大连海运学院专业进修一年，返校后持续担任地航，天航和气象等科目教学。"文革"后航校复办，则负责集美航专海船驾驶专业的业务领导……尽管他每次都无条件服从分配，党叫干啥就干啥，各项任务均出色完成，但毕竟有悖于初衷，特别是看到同班同学在广州上海等航运部门时有捷报传来，那只不安心的虫儿就会不知不觉地爬得痒兮兮。当时学校配备一艘只有16米长的木质教学实践船，只要有机会，他从不放弃基本功训练：算潮汐、看山头、探水深、测船位、辨灯标以及靠离码头的实际操作，不达精通誓不休，更难得的是组织民兵进行夜航训练。真是功夫在手不论早晚，终于迎来了考验时刻：有一次民兵海上训练救生艇荡桨，碰上逆流舢板在海沧划不回来，面对浪大天黑不知该如何是好时，黄骏人果敢地跳上实践号，启碇夜航，在伸手不见五指的情况下，安然脱险把舢艇拖回集美。

机会总是光顾有准备之人。1977年9月，香港远洋公司把一艘退役的7000吨货轮赠送给航校作实习船，黄骏人在没有证书而港监特许下上任该轮船长，出色完成接船任务。1981年青岛远洋公司向航校借人，黄骏人又主动请缨支援。当时他已在上海考上二副证书，但船方鉴于远洋经历不足还是让他由三副做起，可他仅当了一月零十天便因二副空缺而跃升二副。此艘40000多吨的“甜水海”轮满载铁矿航行于澳大利亚至日本及中国港口。这位四十七岁迟到的航海者十分领情大海的赐予，如骏马脱缰更加意气风发，跨越赤道，在南太平洋乘风破浪勇往直前。一年期满返校教书，此时的黄骏人教学质量大大提高，讲授内容更加丰富多彩，理论与实践在三尺讲坛得到完满结合。

1982年黄骏人受厦门国际技术合作公司外派香港远洋公司任“狮星洋”轮大副。时任该公司总经理陈忠(科任人)看到黄只有二副资历颇感诧异，因为当时所有外派的海员中只有降职使用没有越职先例。(即使国内资深船长一旦外派也得暂时屈居大副)黄坦然回答：“应聘时已先有声明，不做大副我不来。”陈总无言。踏上“狮星洋”驾驶台，一年仅行三个航次：一西欧一北美和一南美，次次不同航区，真是天公作美巧安排，又一次让黄骏人从不同角度领略印度洋、红海、苏伊士运河、地中海、大西洋、太平洋和巴拿马运河的风采和脾气！

1985年3月，已逾“知天命”之年的黄骏人业经考试合格终于获得无限航区船长证书。这是一份沉甸甸、充满渴望和追求、为之奋斗三十年的硕果呀，是一本到达理想彼岸的通行证！此后，他在远洋船长显耀的岗位上整整干了十二年。他那矫健的脚步又十几次登上远洋巨轮驾驶台；他那英俊的身影又频频出现在广州远洋公司、厦门远洋公司以及福州或深圳等地方船务公司。翻开那本墨绿色的船员服务簿，密密麻麻地写着他的服务经历：分别在“育志”轮、“育美”轮、“育华”轮、“鹏程”轮、“平顺”轮当船长；曾在“育志”轮当教学船长；在“育美”轮当指导船长；又曾在“育美”轮及航行厦门至香港的客轮“闽南”轮当政委……

这一切足以证明黄骏人是一位既懂业务又懂政治的德才兼备的船长。1986年11月他被国家交通部专业技术职务评审委员会评审为副教授，颁发资格证书，可见他又是一位教育型专家级的船长，这在中国航海史上是极为罕见的。

1994年4月，黄骏人光荣退休了，但他没有离开大海，没有离开他酷爱的航海事业，直至65周岁（船员证不能延期）才依依不舍地离开海洋，告别巍然屹立的驾驶台。回顾其一生，他作《无题》七律一首：

弄潮少小竟无忘，放笔骑鲸自在航。
探海观天凌恶浪，牵星揽月过汪洋。
轻驰经纬寰球小，频换春秋岁月长。
履迹编成绫绮画，五洲四海会场场。

案例分析

“十大海洋人物”之中海发展股份有限公司远洋船长周泽彬

时年33岁的周泽彬是中海发展股份有限公司一位年轻的远洋船长，他于1997年7月从集美航海学院船舶驾驶专业毕业，从实习驾驶员到远洋船长，他只用了不到10年时间。在“金沛”轮任船长时，周泽彬勇救落水中国台湾渔民，救助遇险公司姐妹船；在“嘉宁山”轮任船长时，他带领全体船员利用自制武器，英勇抵抗海盗攻击，成功摆脱海盗的追击。“全国十佳船员”、中国海运“抗击海盗英雄船员”等荣誉，是对周泽彬最好的肯定。

英勇——击退海盗进攻

2011年2月1日，农历腊月廿九，再过一天就是兔年春节了。刚刚离开印度港口的中海发展股份有限公司货轮公司所属“嘉宁山”轮，正航行在印度洋东南部海域，驶向目的地南非德班港。

14 点 30 分,“嘉宁山”轮发现正船头 7n mile 处有一艘航向不稳定的船舶正在逼近。海盗！高度警惕的值班船员们做出了第一反应。在极短的时间里,经过仔细观察和认真分析,时任该轮船长的周泽彬判断出这是一艘海盗母船,正快速向“嘉宁山”轮驶来。情况万分危急,周泽彬立即拉响保安和遇险警报,全船船员按照防海盗应急部署的要求,严阵以待。

按照岸基指示,周泽彬镇定地带领全体船员沉着应对。他坐镇驾驶台指挥,下令船舶右转 20°,正面避开海盗,同时安排船员在船头和船尾升起五星红旗。海盗们得知“潜伏突击”被发觉后,母船开始疯狂地全速追击,并不顾一切地向“嘉宁山”轮发起连续进攻,企图迫使其停下来。“嘉宁山”轮则始终保持 S 形航线,使海盗船难以靠近。此后面对海盗的多次进攻,全船人员奋起反抗,与海盗斗智斗勇,最终使“嘉宁山”轮脱离险境,取得了反海盗战斗的全面胜利。在周泽彬的带领下,“嘉宁山”轮全体船员充分展示了中国海员良好的职业素养和英勇善战的革命斗志。

热心——服务客户细致认真

阳光服务、微笑服务、规范服务、高效服务,是周泽彬定下的规矩,正是凭着良好的服务,他赢得了顾客的交口称赞。

在他任职“嘉宁山”轮 1102 航次船长时,精打细算的希腊租家要求十分苛刻。他们不仅要求船长提供船舶的详细资料,包括装载手册、稳性资料、详细的配载计划等,还要求使用租家的表格。为了多装货,他们甚至提出诸多不合理的要求,对船舶航行造成安全隐患。对此,周泽彬始终耐心、细致地为其解释各种疑问，严格遵守“安全第一”的原则。周泽彬的耐心赢得了租家的肯定，租家后来还专门发来邮件表扬他：“你是一个优秀船长。”

“嘉宁山”轮在锦州港装运粮食期间，刚好遇上下雪，为了保证货运质量，周泽彬通知船员关舱停止装货。尽管停止装货可能造成租家因超过合同船期支付额外费用，而且公司也会损失船期，但周泽彬坚持按质量标准操作和检验，并赢得了租家的认同。周泽彬承诺利用雪停间隙，及时开舱并通知港方装货。这样，既保证了船期又保证了货运质量，租家非常赞赏和感谢。

柔情——面对家庭愧意满怀

常年在外的周泽彬，难得与家人相聚，所以他对家人格外珍惜，柔情满怀。周泽彬家里有一个大纸箱，里面装着满满一箱颜色发黄、厚薄不一的信件，这些都是他出海期间给家里写的信。这些信件，默默地述说着周泽彬14年来浪迹天涯、四海漂泊时对家庭的无比牵挂。

一般情况下，远洋船员一年有8个月在海上漂泊，通信极不方便，对家人的思念只能在信中倾诉。周泽彬出生于广东汕头一个普通的家庭，父母年迈，身体不好，日常生活起居都由两个弟弟来照顾。对父母不能尽孝，是周泽彬作为儿子心头长久的痛。

周泽彬出海期间，要连续在海上漂泊一两个月，没有任何联系方式，虽然家书三五天写一封，但没有地方投递，等到船终于靠码头时，信件已经积了一大堆。周泽彬的妻子深知，作为船员的妻子，必须有嫁给寂寞的心理准备。但真正面对一年365天的点点滴滴时，她才知道自己是多么希望有个依靠。当家里有事情需要商量时，往往联系不上，孤单与寂寞无处诉说。本应由三个点支撑的一个家，少了丈夫那最关键的一点。面对妻子，周泽彬作为丈夫满含着深深的歉疚。

虽然周泽彬的工作单位在广州，但因为长年出海，他的妻子、孩子仍生活在汕头。孩子已经上学了，他却没法给孩子提供在广州学习的条件，也不能看着孩子一天天成长。对孩子不能尽职，是周泽彬作为父亲难以述说的愧疚。

14年的远洋生活，当周泽彬揉抚着身体的酸痛，品尝着生活的寂寞时，他的心里是宁静的：当他与海盗勇敢周旋，把全船人员安全带回家时，他的心里是踏实的；当他救起落水渔民、救助遇险船舶时，他的心里是欣慰的；当他为公司赢得效益、为国家赢得荣誉时，他心里是充实的。英勇、热心、柔情，这是他身为一位船长的三面人生。

案例分析

远洋船长转身成为大学航海教师——用亲身经历和学生交流

远洋集装箱船长每月5万的高薪，让很多人“眼红”。但39岁的普陀人刘家宁做了2年多的船长后，毅然“上岸”，到浙江国际海运职业技术学院当起了航海教师。因为有着丰富的航海经验，刘家宁的课受到了学生们的欢迎，虽然收入大幅降低，但刘家宁也收获着自己的快乐。

带着梦想“周游世界”

“美国、澳大利亚、巴拿马、新加坡、马来西亚、德国、英国、比利时……”扳着手指，刘家宁数着这19年海上生涯到过的国家。“数不过来了，可以说是周游世界了吧！”刘家宁笑着说。

曾在香港东方海外公司工作

19年里，他从甲板水手做起，三副、二副、大副，直至船长。“我的长辈是渔民，从小就很向往大海。年轻时很想驾驶一艘大船穿越太平洋，经历大风大浪的考验……”刘家宁说，为此，他报考了舟山航海学校（浙江国际海运职业技术学院前身）。1994年毕业后如愿成了一名船员。

和船员们合作，将数千只满载货物的集装箱运往各国港口，刘家宁的心中充满了自豪感。而船到岸后，干完手头的活，就可以上岸自由活动。“有一回要装卸8000多只集装箱，共5天时间，我们在美国好好地游览了一番。”刘家宁说。

“浪头从船头一直扑到170米远的驾驶台上”

刘家宁每年需连续在船上工作6个月，然后休息2个月，再上船工作。虽然拿着高薪，但在海上却有钱也没有地方花。到了远洋，电脑上不了网，与妻子、儿子联络只能打昂贵的卫星电话。

有一回，在太平洋上，船遇到了恶劣天气。“当时，一个浪头，就从船头一直扑溅到170米远的驾驶台玻璃上，船摇晃得厉害，大家都特别紧张。”整整一天后，才驶出了风浪区。

船员们刚呕吐完，还要继续在岗位上工作，实在顶不住才到卧室休息会儿。“很多人觉得我们船员不会晕船，其实是经历了无数次的大风大浪锻炼出来的。”刘家宁说，自己也是这样。

一艘远洋船上，常有很多外国船员，他们来自新加坡、菲律宾、马来西亚等地。"当船长时,曾带过一船的菲律宾船员,我们交流都是用英语。"刘家宁说。

"把我的知识传授给学生,让他们少走弯路"

长年的海上生涯,让刘家宁对大海、远洋船产生了一种依恋。"我驾驶过的最大的集装箱船,长 330 米、宽 42 米,就像驾驶着一艘航空母舰,那种感觉非常棒。"刘家宁说。

但更让他挂念的还是家庭,尤其是读小学的儿子。如何能兼顾家庭,又不放弃航海事业?在今年 6 月份休假期间,他回到母校,表达了想做航海教师的愿望。

刘家宁到该校上班,任教游艇培训、驾驶台资源管理补差培训等课程。"驾驶台操作,需要团队的整体协调,我多年的经验派上了用场。"刘家宁开心地说。

2008 级航海班学生林贤挺说,同学们都很喜欢刘家宁老师。"刘老师告诉我们海上遇到的各种情况,怎样避让船舶、遇到火灾怎么处理、船员突发急症怎么办、如何精确使用船上仪器……"林贤挺说,掌握这类知识将使学生们更受船东的欢迎。

案例分析

从民工到远洋船长——知识改变命运

除了大山,上海远洋运输公司还从全国其他许多地方,招收和培养了许多远洋海员和船长。公司第一位"农民合同工"出身的船长,中远集团的劳模焦祝明,从水手做起,在大海中起飞,自学成才。是大海的风暴锤炼了他的筋骨和毅力,是党的扶贫"给力"的政策,让他获得成长发展;是大上海这块热土,给了他展现才华的平台。

焦祝明的个子不算高,长得很文静,并没有想象中海员的那种豪放粗犷的气概。他从小家庭就很贫困,父母是俭朴厚重的农民,但贫困的家庭却有一个良好的家风:作风纯朴,勤劳肯干;尤其他又是一个天资聪慧的人。这样，良好家风与聪明好学相结合，加上远洋公司适时的“扶贫招生”，给了他改变命运的机遇。

1991年，他进南京海校读书，所有的费用都由公司支出，每个月还给生活补贴费。从此，怀着一颗感恩的心，他默默地、执着地吮吸着知识的甘霖。作为一名优秀学生，焦祝明每次都获得一等奖学金。在海校学习期间，他直接参加三副考试，9门功课一次性通过。

进入上海的公司以后，焦祝明依然保持这种学习劲头。向书本学，在实践中探索，向航海前辈求教。每次上船他的行李总是比别人重，里面大都是书和资料。他1994年5月从海校毕业进公司做水手，1996年6月任三副，1997年10月任二副，2002年7月任大副，2005年11月任船长。十年辛苦血汗凝，沧海无不写人生。是啊，作为一名农民合同工，这船长的“桂冠”该有多重？好在公司为他们提供的舞台是公平的，你付出的多，得到的也多。

在外派船“星和”轮做三副时，韩国船长朴奎哲脾气很“怪”，对工作要求极“苛刻”。焦祝明心想，一定要用实力证明自己。他没早没晚地投入工作，整整一个航次，每天中午都不休息，将船上所有的消防救生等应急设备、安全设备管理得井然有序，用中英文分门别类做好各项记录。到美国港口后，美国海岸警卫队登轮检查，惯于挑剔的眼光也不禁为之“闪亮”，跷起大拇指不住夸赞。

尽管工作忙碌，焦祝明始终不忘学习，将英文设备操作说明手册翻译成中文，坚持和朴船长用英语对话，每天背一定数量单词。开始，朴船长冷眼相待，半年相处，却刮目相看，以致过后多次托人问候，说：“焦，我很想念你。”都道同船是缘分，从此风波有故人。在韩国CIDO公司的一艘外派船上做二副时，面对汽车运输新课题，他深入研究、了解汽车船的船舶结构特点，掌握世界各大汽车船公司对汽车运输的要求和规范。这次合同期满后，再到另一条船做大副，又是一个环球航行，整整一年，忙得不亦乐乎。虽然忙，虽然辛苦，甚至累出病来，但在焦祝明看来，这一切都是值得的，这是压力，也是挑战，更是提高自己业务水平的机会。外派任务圆满完成了，公司评价很高，焦祝明也光荣地成为一名中国共产党员。

敬业是一种品质

作为一名远洋轮的船长，不仅要有比一般人更强的责任感和事业心，也要有一种超前意识，防范意识。既要胸怀开阔，也要心细如针。焦祝明在外派船"至尊"轮任船长时，V006航次装荧矿粉去美国。在制订航行注意事项时，他记起以前曾经看到的一篇报道：有三条船装同样的货去欧洲，由于装货时船长、大副没有足够重视，该货含水量太大，在舱内货物上形成自由液面，造成船舶严重横倾，最后这三条船全部弃船。前车之鉴，不可忘记。在装货时，焦船长要求货主提供产品质量保证书，并检查含水量。航行途中，全船重点关注。一旦天气允许，便开舱检查。用心用力加安全措施，终于使船舶"安然无恙"地到达美国。

还是在"尊严"轮工作期间，一次从美国装煤横跨大西洋去爱尔兰。1月的北大西洋低气压频繁，风大浪急。为了确保安全，焦祝明在开航前首先确保船舶的剪刀和弯矩处于最佳开船状态，然后根据公司体系文件要求，检查所有安全和应急设备；要求值班驾驶员定时抄收气象报告，分析天气状况。胸有成竹，遇"风"不慌。整个航次平均风力在9级以上，有两天甚至持续10~11级。海面上狂风怒吼，波浪连天。大海卷起十万浪山压过来，船舶依然不惧不怕跃然于浪尖。船舶终于安全抵目的港，未发生任何货损、机损、海损情况。"严谨、务实，业务娴熟"，大家对年轻船长顿生敬意。

老上海，新上海

从水手到船长，焦祝明脚踏实地，令人信服地走过来了。而这其中，有一个人对他的影响是巨大的，是他心中最钦佩的人。焦祝明进公司上船做实习水手时，碰到了一位好大副。大副是上海人，脸被海风吹得红中带黑，深邃的目光仿佛一下就能看透你的内心。他身体并不魁梧，但精力却充沛。这是一位被大家敬重的老海员。当初这位老上海带领这个贫苦出身、来自外乡的青年人时，在生活上对他十分关心，但是在工作中却对他要求严格。焦祝明是一名实习生，大副却完全按驾驶员的标准要求他。首先安排甲板实习，接着安排驾驶台实习，从三副的消防救生、二副的海图资料管理，到大副的货物运输管理以及船舶操纵，步骤分明、一丝不苟。十个月的业务培训，这位老上海的悉心关照，"胜读三年书"。这也让他对上海人、对上海，有了更加深入的了解。这么多年了，现在焦祝明成了船长，还会时时想起那位大副。这位航海界"前辈"，让他对上海人、对大上海时时感念在心。

同样，被誉为海员"幸福港湾"的"海嫂"也是不能不谈的。焦祝明的妻子叫周美娟，一个典型的贤内助。刚开始和焦祝明谈恋爱时，周美娟并不知道远洋海员的辛苦，只觉得很开心、很浪漫，国际海员，多么豪迈又多么响亮的名称。但真正生活在一起了,才知道浪漫过后是艰辛。

远洋船员聚少离多,特别是外派船员,经常是环球航行不回国内,一分别就是10多个月,有一次甚至20个月。生孩子时,周美娟没告诉他,告诉他也没用,隔着茫茫海洋,白让他担心。等焦祝明20个月公休回来,女儿都会叫“爸爸”了。家住农村时盖房子,后来家境好些了到城里买商品房,都是周美娟一个人“忙乎”的。因为焦祝明有“自己的事业”。周美娟性格内向,但成为海员的妻子以后,生活的磨砺使她变得坚强了,一副柔弱的肩膀挑起了全家的重担。焦祝明的“军功章”上闪耀着周美娟的微笑。

还有很多像焦祝明这样的船长,这样的航海者,他们心中怀着深深的情感,肩上担负着泰山般的重任;他们知道,祖国为他们提供了广阔的海洋舞台,是时代为他们插上了自由翱翔的翅膀。他们不仅是船长,更像是一个个勇猛的将军,驾驭巨轮,开辟航程,劈风斩浪,勇往直前。为人民的事业尽力,其心无怨;为祖国建设服务,其志尤坚。

案例分析

中国香港诞生首位女性远洋船长

32岁的陈嘉敏成为中国香港拥有远洋船长资格的女子第一人。

近日,32岁的陈嘉敏考取远洋船长资格,成为中国香港拥有远洋船长资格的女子第一人。陈嘉敏对此感到十分自豪,并希望自己的成功能启带动更多女性投身远洋航运业。

陈嘉敏表示,工作中最开心的是可以环游世界、结识不同国家的人,通过与不同人工作,还能见识不同的文化和传统。她鼓励有兴趣投身航海事业的年轻人,要勇于尝试,并期待有更多女航海员。

在传统的航海业中,船长这一职位上很少出现女性的身影。作为从事航海事业的女性工作者,往往需要付出更多的努力。

陈嘉敏认为,职业虽无分性别,但与男性相比,她在体能上始终稍逊一筹,刚入行担任甲板练习生,面对搬运铁链等粗重活时,感到非常辛苦,曾为此终日以泪洗面。远洋海员要长时间远离家人,这让她一度感到身心疲累,甚至选择离开远洋航运业，转至经营港澳航线的船公司担任内河船海员。然而，转职约1年后，她觉得远洋航运业能环游各地，而且要每天面对不同挑战，远较内河航运业具挑战性，所以最终决定重返故业。

除了澳大利亚及欧洲等旅游热门地，9年海员生涯中，她更曾到访巴布亚新几内亚、瓦努阿图等较冷门地区。海员生涯中较难忘的是2003年在印度尼西亚海域遇上蒙面海盗，幸得经验丰富的二副及时察觉，并将船转向，成功避开海盗；还有2004年在墨尔本，船舶出海时遇上“怪浪”直扑甲板，一名船员被当场殒命。

据了解，香港特别行政区政府海事处从2004年起推出航海训练奖励计划，向有意从事航海工作的人士提供奖学金，鼓励他们投身航海业。计划推出至今共有231人参与。多批获资助的实习生已完成为期2年的在职训练，部分已获取甲板高级船员或轮机员资格。完成航海训练的学员由甲板实习生晋升到船长，大约需要8年时间。

案例分析

一步一个脚印，彰显青春风采

强素质增内功 勤实践不放松

董建伟1980年出生于山东诸城，他从小就酷爱远洋，向往大海，立志要当一名远洋船长。为了实现这一理想，高中毕业，他报考了青岛远洋船员学院驾驶专业。在校期间，他认真学习，潜心钻研，2003年8月以优异的成绩从学校毕业，来到中远香港航运，迈出了远洋征程的第一步。第一次上船实习时，用他自己的话说，“连船头船尾都分不清，进入生活区像走迷宫一样，出了房间，多走两层就找不到回去的方向”。他对船上的一切都感到十分新鲜和好奇，这时他才体会到书本和实际的差异，他决心迎头赶上，向老师傅们好好学习，学习老师傅们的良好船艺，学习老师傅们的好品德、好作风，学习老师傅们的敬业精神。在老师傅们的热心关怀和悉心指导下，他坚持从小事做起，一步一个脚印，扎实打好基础。工前会上，他认真听取各项分工要求和安全措施，并早早地穿戴好劳动保护用品，请老师傅们检查合格后，才跟老师傅一起干活。每进行一项工作，他都按老师傅的指导，严格按操作规程操作，除锈、油漆保养、插缆、撇缆、爬高下低，他都认真去做。由于他聪敏好学，很快就掌握了水手工作的要领，有时做得比老船员还好，船舶组织的插缆、打绳结、撇缆等比赛，他多次获奖。值班时，他严格遵守驾驶台纪律，精心瞭望，谨慎操作，还利用业余时间帮助三副维修保养消防救生设备，提前熟悉三副工作。这些工作，船长和船员们都看在眼里，记在心里。他实习期满，船舶领导曾多次推荐提升他任三副职务，可他总是认为自己的技术还掌握不够全面。他常说："干驾驶员这一行，一定要脚踏实地，打好基础，要有自知之明，知道自己有几斤几两，没有金刚钻，千万不要去揽那个瓷器活，要保持良好的心态，否则就会害人、害己、危害社会。"所以，他在水手岗位上一干就是三年。这三年，他上过三艘船，跑过沿海，也跑过远洋，航行 14.7 万海里，进出全世界 10 多个国家的 130 多个港口，经历过苏伊士、巴拿马和基尔运河的锻炼。"这三年我值，至少我熟悉了全球大部分航线、主要港口和三大运河情况，打牢了基础，为担任驾驶员增添了信心和底气，我感到心里面踏实。"他如是说。

不挑船、不选船，坚决服从调配

在董建伟的心中有一杆秤，天平的一方总是向公司倾斜。工作十二年来，他想公司之所想，急公司之所急，只要公司需要，一个电话打过去他马上就来公司报到，从不挑船选船，随叫随到，坚决服从调配。他爱人是医院里的护士，经常要值夜班，孩子年幼，需要人照顾，父亲年岁已高，腿脚不便，家里希望董建伟能在家里多陪陪家人，照顾老人和小孩，尽当儿子和父亲的义务。但董建伟始终把公司的利益放在第一位，工作 12 年来，平均每年在家休假时间只有不到 2 个月。

2008 年 1 月 15 日，刚从"富饶"轮休假回到家 10 天的董建伟，正沉浸在迎接新春佳节的热闹气氛中，他盘算着如何安排与家人过一个欢乐祥和的春节，毕业五年了，他只和家人一起度过一次春节，今年可得要好好热闹热闹。就在这时，他接到了公司的调令，紧急调他上"鹏稳"轮接班，去还是不去？在他的观念里，利益的砝码总是偏向公司，但家里年老的父亲、贤惠的妻子他不能不牵挂，使他陷入公司和家庭的艰难抉择中。经过一番考虑，他决定服从调配，并耐心说服家人："公司在关键时候调人，肯定有困难，我们做船员的一定要为公司分忧，只有公司兴旺了，我们船员家庭才能兴旺。"在家人的支持下，他按时到达指定地点报到上船，为公司解了燃眉之急。

2011年10月，董建伟在"安远"轮已经工作了10个多月，本应安排休假，但因船长要休假，公司有规定，船长和大副不能同时换班，公司安排董大副继续留船工作，他二话没说，主动做通家人的思想工作，服从公司安排，留船继续工作。2011年12月，船抵苏伊士，公司再次安排船员换班，船长因事提前休假，接班船长是位新船长，为使新船长和大副有个较好的搭配，公司再一次要求董建伟留船，他再次主动做通家人的工作，并表示一定会配合好新船长工作。2012年1月，在印度卸货期间，董建伟的脚扭伤了。公司接到船长关于大副脚扭伤的报告后一边指示船长安排大副就医，一边联系大副备员，但因春节前调配紧张，还要考虑签证问题，一时间左右为难。曾经在公司轮训过的董建伟知道，现在是一年中调配最紧张的时候，他主动打电话安慰调配员："我知道公司现在调配非常紧张，可以不用考虑安排我换班。我的脚虽然扭伤了，但拍过片，没有伤到骨头，还能坚持工作。请公司放心，个人再大的事都是小事，公司再小的事也是大事，只要公司需要，最后一个安排我休假都行。"多好的大副啊，主动替公司分忧解愁，又一次解决了公司的困难。董建伟的家属了解情况后，也非常体谅公司的难处，并表示只要董建伟能够坚持，就让他继续留船工作。就这样，坚持再坚持，船员换班了三四次，董建伟都没有休假，直到2012年3月，董建伟才休假回家和家人团聚。从2010年12月7日上船，到2012年3月7日离船，他在船连续工作了15个月，跨过三个年度。

"家都成旅馆了！"妻子这样跟他开玩笑，他讪讪而笑，心里充满了对家人的愧疚，但想到公司的需要，他又不由自主地涌出一股义无反顾的冲动。

干一行爱一行，爱一行钻一行

"海员是一个实践性很强的职业，干这一行，就要像螺丝钉一样，不管拧在哪里，都要踏踏实实，兢兢业业地工作，发挥自己应有的作用。"这是董建伟从业12年的感悟，他也是这么做的。实习期间，他跟师傅们学习，除了维修保养、水手工艺等基本功外，他还主动要求加担子，脏活累活抢着干，不放过任何锻炼的机会，很受船长和船友们的青睐。当上三副以后，他深知航行安全对国家的千万资产和20多名船员生命安全有多重要，值班时从不敢怠慢，严守驾驶台纪律，认真瞭望早让、宽让，确保航行安全，并做好消防、救生设备的维修保养工作，确保这些设备处于随时可用状态。晋升二副以后，他严格按照要求精心设计航线，精益求精，确保每一个航次的航线都要做到最安全、距离最短。做上大副以后，他把船舶装卸货安全、保安工作放在首位，认真配积载、精确核算，确保船舶的稳性、强度处于最佳状态，尽量多装货。在海盗多发的区域航行时，他认真安排防海盗值班，加强瞭望和巡逻，他所在的船舶连续4次安全通过了亚丁湾和印度洋海盗高危海区。大副任期内，共圆满地完成了8个航次，安全挂靠港口31个，完成货运量403416吨(其中装运铁矿/精矿粉160738吨，煤炭108104吨，化肥134574吨)。无货损货差，所有航次验舱均为一次性通过，为船舶运输工作的顺利开展奠定了良好的基础，为公司展现了良好的对外形象。

“安远”轮第20航次由印度西海岸驶往乌克兰NIKOLAEV港装钾肥。众所周知，乌克兰当局对于压载水的检查是非常严格的，为了满足乌克兰当局对于压载水的管理要求，结合航次的实际情况，他对压载水的置换做了严密的安排：一是先根据拟采用的置换方法，提前预算，确保船舶稳性和船体强度在允许值范围内；二是置换压载水时密切注意天气和海况的变化，并实时监控整个置换过程，直至全部置换完毕，以策安全；三是置换完毕后做好相关记录，包括置换方法、使用泵浦情况、起始和终止船位、海水温度和水深等；四是提前做好压载水申报表递交给船长，确保备妥相关文件。按照董建伟的安排，此次共对船存压载水进行了2次彻底置换(阿拉伯海采用了溢流法，黑海采用了排空注入法)，并认真做妥了相关记录和报表，由于对迎检工作准备充分，“安远”轮顺利通过了乌克兰当局的严格检查，为公司赢得了声誉，也确保了船期不受影响。

经过不懈的努力，董建伟于2015年7月15日成长为一名远洋船长。

思考题

1.简述船员职务晋升体系。

2.我国船员队伍发展存在哪些问题?

3.船员证书报考及换取的政策和程序有哪些?

4.想一想,到公司实习报到与培训要做哪些准备?

5.船员和实习期间船员如何实现自我调节?

参考文献

[1] 茶金学,万晓定,徐步朝.大学生职业发展与就业指导[M].2 版.北京:北京理工大学生出版社,2013.

[2] 邓基泽.大学生职业生涯规划与就业创业指导教程[M].北京:中国农业大学出版社,2016.

[3] 贺益雄.中国海员行为对 SMS 影响及对策研究[D].武汉:武汉理工大学,2009.

[4] 孔令文,周雁嫦,蔡瑞星.大学生职业生涯规划[M].西安:西安交通大学出版社,2014.

[5] 卢光威.维护我国船员权益研究[D].大连:辽宁师范大学,2013.

[6] 罗明忠.大学生职业生涯规划与就业指导[M].北京:现代教育出版社,2015.

[7] 全国航海类专业毕业生就业工作协作组.航海类专业学生职业发展与就业指导[M].大连:大连海事大学出版社,2015.

[8] 滕云浩,瞿群臻.我国航海教育的历史现状和发展方向演进[J].物流工程与管理,2014,1.

[9] 王民辉.深沪第一位远洋船长[J].深港湾,2012,11.

[10] 夏伯平,朱克勇,闫咏.大学生职业发展与就业指导体验式课程教学手册[M].北京:现代教育出版社,2013.

[11] 许民强,刘益迎.航海类专业学生就业工作的思考[J],航海教育研究,2019,4.

[12] 郑永炳.我国海上劳动关系三方协调机制中的船员权益保障研究[D].大连:大连海事大学,2016.

[13] 中国教育在线.2020 年全国研究生招生调查报告[EB/OL].(2020-07-09)[2020-07-15].https://www.eol.cn/e_ky/zt/report/2020/catalog.html.

[14] 中华人民共和国交通运输部.2019 年中国船员发展报告[EB/OL].(2020-06-25)[2020-07-01].http://xxgk.mot.gov.cn/jigou/haishi/202006/t20200625_3399382.html.

[15] 中华人民共和国教育部.高校毕业生就业创业政策百问[EB/OL].(2018-12-05)[2020-06-11].http://www.moe.gov.cn/jyb_xwfb/xw_zt/moe_357/jyzt_2018n/2018_zt24/.